金剛界曼荼羅

胎藏界曼荼羅

日本佛教真言宗高野山派金剛峰寺中院流第五十四世傳法大阿闍梨
中國佛教真言宗五智山光明王寺光明流第一代傳燈大阿闍梨

悟光上師法相

張惠能博士
（覺慧、玄覺大阿闍梨）介紹：
光明王密教學會會長
中華智慧管理學會會長

香港大學畢業和任教。修讀電腦科學，三十年來專門研究人工智能，在國際期刊及會議上發表了五十多篇論文，並於香港大學專業進修學院主管及教授電腦創新科技課程，當中包括：大數據分析、雲端運算、電腦鑑證、物聯網、人工智能革命、區塊鏈科技革命等，多年來培育創新科技人材眾多。

另一方面，會長自幼深入鑽研中西文化、佛法及易理。廿多年來潛心禪觀、念佛及修密，並自2007年春開始不間斷地在學會、學院、及各大學教授禪觀、念佛及正純密法。會長乃皈依「中國佛教真言宗光明流」徹鴻法師，體悟真言宗秘密印心之真髓，獲授「中國佛教真言宗光明流」大阿闍梨之秘密灌頂，傳承正純密教血脈，弘揚正純密教「即身成佛」之法，教人「神變加持」，同行佛行，齊見佛世。

張惠能博士佛經系列著作：

《壇經禪心》、《楞伽佛心》、《圓覺禪心》、《楞嚴禪心》、《楞嚴禪觀》、《金剛經禪心》、《維摩清淨心》、《藥師妙藥》、《彌陀極樂》、《大日經 住心品》、《地藏十輪經》、《真言宗三十日談》、《金剛經密説》。

張惠能博士「易經系列」著作：

《周易點睛》、《易經成功學》、《推背圖國運預測學》。

一事一法一經一尊
張惠能博士　專訪
撰自《溫暖人間　第458期》

張惠能博士，香港大學畢業和任教，修讀電腦科學及專門研究人工智能。少年時熱愛鑽研中西文化、佛法及易理。廿多年來潛心禪觀、念佛及修密，並自2007年開始講經說法。宿緣所追，今復皈依「中國佛教真言宗光明流」徹鴻法師，體得了秘密印心之法，獲授密教大阿闍梨之秘密灌頂，感受到傳承血脈的加持，遂發心廣弘佛法，以救度眾生。

真言密教為唐代佛教主要宗派之一，是正純的密宗，非得文為貴，旨在以心傳心，故特別重視傳承。本自唐武宗之滅佛絕傳於中國，已流佈日本達千餘年，並由當代中國高僧悟光法師於一九七一年東渡日本求法，得授「傳法大阿闍梨灌頂」，得其傳承血脈，大法始而回歸中國。張惠能說，真正具備傳承大阿闍梨資格的，每個朝代應說不會多於十數人，所以每位傳法人都很重要，「因為一停下來，此久已垂絕之珍秘密法之傳承血脈就會斷，這樣令我有更大的弘法利生之使命感。」

多年前，《溫暖人間》的同事已有幸聽過張惠能博士講經，滔滔法語，辯才無礙，其後博士贈送了他當其時新著的《圓覺禪心》給我們，雜誌社從此又多了一套具份量的經書。今年，因緣成熟，《溫暖人間》終於邀請到張博士為我們主持講座，題目是「佛說成佛」：成佛？會不會太遙遠？

成佛觀：找到心中的寧靜

「這就是很多人的誤解，人人也覺得自己沒可能成佛，沒可能修學好一本佛經。其實每個人也能即身成佛，只要有方法、有工具、有目標。」畢竟佛陀未成佛之前也是普通人。「什麼是佛法？佛法讓人心裡平安，心無畏懼，不會生起妄想，恐懼未來。成佛觀念的力量是很不可思議的。當你不斷想着一件事，業力就會越來越強；所以加強成佛的念頭，想像自己就是佛菩薩的化身、是觀音的化身，想像大家一起做觀音、現前就是『普門諸身』，透過念念想像，人生從此截然不同。」這幾年香港社會人心動盪，情緒難以釋放，成佛觀其實就是根本的善念，如果大家把心安住在這根本善念上，就能找到永恆的寧靜安定。

張惠能博士說，他在講座裡會介紹禪、淨、密的成佛觀，「成佛觀可以修正我們的心，只要你進入這個思想模式，你就可以感受佛陀的慈悲力量，譬如能以阿彌陀佛的四十八大願思維去經驗無量光、無量壽。因為當佛的思想有如阿彌陀佛，佛就進入極樂世界。我們稱之謂淨土宗的成佛觀，就是想你進入阿彌陀佛的無量光、無量壽世界，體驗這種不可說的力量。」

張博士講經已十年多，《六祖壇經》、《金剛經》、《楞伽經》、《阿彌陀經》、《妙法蓮花經》、《大日經》已說得透徹熟練，回想當初，他是怎樣開始弘法之路？

一事一法一經一尊

「我的人生分為四個階段，用八個字歸納：『一事、一法、一經、一尊』。佛法說生命是永遠無限生的，每個人一生都有必然要完成的目標，稱為『唯一大事』或簡稱『一事』。特別對尋道人來說，目標都很清晰，所以認識到『一事』是第一個階段。」張惠能說，童年時候他對真理已經十分嚮往，整天拿着聖經鑽研，常夢想做神父，其他小朋友打架，他會上前講道理勸和。中學特別熱愛Pure Maths和Physics，因為是當時所有學科中「真理性」最高最玄妙的，及後考上香港大學，畢業後博士研究的項目是「人工智能」，因為可以天天研究人類思考、智慧和心靈的問題，也涉獵很多中西方哲學，包括佛法。

「當時我取得了人工智能PhD，很輕易便開始在港大任教，但對於人生目標，亦即這『一事』的追尋，卻很迷茫。雖然我讀過了很多很多有關東西方哲學、存在主義、易經，甚至各種禪門公案的書，但心靈都是得不到平安。」**當張惠能對尋找人生真理充滿絕望，極度迷失的時候，另一扇門就開了。「有天逛書店，突然看見一本叫《歎異鈔》的書，副題是『絕望的呼喚』，這幾個字正中下懷，完全反映自己當時的心境，這本書是我人生轉捩點的契機，讓我進入了人生的第二個階段：真正修行『一法』。」《歎異鈔》為「淨土真宗」重要經典，是日僧唯圓撰錄了親鸞聖人關於「信心念佛」的語錄，張惠能視之為「念佛最高指南」。**

「這書開啟了我的信心念佛人生，一念就十多年，直至信心決定、平生業成。我因為信心念佛而得到絕對安心。所以如果沒有『一法』的真正體驗，你永遠不知其好處。其實佛法修行就好像我們去餐廳吃飯，餐廳有中西泰日韓等不同種類，也有不同級數，有快餐，也有五星級酒店中最高級的餐廳，不同人有不同喜好，這就像佛法中有八萬四千法門，不同宗派有不同的方法，好比不同的餐廳有不同的料理一樣，但大家都是同一目的：成佛。所以我們不論修任何法，都應該互相尊重，毋須比較，鹹魚青菜，各有所愛。同一道理，不論是什麼宗教流派，大家也都是在尋找真理道上的同路中人，要互相尊重而非批評比較，建立這正確態度是十分重要。」

單說不飽 實修證入

念佛法門是張惠能的「一法」。「修行是很簡單的事，好像心靈肚餓，修完之後就感到滿足舒服，輕安自在。**當你吃飽了，煩惱沒有了，你就感受到幸福，這信心念佛境界已經是往生淨土，一息一佛號已到達光明的極樂世界。對我來說，信心念佛會把悲傷和眼淚吸收，帶給我一份終極安心，煩惱都脫落。如果你念佛是越念越煩惱越恐懼未能往生淨土的話，就不是真正的信心念佛。禪宗叫修行為『大安心法門』，安心才可相應佛陀所說的。」**

為什麼「一法」那麼重要？張惠能坦言，所有佛經都說方法，「看破放下自在大家也會說，可是說易做難，不要說人生大事，就算平常如有人用行李輾過你的腳，你已經不能放下怒火；的士司機找少了十元給你，你可能半天心不爽快了；你最親密的人說你是垃圾，你立即崩潰。要看破、放下真是很難，所以『一法』好重要。」

「一法」之後，人生第三個階段就是「一經」，敦煌原本《六祖壇經》是張惠能讀通了的第一本經。張惠能說單是這部經，他就看了十年，「我不斷去讀，一百次、一千次、一萬次，讀至每個文字都充滿喜悅，讀得多了，經文慢慢開花變成你的心法，從《壇經》我認識到自性的道理，幸福安心。很奇怪，之前我一直不大明白的《心經》，可是讀了《壇經》十年後，再拿《心經》來看，竟然通透領悟到什麼是『般若波羅密多』，那份喜悅不可思議。」

張惠能從「一法」中找到安心，從「一經」中認識到自性的道理，跟着有幸皈依了普陀山本德老和尚，有次他問師父：「念佛所為何事？」師父答他：「念佛無所求，念佛為眾生！」他叮一聲就印了心。「老和尚當時鼓勵我出來講經弘法，不久後我亦決定把自己的生命與弘法結合，於是2007新年後開始出道講經，第一本就是講《壇經》。」過了一年香港大學專業進修學院院長李焯芬教授邀請他在學院講經，自此，他編寫的「禪宗三經」、「『生死自在』淨土二經」、和「禪、淨、密三經」證書課程便出現在這座高等學府了。

張惠能的弟弟修真言宗十分精進。在宿緣所追下，張惠能復皈依了中國佛教真言宗光明流徹鴻法師，更通過考證，通教了「即身成佛」義，體得了正純密教秘密印心之法，獲授密教大阿闍梨之秘密灌頂，感受到傳承血脈的加持，遂發心廣弘佛法，以救度眾生，開始了人生第四個階段：「一尊」。「真言宗最重視傳承，當你被選為傳法者，你已不再代表個人，而是代表一個法脈的傳承，我的人生就到了『一尊』階段，『一尊』就是『傳承血脈的加持』，你傳承了一千三百年三國傳燈歷代祖師的心願和力量，代表正純密教一千三百年傳承血脈的興衰，所以你的命已交給了『一尊』，會有很強使命感。」

對佛教初哥的建議

佛法是說當遇上苦與樂時，內心都同樣洋溢大安心、大無畏力量。

一開始找一個值得尊敬的老師，去學習真修實證一個具備法脈傳承的法、去好好從頭到尾讀通一部經，自己從中去體驗什麼是心靈上的飽足？如果只是不斷去跑不同的道場，聽這個又聽那個，老是shopping around不肯去定下來，最終根本不可能會有什麼得着的。所以，建議大家先修一經一法，有了堅定立場後，才好出去切磋參學。

目錄：

導讀
「佛教真言宗道場的根本」

任何一個世間宗教團隊，由於歷史及政治因素不同，自然各自的形式及架構都有別，沒有固定標準。佛教真言宗的道場也不例外，它們就有著很多古代遺留下來的歷史及政治元素，這些歷史及政治元素跟真言宗「即身成佛」之根本教義並沒有必然關係，甚至已不適用於今天。如「大阿闍梨及教授阿闍梨必須是出家人」、「極度重視法會而忽略講經弘教」、「宣揚罪業輪迴思想」等，都已不適用於今天文明時代之處境，更絕非佛教真言宗信仰的必要條件。這讓我們不得不重新思量，到底哪些才是今天佛教真言宗道場「必要組成部分」？

一個真言宗的道場，重心是每一位阿闍梨的「即身成佛」及「興隆密教」。每一位阿闍梨，自應審慎地研讀「真言宗經典」及其流派各各祖師之經典著作，好回答上述以及「密教精神與生活」和「教團本質」的問題。尤其是在弘密教之前，任何一位大阿闍梨或教授阿闍梨都必須先釐清自己的「密教教團觀」。

任何一個真言宗的道場，作為一個密教教團，本質就是一個「大日如來曼荼羅」，故它必須要貫徹密教之始終：由其「本體」以致「原動力」到「心魂」。所謂「真言宗密教團隊」，無非就是「大日如來」在當今世間去展現「大日如來曼荼羅」的「媒介」。

其次，一個真言密教團隊重心是「人(阿闍梨)」，而不是機構。因此一個真言宗密教教團就必須具備兩個根本本質：一、鼓勵眾阿闍梨正確地宣説「即身成佛義(教義)」，好令大家能夠恪守其「即身成佛之三昧耶戒(本尊瑜伽)」；二、強調「個人的成道(世間、出世間成就)」和團隊內「同修的共成佛道」。

除此以外，我們也可以從團隊的「目標和工作」來定義一個真言密教團隊，這最為務實。作為真言密教團隊，其基本活動包括：講經弘密、儀軌修養、引導同修(光明十互)、守護團隊、於日常行儀中常神變加持以展現密教精神和生活。這些目標，必須保持平衡，方可以建立現代密教團隊正確的發展方向。

進一步來説，一個真言密教團隊應是一群「在大日如來曼荼羅中彼此合一」的真言行者，在公認一位證道之根本上師精神的帶領下，為實現並貫徹「密教思想與生活」之目標而定期聚集學習宣説「即身成佛義(完整教義)」及學修「即身成佛儀軌(完整修行體系)」。

相反，所有不具備成完整教義、缺乏完整修行體系的佛教團隊之聚會，都跟一個真正的真言密教團隊的聚會不可同日而喻。任何一個具足正見及傳承力量的真言密教團隊，一位被公認的證道者作為該團隊之根本上師必不可少、定期的聚會共同學習講經修密必不可少、忠於密教經典和以即身成佛為目標必不可少。其信徒是以「即身成佛，興隆密教」為目標而忠心地跟隨自己所皈依之根本上師終至成佛，這才是任何一個真言密教團隊的根本。

真言宗的宗義與生活

佛法要義，唯在成佛。而對於成佛之見地與修證，正純密教真言宗是：

一、 依「四種曼荼羅」之宗義為根本；

二、 專心苦修「本尊法」成就秘密莊嚴；

三、 從而在「密教思想與生活」上證得自己的道，是名「即身成佛」。

真言密教，是教人自修自證自成「人間佛陀住於大日法身境界」中，故定能完整開示終極之即身成佛究竟義及其契入方式。

真言宗行者必須先建立即身成佛之究竟義，就是肯定眾生是共同庫藏於「大毘盧遮那成佛」之「理體」中。所有真言行者，都得先肯定此「大毘盧遮那成佛」唯一理體，這就是真言宗所謂「從中因（以果為道）入」的道理。

既已肯定眾生共同庫藏於「大毘盧遮那成佛」之「理體」中，真言行者的每一天就得由此直接出發至成就，就是應用即身成佛之究竟見地，於每一個當下知自身之理體是佛，這就是真言宗所謂「從東因起修、往南邊修、到西方、然後到北方；再回返到中因」的道理。所謂「從東因起修、往南邊、到西方、然後到北方，再回返到中因」，是在說大家既知自身之理體是佛，既然是佛便要行佛之威儀（東、南、西、北方，是象徵佛的四智）。唯從東因起修，次第降伏貪欲、憤

怒、痴惑之真實體驗，才能回返到中因，真正的自證自身之理體是佛，這是關於方便（本尊法就是方便）的事。

由此可知，真言宗修行「一尊法儀軌」乃至「行住坐臥持明觀尊」中的關鍵要點，就是「由中因入，東因起修」。

若說真言密教之宗義，是以「無限絕對（一真法界）」為其力點，視此天地間所有存在的一切事物彼此相涉關聯而活現於一真法界；真言行者各各不捨個自本尊之立場自己建立世界，各以自本尊之法界一真為背景，一刻一瞬地活現於本尊真我無限絕對之體驗。

弘法大師說：「人法者，法爾也。何曾有其廢，機根絕絕也，正像何分。」言人（行者）、言法（本尊法），其各個都是絕對的、無限的，沒有「機根」上下區別，亦無「正法、像法、末法」之時別，亦無所謂「末法更沒有上根、下根之適與不適」之別，更無「正法、像法有效驗而末法之今日已無效驗」之別。通「正法、像法、末法」而相應「上、中、下」一切機根；一切時、一切處、一切人，都能適然相應，此乃是真言密教也。

因此弘法大師說：「若能信修，不論男、女皆人也，不簡貴、賤悉皆此器也。」又說：「明暗無他，信修忽證。」

弘法大師於其《辯顯密二教論》中，引用《六波羅密經》明示：「以餘他之教法，無能救濟極重罪人，亦得以將之攝取並予以教化。」又在《十住心論》中說：「四藏（經、律、論、般若）之藥，只治輕病，不能消除重罪。所謂重罪者，即四重、八

重、五逆、謗方等，一闡提者也。密教如醍醐，通治一切之病，這總持之妙藥，能消滅一切眾罪，能速拔無明之株杌。」又說：「若上根上智之人，不樂外道二乘之法，具大度量，勇銳不惑者，宜修佛乘。」

弘法大師又指出《菩提心論》等文說「真言密教是上根上智之教，不通於下根人」，這只是專對真言密教之指導者 (能化之阿闍梨等人) 說的，不是對一般人說的。以普通人來說，無論什麼程度或階級，若果信修，其人即能相應沐其教益了。

所謂「上根、下根」，也不是固定不變的。可以依種種之因緣、教養、修養，而次第進展向上的。

起初如只是與密教結緣之一般信者，若能不斷地依次第加強其信仰，深入體驗，進其堂奧，也可以達到能化地位的指導者 (阿闍梨)。所謂上根、中根、或下根，依其入堂奧之結果來判定。所以，上根者，是指完全入其堂奧者。未達到最上階層便停止於某程度者，即稱之為中根或下根。

由此可見，弘法大師在論點上，自奉真言密教與餘他宗教之比較，有秘奧、深方廣、最勝之不同。而縱橫論證，辯其顯密之分歧也。

無論如何，密教之最上者，即隨時隨地當面活現各個境遇協調圍繞於周圍。雖以各個為立場，卻不被其所因。一切互相扶助，相依地為全一生命，充實莊嚴自己全一內容，其活現於一如之處，是為其主要綱目。

以其生活樣式言，不一定要在寺院才能過密教生活，於家庭營業亦能實現其目的。密教根本經典《大日經》說：「父母、妻子圍繞中受天人妙樂，可沒有任何障礙密教生活。」可以證明事實。

《密教思想與生活》說：「密教特別是為因應周圍一切之需要而施設，現出家相為方便時就顯出家相，未必認為出家是唯一的理想。像大日如來或諸菩薩，結髮戴冠，顯在家相，以滲入社會各角落去化度民眾者亦有。此等皆是一種方便。」又說：「密教根本經典《大日經》說『父母、妻子圍繞中受天人妙樂，可沒有任何障礙密教生活』，可以證明事實。」

此處借《密教思想與生活》作簡單總結：「以密教精神為立場，即雖獨身生活亦好，家庭生活亦好，但不可拘執。須依人、依時、依周圍環境情況而決定，不能一概而論。若為密教之弘布，純真的獨身生活為方便者，即以獨身而為，但不可流於虛偽形式才行。然也不是家庭生活就不好，要極其嚴肅地，以密教精神為生命才成。經由此成就密教精神，而將之活現於其子弟身心中，把子弟送出社會，以此為基點教化社會。以正當之家庭生活為社會之楷範，即是密教精神之成就了。」

在家居士若想尋求解脫，其生活應如何？

睡夢時不會提問清醒後事，清醒時何必提問死後事？真言行在家居士，只著眼於今生現況，不會擔憂未來生，未來生會自理。

真言行在家居士，在本尊瑜伽合一中了悟真我，消融無盡累世「業障見」，這樣就掃除了無始無明。

古德云：「此身不向今生度，更待何生度此身？」「即身成佛」就是真言行在家居士今生以「報身」活著的意義、存在的價值，所以每天一定會全力以赴，把真言修行及佛的工作都做到盡善盡美的！真言行在家居士，只需於今生放手去做佛，便可以了！

「既有出生，則斷無只有一生的出生之理。」真言行在家居士，自能證知「將以相同的本尊覺醒力及心魂，持續下一世的一生」。

真言宗的「三昧耶戒」灌頂，以「金剛杵」為象徵，代表融入「永恆法則」。真言行在家居士，從三昧戒約完成的那一刻起，修證「本尊三密」將進入永恆狀態。在三昧耶永恆法則的庇護下，再也沒有任何力量，可以摧毀這結合戒約。

真言行在家居士透過白淨信心，見世間一切事物都是絕對真實（諸法實相），必都具有永恆性（是法住法位，世間相常住），故當下一定會全力以赴，把具有永恆性的眼前一切事都做到盡善盡美的！

真言行在家居士的秘密，就在於「三昧耶戒」和「本尊心」。三昧耶戒和本尊心，可以決定真言行者此生的命運，則真言行在家居士的行為自然就會服從本尊心，這樣任何事只需放手去做，便可以掌握自己的未來了。

真言行在家居士平常日用的修養，在於行住坐臥「持明」苦修，只要專注於持明之「源頭」所出，則「身、語、意」將融入於本尊「法身」中，自然具足福德力、大威神力，因為日常行事除此身、口、意外，別無其他了。

本尊真我，是宇宙之底蘊、原動力、乃至於心魂。真言行在家居士，自心證「真我即宇宙，圓滿純一，潔白清淨」，其在家生活，自然就是本尊之生命活動。

真言行在家居士每天的生活起居，皆不是色身自我的活動，而是本尊真我在活動。如此，真言行在家居士自然散發著威儀及令人生起愛敬之精神感染力。

對於一位修證真言行的在家居士來說，是本尊在扮演自己的世間角色，故勿認同自己這世間角色，勿忘自己本尊真我之身；譬如，男扮女相，會忘記自己是男兒之身嗎？

在真言行者的眼裡，一切都要為本尊考慮，不能降了自身本尊的身份。譬如，真言行在家居士現況若生出之苦難，即以本尊真我來統攝，一切苦難將會轉化成吉祥。

真言行在家居士，不論任何形式之修行，無非致力於充實其「自覺本尊」之精神。

真言行在家居士，既需要完善修證既定形式之「一尊法」儀軌，更需要超越既定之形式把本尊之自覺，在在處處流動於日常生活中去活現「即身成佛」才成。

真言密教必須依「群體共修」方得成就

修行大致分兩種：

第一種，是出世之道，修的是無情絕道，斬斷塵緣，離群索居，躲入深山，只是在修自私小我，故名「自修」。

第二種，是入世之道，以天下為己任，降妖除魔，扶正祛邪，濟世為懷，自證證他，修的就是天下，故是「群體共修」。

人既是群居性生物，都來自於社會，怎可能獨善其身，不顧他人呢？只有融入到社會中，才可以獲取大量的修行資糧，以供自己修煉；獲取資糧修煉，實力提升後，自然要自利利他，更好回饋社會。如此入世，「自利利他」、「以天下為己任」，方為正道，這其實亦是「真言宗」所修證之道。

「即身成佛」，抑或是「三大阿僧祇劫成佛」，這就是「群體共修」和「自修」的分別。

大家聚集一起，分別修證跟自己相應的本尊法，就是「群體共修」，自然能夠集合諸尊之力量，並透過「光明十互」，其整體功德力量，更是鉅大無比。

相反，一個人的力量就算再大也終究是有限的，一個人不論有多聰慧，也無法掌握所有世間出世間的東西；單憑一人之力，要在此生中成佛和作佛行，那是絕對不可能的。

大家透過一尊法之修證而「入曼荼羅」，其凝聚力（又名法界力）是非常強的，亦只有在道場中具備各種本尊法修行者的互助互補之下，大家才可以化不可能為可能，創造奇跡，

一起共作佛事，無私奉獻自己，當中潛力無限，互護互囑，共證即身成佛。

打破對本尊法神秘的迷信

打破對本尊法神秘的迷信，是今天在家阿闍梨傳承正法的首要重點。

本尊法之所以成為一種神秘的迷信，主要是因為它被一些密宗邪師加上了一種神秘的怪力亂神迷霧，盡是行符咒水，驅役鬼神之類，修學密教者，多被神通所誘，墮失修密真義。

更甚者，左道密宗邪師更站在「政教合一」的大教皇思想、活佛等迷惑大眾的地位上，用神秘的鬼靈精怪、怪力亂神、前世明妃等導人迷信的妄語來蒙蔽和麻醉信徒。所以，打破迷信，是我們正純密教在家阿闍梨今天的責任。

打破迷信，第一要從日常「理性和感性平衡」的生活中做起。保持日常生活中的實在感受和理性的思想，是「正思維密教經法、熱愛修證本尊法」的基礎。

一般人由於通俗佛教和不良密宗信仰，已包含著很多神秘的迷信觀念。所以，若想學修正純密教本尊無上瑜伽之法門（本尊法），便先要打破這些對日常生活的神秘迷信。譬如：身體的疾病，它本來有其病因，我們本來應該去找出這些真正原因才對，但神秘的迷信，有時會使我們不知道去分析這些原因，卻說這是前世因果、罪業、冤親債主、嬰靈纏身等，於是陷入神秘的迷陣中去了。

修行本尊法最終目標，是本尊無上瑜伽，是要深入了解正純密教正確的真理，免於淪入左道右巫思想。憑本尊無上瑜伽，得以正確認識密教之真諦，摒棄神秘外衣，體悟奧秘內容，睜開慧眼，徹見正純密教「即事而真，當相即道」之妙諦，進而達到「即身成佛」之目的。

本尊法之儀軌以及修法雖有祈禱儀禮，但是，這些實不可與鬼神憑依之巫師相提並論。須知祈禱儀禮之應驗，乃是精神專注的結果，是修行中的副產品，不是行者追求之最終目標。

正純密教在家修法人，是要先學習正純密教經典正確道理，如《大日經》和《般若理趣經》，是先要有一個空杯的心態去向「不帶神秘的迷信之明師」學習，學習建立積極正面、合情合理的正知見和正修行。不看不聽那些消極負面神秘的迷信的東西。

只有不斷的虛心學習，我們才能捨棄神秘的迷信，發現並清楚認識心的本質，知道什麼是存在真實的、正確的真理，才不會被我執煩惱所纏縛。

在日常生活的實踐中，在「努力清除神秘的迷信」的同時，對於「正純密教的道理及實踐本尊瑜伽的方法」得加以研究了解，繼而把修行本尊法中覺醒的「本智」，放在生活裡去驗證真理。

所謂修行本尊法，必須要做到能信真理、能學真理、能行真理、能聽真理、能思真理、能寫真理，然後才是一位能

給自他講真理的人。也就是說，能講真理者，必須是寫真理者；能寫真理者，必須是思真理者；能思真理者，必須是行真理者；能行真理者，必須是信真理者。否則，正純密教所講道理，沒有生命的價值與存在的真實了。

人對於生活的見解不同，行為也就有異，一般人的世界觀多為秘密的迷信所造成，自然現實中單靠個人日常生活中的努力，很多問題的解決是太遲緩和太困難，也許還有墮入絕望處境的危險！正純密教真理及本尊法修證實踐，是大乘佛教在歷史上最優美的成果。透過本尊瑜伽中精神專注的結果，可以幫助我們更快速更正確地解決所要解決的一切問題。我們更可以在生活中找到新發現，能促進自己已知道的密教真理，而使之持續發展進步。這樣我們才可以在這當中，更深刻地認識到最切實的、最不神秘的事物本身的真理。

總結來說，必須先聽明了密教根本經典，才會正確信密。修行，是修一尊法：自己瑜伽一尊。由證了本尊瑜伽，再反思所聽密教經法之理。由反思所得出真理，然後寫（記錄）自己之心得，最終便可隨心所欲地藉經典來發揮正確見地！我們更不能忘記，本尊法本身也是從日常生活的基礎裡發生的。所以我們不能把本尊法所修證的看作凝固了的、死的範疇，而是應該隨時隨地應用到生活的實踐中，與生活中的一切互相印證。

本尊的力量法則

作為一個真言宗「在家阿闍梨」的成道之場，首先必須創建出一個健全、充滿活力、有生命力的「純粹為了培養在家阿闍梨」之基礎架構。

一個真言宗「在家阿闍梨」的成道之場，其本質就是一個大日如來曼荼羅，各同修則是曼荼羅中的一一本尊，並由各個同修的本尊立場，去發揮和活現所負的使命，故其發展必須依靠大家自覺的責任心、使命感與奉獻精神，並隨時隨地各各都知道該做什麼、該由誰來發號師令，以實現密教學會終極目標，這也是我們大家共同的目標。

在一個真言宗「在家阿闍梨」道場的大日如來大曼荼羅中，自有各本尊真言及其所象徵之一系列的「力量法則」，只要當大家能夠如法修練一尊法，認真地去深入了解各自本尊之一一「加功用行」乃至於力量法則之原理，並在人生的「百戰鍊磨」中去淬煉如何運轉力量法則，成就三密相應而契入本尊法界，從此凡夫的生命力自然轉化為本尊之法界力。

各本尊之加功用行及其力量法則雖不相同，但於「凡夫生命力轉化為本尊法界力」中改變生命的明證，卻是共同真實之必然結果。通過大家一起「互敬、互愛、互增、互利、互競、互破、互助、互補、互護、互囑」之「光明十互」鍛鍊中，最終自然能夠一起共證「即身成佛」。所以，弘法大師《十住心論》說即身成佛境界之「秘密莊嚴心」為「一一心識」，指的就是「共證即身成佛時之一一本尊心識」而已。

本尊法，說白了就是認識本尊之加功用行及其力量法則之原理，並於生活中掌控運轉本尊的力量法則，以契入本尊之法界。

雖然胎藏界、金剛界曼荼羅內擁有着諸多的本尊和法則力量，可是對修真言密法而言，修的就是對特定的某一尊的法則力之領悟和掌控而已。由此可知，對自己所修的本尊之加功用行和對其法則的領悟多少，以及對掌控運轉本尊力之深淺，就成了修行真言密法的重中之重了！

一位在家阿闍梨，對本尊「力量法則」之了解固然重要，對「般若波羅蜜（證道）」的感悟也是不可或缺的，然而真正證得本尊法之高手，除了了悟法則和證般若波羅蜜外，更須徹底於生活中掌控法則（本尊加持力），能將本尊力量全於貫注於實現人生目標（自己功德力），在生命的百戰鍊磨中凝練到至高境界。

在彼此對同法則和證般若波羅蜜的掌握都相同的情況下，本尊法只決定一個真言行者的「說法自在」、「福報如天」、「調伏」等生活風格、特點和方式，但並不決定所展示世間力量的強弱高低。

只要是在堅持如法修行真本尊法，彼此對本尊力量法則，乃至於般若波羅蜜的感悟和掌握，其實都差不多。真正決定在世間所展示力量強弱高低的，恰恰就是自己入世中的「人生目標（自己功德力）」、自己世間功用或工作領域的成功技巧方式、和自己的成功意識。誰的世間功用或工作技巧方式更高明，誰的成功意識更強大，誰就會是最勝的「即身成佛」者。

對於本尊法則(本尊加持力)和般若波羅蜜的掌握程度,決定了您是屬于哪一個類型的修行者(「說法自在」、「福報如天」、「調伏」等)。然而,若妄想要單靠修本尊法則(本尊加持力)壓倒人、靠般若波羅蜜的掌握壓倒人而缺乏對入世成功方式之認識和成功意識(自己功德力),那只仍是在低級迷信候行階段罷了!

返璞歸真嗎?沒錯,世間功能和工作成功方式之認識和成功意識的層次越高,展示「即身成佛」的方式就越是返璞歸真。只想靠本尊法境界,靠法則,靠般若波羅蜜的掌握降服人並獲得世間功能和工作成功,那只能是痴人在做夢罷了。

總的來說,憑藉着對自本尊功用及力量法則的徹底領悟(本尊加持力)、不斷淬鍊和完美般若波羅蜜的掌握,行者進入本尊的法界(法界之力),再於入世生活擁有的成功方式之認識和成功意識當中(自己功德力),所爆發出的隱藏本尊力量就無限了,這絕對是不可稱量、不可說、不可思議的!

真言密法修行大道

「見怪不怪、其怪自敗、 專心苦修、金剛不壞!」

專心苦修,「能」者為尊!

「本尊合一(瑜伽)」大能實力,全憑「專心」與「苦修」這兩個心印修煉出來的。

(一)、「專心」：

> 放下你的貪多慕得的雜法修煉，把一切身外求法之心都放下來，更要放下他尊修練。只有保持絕對的「專心」，一心一意只修一尊，這樣「本尊合一」之不可思議大能實力，才可以大致巔峰！

> 大家對「專心」的理解，或許就是專心真言密法的意思，可是大家或沒有想到，想要本尊合一，竟然要專心到「一尊」這個程度，就是專修「一尊法行」。

> 放下修法上一切的他想，「專心」苦修十年，只修鍊你的一尊法，行住坐臥持明觀尊，則必然至本尊合一之境。

(二)、「苦修」：

> 不知你對所謂的「苦修」，又是如何理解的呢？是否就是「刻苦的修煉」這麼簡單的一個答案呢？

> 那到底到什麼程度，才算「苦修」呢？我在這裡也將這個心印解釋幾句吧！所謂的苦修，就是除了必要的睡眠和進食外，全部的時間都用來修鍊，行住坐臥持明觀尊。只要醒著，就要持明觀尊，不能有一分一秒的怠惰。您的生命中，除了本尊，再無它物，甚至生活中一切事物，莫非本尊法身之顯化。

> 你不這麼刻苦也行，只要保持絕對的專心，有三十年時間，一樣能達到本尊合一。至於真正苦修士的

方法，十年確實足以修鍊出本尊合一，在此生即身成佛的！

真言密法修行大道之上，差之毫釐，謬之千里。我說的這兩個修鍊狀態，本來就是大阿闍梨的修鍊方式。不依此修，誤差始終太大。所謂大阿闍梨和阿闍梨之間，於真言密法上見地之差距，就在於對「專心」和「苦修」的理解。只有「專心」和「苦修」的方式，才可以讓您只花費十年即可成就「本尊合一」境。

願大家盡快調正心態，朝本尊合一邁進！

在家真言宗修行，先得選定一個真言宗「在家阿闍梨」道場

在家真言宗修行，先得選定一個真言宗「在家阿闍梨」道場。如「光明王密教學會」（舊名「香港中華密教學會」），為中國香港特別行政區正式註冊之非牟利宗教團體，宗旨是要凝聚一群喜歡修行「本尊法」的在家真言密法行者，共同修證真言密教之「即身成佛」。密教學會，是由已獲得「中國佛教真言宗光明流第一代傳法大阿闍黎悟光上師」之秘密灌頂及傳承秘密手印之釋徹鴻大僧正於2008年所創立，徹鴻上師於2016年10月又把秘密灌頂及秘密手印付囑玄覺博士居士，其用意為開創「在家人傳中國佛教真言宗光明流」一事。

中國佛教真言宗光明流，保留著古代三國傳燈「八大祖師」及當代第九大祖師「悟光上師」等偉大證道者的完整真言密教之修行法門及圓滿證「即身成佛」之理念，完全不涉外道

神鬼雜質以及迷信成份。這是中國佛教真言宗光明流「光明王密教學會」今天堅持守護的核心價值所在。

此在家人傳承法脈之建立與實踐，跟佛教顯教各宗，自是不同。密教學會既然是一個致力於建立在家人傳光明流密法的團體，自然就是以在家人為首去以「大阿闍梨」身份引領學員修養「即事而真，當相即道」的大日如來「光明遍照精神」及本尊修法，證「即身成佛」之果。

在家人不是「僧」，故悟光上師在傳光明流修行儀軌所有法本，一律以「四皈依」為第一步，就是「皈依師(Guru)、皈依佛、皈依法、皈依僧」，徹鴻上師常說這「師(Guru)」就是「在家傳法人」的了。

除此以外，悟光上師更為「在家大阿闍梨」創造了新「大精都」和「大精正」等名稱，以代替「出家大阿闍梨」所用的「大僧都」和「大僧正」。此二舉，無非在建立「在家大阿闍梨」傳播及弘揚中國佛教真言宗光明流代代相傳之「名正信順」而已！

「密教學會」阿闍梨修行先培養四重肯定力

阿闍梨修行，定要培養三昧力(正念昂揚之肯定力)：

第一、　肯定悟光上師為當代偉大之證道者。

第二、　肯定上師開創之「中國佛教真言宗光明流」，是傳承甚深微妙「即身成佛」法門。

第三、　肯定光明流「在家人傳法，密教之興隆」之存亡，繫於「密教學會」一脈，故我們能不時時自勉自勵？

第四、　肯定大家都是乘願從曼荼羅中再來之得道者，以傳承法脈，千古留芳，出現於世。

阿闍梨行者依此四重肯定力，可得真言宗「九大祖師」及歷代證道祖師福德力、大威神力之加持。

同樣在修證光明流密法，行者心態不同，結果也就截然不同。

一位對「上師」和「光明流傳承」肯定力堅固、對「在家人傳法，密教之興隆」目標明確的光明流阿闍梨，其所證得之不可思議力量，跟一個缺乏肯定力或漫無目標之真言行者所證的相比，差別是無比鉅大的。

大家各同修當中，若有對「上師」和「光明流傳承」之肯定力和對「在家人傳法，密教之興隆」目標之堅定不移，跟吾有所不同者，則您我便縱同樣在修一尊法這回事，所發揮出本尊力量，根本是兩碼子事。因為，同樣的一尊修法，在發心不同的真言行者手中，發揮出的不可思議力量，是可以有着天壤之別！

密教學會的每位阿闍梨，若都具足對「上師」和「光明流傳承」之肯定力和對「在家人傳法，密教之興隆」目標之明確，即能於勤修一尊法中體驗到「自己是乘願從曼荼羅中再來之得道者」的秘密莊嚴境界。

以正念昂揚之肯定力為根源，於勤修一尊法中修催發出的不可思議力量，是本尊法則之力。這，就是「出世間」力量成就。

本尊法則這「出世間」力量成就，不就是一切了嗎？不！事實上，「世間」力量是存在的另一系法質，這世間法的力量法則，同樣都是超級橫強的法則，例如要成為科學家，必要掌握其所研究之領域之法則。

一位阿闍梨真言行者，因為能夠融合本尊之出世間力量法則和世間法之力量法則，那才是一位阿闍梨能得大成就之秘密，足以讓自己超越一般僅擁有世間力量法則者而脫穎而出，成為擁抱世間及出世間法則力量的真正至尊至上大成就者。

要達到「在家人傳法」這個目標，得先成為「擁抱世間及出世間法則力量者」，所花的功夫可要比造就一個出家阿闍梨更多。

世間之「才」與出世間之「智」，二者於一位在家阿闍梨都是不可或缺。缺少其中之一，都不足以成為「在家人弘法」之大成就者。想單憑世間之「才」或單憑出世間之「智」去作掀天揭地的弘教事業，那是不切實際的妄想！

進一步來說，一位已證本尊出世間智的在家阿闍梨，其能夠掌握的世間才華之深淺，甚至可以決定他在世間弘教成就之高低。相反，那些完全沒有世間才華者，便縱具出世間智，其弘揚真言密教事業往往也無法開花結果。

至於世間之才、出世間之智之圓美成就，無不因持之以恆追隨良師，孜孜不倦，刻苦鍛鍊而來。這裡更有一個先決條件，就是必須一個「提供資糧及訓練的成道之場」。向來如此，無有例外。

沒有人天生就完美。有見及此，密教學會陸續建立各種「綜合種智」小組，當中包括：種子字書法及白描佛畫、真言香道、聲明學、五行玄術、事相修養、人工智能網絡創作等小組，再加上一尊法修行中所證得之本尊三密相應，讓各各在家阿闍梨世間、出世間法的修養都日益漸進，做到術道兼修，聖凡不二，最終就會臻善臻美，禀賦圓成，成就非凡。

密教學會作為一個在家阿闍梨成道之場，各個「綜合種智」小組，悉以賢者為師、達者為師、以具足世間才德之力以及出世間智慧之力者為師，讓學習世間才華和出世間智慧之樂融為一體。亦唯有這樣，世間才華與出世間智慧才能雙雙得到昇華，達到更高境界。

密教學會既然是一個在家阿闍梨成道之場，必須示現成了一個「才華超群，智慧圓滿」的曼荼羅法身團隊。藉此為「現在人和將來之『光明流』在家阿闍梨」以身作則，好召喚一群發最上乘者一起來「共襄密舉」，成就真言宗光明流在家人傳法一脈之代代相傳法。

修行，只能是「師父領進門，修行在個人」。在一尊法修證之路上，要成為真正強大者，將遇到諸多艱辛苦厄。但身為光明流阿闍梨，豈能懼怕苦厄之考驗？有苦厄又如何？

若因苦厄便退縮的話，那永遠也成不了大器！亦只有在艱辛苦厄的時候，才能引發出本尊福德力、大威神力的真正作用，方證「不負如來，不負上師」！

燃燈佛授記與、傳承、皈依

釋迦佛曾依「燃燈佛授記」成佛，這是什麼意思？

「燃燈」，是一個象徵性，代表「火若不燃燒，燈便熄滅；佛法若不弘，傳承法脈便斷絕」。

真言密法的「傳承法脈」，追溯源頭，乃源自「龍猛 (龍樹) 菩薩、龍智、善無畏、金剛智、一行、不空、惠果、弘法大師」等「印度、中國、以及日本」三國傳燈的八大祖師，之後真言宗在日本一千二百年歷經代代相傳法脈不斷，證道者輩出，終由「悟光上師」願力之開新「中國佛教真言宗光明流」成為了「第九大祖師」，自此中國人可以自主的「具足傳承法脈條件」的真言宗一脈，正式回歸中國。

至於「光明王密教學會」，則在上師開創光明流傳承法脈的事業上，荷擔著「在家人入世傳承密法」之歷史使命。從整個真言宗傳承歷史的角度來看，一個具備法脈傳承的「在家人密教道場」從前確未曾有，能否讓法脈一代一代純正地由在家人流傳下去，這是密教學會一個大考驗 (西方基督教，歷史上成功改革天主教，由在家人牧師傳法)。在這裡面，我們要真能做到開枝散葉 (上師以「扇子」作為其三昧耶形，以象徵「末廣」)，密教學會任務是要能開啟真言宗「在家人化、現代化、普及化」發展的一個突破。從宗教歷史上的意義來說，我們若成功建立真言宗「在家人傳承密教的道場模式和典範」，以及能把它一代一代、一步一步普傳到世界各處，則真言宗對未來人的貢獻會是非同小可的。

密教學會是我們在建立在家人傳承密教的「道場摸式和典範」的一個實驗，它集合了吾在大學培訓和考核研究生、創新科技應用、以及了解其他世界宗教（尤其是基督教）的成功經驗，作了多重的思惟分析後，並跟恩師釋徹鴻大僧正在多次討論交流而後產生的，其目標唯是希望能把悟光上師「在家人也能證即身成佛、成為大阿闍梨去傳密教」的偉大願力，具體地於今天展現出來，實現於人間世，讓真言宗在家人傳密法一脈得以代代傳承下去。

特別要說的是，在家人證道及弘揚密教的需要，於今天世界確有其迫切性。徹鴻師常引用上師曾說「今天是民主社會，在家人也能修密法，證即身成佛」。密教學會作為在家人成道之場，我們本身若不熱切於「心自證心，即身成佛」，則上師言「在家人能夠傳承密教法脈」這句話，就等於根本沒有意義了。

至於，想修好「光明流」密法，要了解以下之三個重點：

修法之起點，是從非常普通的聽經開始。真言密法修行是慢慢開始的，一開始是坐在課堂上聽經，大家可能沒想到聽經的時間竟然這麼長，才適合讓自己進到道場上壇修法。開始修行後也會聽不少經，密教修行本來就是一種理智交流。從普通聽經的狀態開始，然後在某個轉捩點突然改變成真實的密法行者，這一部分是真正「三密相應」的領域，千萬不能錯過那個自己切換成本尊三密模式的那一瞬間。

至於真正「三密相應」修法，不只是在上壇及壇場中，更必須在壇場以外的地方，進行如在壇場上進行的三密相應事。

真言密教的三密相應修養，就是要安住本尊於行者經常處於的位置上。密教思想與生活的修養，本尊三密相應其實很少是用到壇場；也不在於使用一般上壇時會使用到的物品，這一點才讓密教思想與生活變得挺富有深意的。在「日常行儀（日常於行住坐臥中，具足本尊威儀）」做到一般人以為只會在壇場上才能做的三密相應事，有著全然不同的「秘密莊嚴」而深入另一個世界當中。

要能直接契入「三密相應」，必須先要有自信。能發起自信，才會選擇真正皈依。沒有自信是不可能樂意接受「完全皈依」式的馴服以成就本尊心的。這看似矛盾，卻是獲得本尊真心的秘密，故說「無上妙果不難成，真實信樂實難獲」。在真言密教的本尊儀軌修法中，一個只以小聰明勉強口持「本尊真言」而沒有誠心皈依順服並企圖自欺欺人的行者成不了本尊，他跟一位一心一意皈依本尊並且很努力地把皈依馴服變成一種自覺習慣以成就合格的本尊三密相應（「合格」只是起點而非終點，合格成為本尊後才是真正「密教思想與生活」修養的開始），兩者是有著天壤之別的。本尊三密相應，本質就是「自信」和「完全皈依」，這也是真言密法的起點。

真言宗是用三種灌頂來肯定「師徒傳承」關係

「一日為師，終身為父」，故師徒傳承關係之確立，是茲事體大。

傳統技藝傳承之拜師儀式，基本上都是極具宗教性的莊嚴儀軌，其目的是讓師和徒都「不忘初心，方得始終」。

一般為人師者：

一）　有技藝、能力超凡且品德高尚者，

二）　也有技藝、能力超凡但心量小，又或私有虧者，

三）　也有技藝、能力平庸但品德高尚者，

四）　也有技藝、能力平庸且心量小，又或私德有虧者。

第一種，是鳳毛麟角。第二、三種為數也較少，以四種為數最多。

一般門徒也分四類：

一）　有全心全意皈依順服師父，潛質高（資質高、肯努力、發心純正使命感強願做傳人或護法）者，

二）　也有不願皈依順服師父，但潛質高者，

三）　也有全心全意皈依順服師父，但潛質不高（或資質低、或不肯努力、或不懂發心、或無能護法）者，

四）　也有我執未除故不能夠皈依順服，但又潛質不高者。

同樣，第一種，是鳳毛麟角。第二、三種為數也較少，以四種為數最多。

「既見君子，云胡不喜！？」世間上師徒之相遇，到底如慧思禪師跟智者大師般「宿緣所追，今復來斯」，或是「有緣無份」，抑或是「難成大器」，抑或是「鬧著玩玩，小氣結怨」？

人生路上，每每會有師徒緣盡之時，到底是什麼原委？可嘆今天「師（徒）道之不傳也，久矣」！其實，師徒雙方若都能各各自省，師便不應怪責徒，徒也不能埋怨師！

秘密佛教真言宗，一般人因不明其中師徒互護互囑以共證「即身成佛」之底蘊，便以顯教思想錯誤地以為於「結緣皈依灌頂儀軌」後即便是師徒關係之確立，這其實是對真言宗「師徒傳承」缺乏正確認知之結果。於結緣皈依灌頂後，皈依者最多只能算是成為「掛名」弟子罷了！

真言宗之「結緣、授明、傳法」三種灌頂儀軌，是肯定「師徒傳承」關係乃至於付囑「密教相續」印信和加持的完整過程。

(一) 結緣灌頂，又稱「結緣皈依灌頂儀軌」，僅是一種讓行者可以結緣修學真言秘密佛教中之「四度加行」這些基本儀軌法式而已。結緣灌頂，代表了行者初發心起修，故可算是「掛名」弟子。

(二) 授明灌頂，又名學法灌頂，即已完成「四度加行」之基礎修行，可以開始真修實證真言宗「本尊法」的意思。想要入壇接受此灌頂者，必須先在阿闍梨指導下順利經過「四度加行」各儀軌法式修行，然後可以入壇接受灌頂。待灌頂畢，行者即名為「阿闍梨」，並可以正式開始修證真言宗「本尊法」，這時便可算是「學法」或「真修」弟子了。

(三) 傳法灌頂，又名傳教灌頂、授職灌頂，這好似是一種真正的畢業式，為修行圓滿成就之位。受此灌頂，即

成大阿闍梨，可給人家灌頂傳法。傳法灌頂，是以師之心授與弟子之心，這才是真正的具有「師徒傳承」和「密教相續」意義之「師徒傳承」關係。《大日經》説此為「以心為灌頂者」，悟光上師亦於《新編正法眼藏》説：「密教大阿闍梨灌頂，是無言亦無儀式，師舉一手印，徒依之結手印，來互傳秘密消息，亦即印心之法。」

總的來説，唯有通過「授明灌頂」，才真正具備「真修弟子」關係之建立；亦唯有通過「傳法灌頂」（密教大阿闍梨灌頂），才真正具備互護互囑、以心傳心的「師徒傳承」關係之建立可言。

阿闍梨

修真言密法成功通過四度加行「閉關」考驗，並接受了「授明灌頂」，世俗上便可被稱為阿闍梨，我相信真言宗在今天這種被稱為阿闍梨的人也不少。

然而，真正以全心全意來皈依上師，且又資質高、肯精進努力、發心純正、使命感強（願做傳人或護法）者，是為希有，才堪稱真正的阿闍梨。

阿闍梨的意思，就是：導師、教授師。雖然真言宗一般將通過了授明灌頂的稱為阿闍梨，但事實上，一位阿闍梨只能在完成授明灌頂後才真開始正式修行「一尊法」，並希望能夠透過人生磨難的千錘百鍊中去刻苦證得本尊瑜伽，實實在在體驗：

(1)　個人自有的真正實力(以我功德力)；

(2)　超凡的本尊力與智慧力自也已經有了(本尊加持力)；
以及

(3)　無上最勝的、最強的宇宙之力(法界力)與自己已經融
合一起。

在真言宗的傳承的悠長歷史中，證得三密相應，具足三力(自
己功德力、本尊加持力、法界力)的阿闍梨，之所以必定可
以即生成就，其實都有著一個共同秘密：他們都是被師父
主動看上的人。

被一位師父主動看上的人，即是師父想收為傳人，這便是
天大的福分，就好像是唐朝真言宗第七代祖師惠果看上空
海和尚一般，這也說明二人有着過去、現在、未來三生永
遠師徒緣分，則對方只需要答應師父，便可以了。可是對
方若斷然拒絕了，甚至懷疑那位師尊的證境及能力，如此
一來，這個緣分可就斷絕了，傳承自法脈之代代相傳法力
隨之亦一失永失了。等對方有天發覺自己錯過機會，錯過
緣分，想要倒追的時候，情況恐怕就不是那麼回事了！

原本可以「即身成佛」之人，卻因為錯過了一個機會，結果
就只能當一個「無間種性闡提」，自絕於師門，今生難有成
佛之日，實屬可悲！這就好比一個原本應該有着美滿姻緣
的人，因為錯過了一次緣分，結果只能「終生長伴笨夫眠」
了。可是，這能怪誰呢？錯過了就是錯過了！

密教學會對每一位阿闍梨，都平等重視，並都定能護念大家共證即身成佛。但對每一位已背棄自己於阿闍梨授明灌頂所立下之三昧耶戒約的離開者，學會一概都不會給予第二次機會的。三昧耶戒既已被破，這個緣分可就是永遠斷絕的了！

密教學會的每位阿闍梨，都珍惜悟光上師和徹鴻師用一生刻苦所建立之「光明流血脈傳承」即身成佛法緣，不生驕慢，也不妄自菲薄，更不會輕言放棄而自絕於歷代祖師、自絕於金胎兩部曼荼羅！

在光明十互中，密教學會的每位阿闍梨自然悉能圓滿成就「即身成佛」！

在家阿闍梨傳法方略

在家阿闍梨傳法，其智慧重點在「興隆密教的方略」：

一、 在家阿闍梨的生活，是一種現身說法，就是本尊在世間的生活。在家阿闍梨（本尊）所做的，只不過是吸引未來傳人來親近。

二、 當務之急，鉤召一群可造之材，貴精不貴多，以便集中培訓名符其實之阿闍梨。假如其他因素不變，學生人數越少，培訓成功的機會也越大。換言之，重點是一小撮能教授群眾的傳法人，故必須首先集中精神在培訓一小群接受全套訓練的繼承人身上。

三、 竭盡所能，多公開講經說法，好教導大眾。上述「集中法」雖是十分重要，卻不可以忽略了群眾，要贏得群眾，感動大眾，才真正能召喚到有真心誠意未來傳法的人前來皈依。

四、 培訓傳人的問題，若要得到圓滿的解決，唯一的辦法是徹底明白一個真修實證道場（如：光明王密教學會）的本質和任務。培訓傳人是密教學會的任務，密教學會的本質是在家阿闍梨組成的大日如來曼荼羅。密教學會的每一位在家阿闍梨都有特定的崗位，但他們必須先受完整訓練和身心脫落之啟發，才能完成任務。要培訓傳人，唯一法就是「善護念（個別栽培）」。一位光明王在家大阿闍梨唯有跟學員一起作佛的工作，好使他們隨侍身側一起成長。

五、 大阿闍梨要求跟從他的人皈依（全心順服）九大祖師，全心順服就是成為真正傳人的特徵。因為全心順服的傳人，終會表現大阿闍梨領袖的品格。這是最基本的要求，因為沒有人會追隨自己所不信賴的人；也沒有一個不願意順服領袖的人肯踏出信心的步伐，自然遲早會半途而退。這番道理非常嚴格，並非人人都能接受。愛敬的表現，就是絕對順服。而絕對順服，是學習真理的唯一門徑。

六、 一位大阿闍梨生命的原則，當然就是皈依，並絕對順從悟光上師「光明流在家人興隆密教」的大願，並能盡此即生成佛的一生來達成此原來目的。大阿闍梨秘密

灌頂中傳授給新大阿闍梨之代代相傳的秘密三昧耶形，是一個永遠的記號：真正的順服，毫不妥協；真正的順服，是誓死盡忠。其存，則其傳法舉；其亡，則其傳法亡。

光明流將來任何一個密教學會道場，都會是從小開始，優良的訓練，一定是集中在幾個人身上的，令他們成為光明流在家阿闍梨傳法的精兵，勝過其他迷惑眾生的道場是為了使各種法會延續下去，而在不能發菩提心的信眾身上耗費畢生精力。我們無須渴望一開始就有大批人接受傳法培訓，人多沒有好處。只要每一位受訓的阿闍梨都懂得將所修證和所學到的傳給別人，我們絕對不必介意開始時規模小和困難多。

光明王密教學會會長

張惠能博士居士

新修於香港大學

甲辰年佛誕日

第一部分：
真言宗「即身成佛」之光明十互

「《即身成佛義》」一事

弘法大師《即身成佛義》八句頌文如下：

「六大無礙常瑜伽，四種曼荼各不離，

三密加持速疾顯，重重帝網名即身。

法然具足薩般若，心數心王過剎塵，

各具五智無際智，圓鏡力故實覺智。」

《即身成佛義》第一句「六大無礙常瑜伽」

「六大」是什麼呢？即是「地、水、火、風、空、識」。以此六大來象徵成佛的自內證體驗思想，是正純密教主要經典《大日經》與《金剛頂經》的中心思想之一。

《大日經》先以「五大」來象徵表現成佛的「一切智智」秘密自內證體驗之境地。《大日經》云：「世尊！譬如虛『空』界離一切分別、無分別、無無分別，如斯一切智智亦離一切分別、無分別、無無分別。世尊！譬如大『地』為一切眾生所依，如斯一切智智亦為天、人、阿修羅之所依。世尊！譬如『火』界燒一切之薪無厭足，如斯一切智智亦燒一切無智之薪無所厭足。世尊！譬如『風』界除一切之塵，如斯一切智智亦除去一切諸煩惱之塵。世尊！假喻『水』界一切眾生依此生歡樂，如斯一切智智亦為諸天，世人利樂。」

以上所開示之五大，只是自由地列舉，其妙趣與順序沒有關係。其重點在於以所謂地、水、火、風、空來說明佛一切智智的根本大義：「以地大為一切萬物所依；水是清涼而去熱惱，賜與一切之歡樂；火燒一切之薪；風除一切塵；空離一切分別，無染無著等。」五大，唯是用來象徵成佛之一切智智的體驗境地而已。

於小乘佛教，所謂「五大」就是指世界上物質原素；第六「識大」則指精神之基本。到了大乘佛教說五大與識大，在於開示色（物質）與心（精神）的一切因緣所生現象，都是「萬法唯識」的，即物質與精神之本性完全同一的。正純密教則不僅這樣去看待六大（「地水火風空」五大再加上「識」大），其經典《大日經》與《金剛頂經》更進一步開示六大不外是象徵成佛證菩提的一切智智之見地及境界，故五大與識大無非都是一切智智之境地也。

弘法大師說：「地水火風等不離心大，心與色言異其性同也。」又說：「諸顯教中以地水火風等為非情，密教說此為如來三昧耶身。」故這正純密教之六大與顯教不同，強調當體即為如來內證之境地（如來三昧耶身）。表現一切智智之三昧耶，是象徵其旨趣而已。

若要探討《即身成佛義》中「六大無礙常瑜伽」之根本淵源，則是在《大日經》卷二中「我覺本不生，出過語言道，諸過得解脫，遠離於因緣，知空等虛空」之偈誦句，而於此中配以六大「種子真言」，以表徵其幽微之意義，其言為：「阿、毘、囉、訶、欠、吽」。

《大日經》之「本不生」即是「阿」字，配以地大；「出過語言道」是離言說，為「毘」字，配以水大；「諸過得解脫」即清淨無垢塵之意，是「囉」字，當於火大；「遠離於因緣」即是因業不可得，為「訶」字，當配風大；「知空等虛空」即是「欠」字，為空大；而最初「我覺」二字，即為「吽」字，當配識大。

又《金剛頂經》亦有同義之經文，以說明覺知萬有之真相，其中自然亦含蘊有六大之意義，即是說「萬有之體性真際，不外乎六大，而此六大即具足了種種的德性業用」。

所以弘法大師就取二經之大義，以六大配當宇宙萬有之體性，並肯定宇宙萬有之體性當體，即為六大。

弘法大師以詮示一切智智內之《大日經》所說偈頌，配於六大時，「我覺」二字配「識大」。弘法大師說：「我覺者，識大也。因位名識，果位名智，智即覺也。」這「我覺」之境地即一切智智、同時此境地即《金剛頂經》所謂「普賢、金剛薩埵之菩提心之當位也」。故即以金剛薩埵之種子字「吽」字為識大之種字。

「瑜伽」，即是相應之意。六大恆是「無礙」而「常」相應一切智智的。故「常瑜伽」三字，足以表現於一切智智的體驗中的「我覺」核心力用。僅此三字其重量實有千鈞之力，顯示六大甚深的如來密意。

「六大無礙常瑜伽」七字，的確是一語揭破世界萬有之「大日如來」本體、與其成立之一切智智「六大無礙」原則，以及其互依關係的綿延力用而無遺。

由此可見，正純密教說此六大之真意義的偈頌云「六大無礙常瑜伽」，並不是說這原素的大種之六大互相無礙涉入這麼膚淺。

因六大外觀雖然涉入，但內在其性各自獨立而相依為如來之藏，故於正純密教之六大觀，即六大各各都具如來體驗之一切智智的境地。譬如其所表現象徵的，地大即是一切智智之地大；水大即是一切智智之水大等等，各各都象徵如來體驗之一切智智境，互相涉入無礙而沒有離反或背反如來一切智智，即常處於調和相應（瑜伽）之境地也。

《即身成佛義》第二句「四種曼荼各不離」

前之「六大無礙常瑜伽」是開示世界萬有之「大日如來」本體，而此「四種曼荼各不離」即引伸說一切的現象的。正純密教是由「六大」之無礙與「四曼」之不離來說明即身成佛中所內證之「實相界」與「現象界」各自的內容而盡其理趣。

一切的現象可分類為四種，而稱之謂「四曼」，也就是四種曼荼羅，概略說之則其義如下：

一、 大曼荼羅（大曼）：此是由物之色相而名。言大者，則比喻如人體全身之形態為大，又就身體之色相而言，全體為表五大，故而亦名之為大。

二、 三摩耶曼荼羅（三曼）：三摩耶是梵語，含平等、本誓、除障、警覺四義。要言之，則是取物之形象而名。

三、 法曼荼羅（法曼）：這是由其名稱而名者。

四、 羯摩曼荼羅（羯曼）：羯摩是梵語，有威儀，專業之義，其標幟則取物之作用而名之者。

以上所述表示一一物中皆有四曼。即色相、形象、名稱和作用的表徵。宇宙萬有，人類、星辰、草木等等，無一不是具足此四曼。

若將宇宙法界，渾然視為一體，而將其中含攝之各各存在的森羅萬象，配合上述之四曼時，則芸芸宇宙之現象界，又可劃分為下述的四種類別：

一、 一切國土有情之生物界，即是大曼荼羅。

二、 一切家屋器具等器物界，即是三摩耶曼荼羅。

三、 一切學術教法等技術理論，即為法曼荼羅。

四、 一切活動創造之事業，即是羯摩曼荼羅。

更進一步的，若將此四曼融攝以正純密教之理趣與宗教的意義時，「大曼」即是佛、菩薩之相好身，或指其莊嚴形象之彩畫，而其他三曼則為其各自相應的「本誓、名稱與羯摩」作用之表徵了。

《理趣釋》云：「畫一一菩薩之本形，即成大曼荼羅。」《真言名目》云：「諸尊相好具足之身也。又繪像之佛形五色交錯，故曰大。大者殊勝之義，圓滿之義，即五大之色為大曼荼羅。」四曼中，因大曼荼羅為尊形之表徵，故當總攝其德，涵攝一切萬有之相狀。

三昧耶曼就是指佛、菩薩所持之標幟,如手印、刃劍、金剛杵或蓮花等等。蓋三昧耶即如前所說,有本誓之義。佛、菩薩之手印、刀劍等,則是其各自之本誓決心的內涵,所表露於外部的標示。《理趣釋》說:「若畫本尊聖者所持之標幟,即是三昧耶曼荼羅也。」《秘藏記》亦說:「本尊之執持器杖,即為印契,即表平等之義。此曼荼羅中,攝盡一切器世間之萬物。」

又法曼荼羅,就是指真言、佛、菩薩的名號,乃至於一切三藏十二部經文等等。法即是名稱,透過文字以說明或擬義萬物的理則與實相。《理趣釋》說:「於其本位,畫上種字,即名法曼荼羅。」《東聞記》則稱:「達摩此方名法,涵攝諸佛所證之法性真如妙理,而以文字為其體。」

最後,羯磨曼荼羅就是佛菩薩無量無邊、積極不息的救濟活動以及一切其他所推行的羯摩專業,即是諸佛菩薩之種種事業威儀。

《四曼義》總結:「大曼荼羅是相好具足身,三昧耶曼荼羅為標幟記號,法曼荼即是名稱,羯摩曼荼羅就是威儀。」此四種曼荼羅互涉不離,故《即身成佛義》云:「四種曼荼羅各不離。」四曼中,三昧耶曼荼羅為顯示內心之本誓;法曼荼羅,即現內心之聲,故共通色心二法;但大曼荼羅與羯摩曼荼羅不但是通色心二法,而且包融三昧耶曼荼羅與法曼荼羅。故假使以「總」、「別」分類之,大曼荼羅為總體,當屬佛部,三昧耶曼荼羅屬金剛部,法曼荼羅即歸蓮花部,皆是別德,羯摩曼荼羅即通上三部。

此四種曼荼羅，是不離於佛身與眾生身的，故法曼荼羅，具足其他三曼荼羅。反之亦然，舉一曼而含其他三曼的整體性，絕無分離。其次，又有甲之四曼與乙之四曼不離之義存在。吾人凡夫之四曼，實圓滿具足佛之四曼，吾人之四曼與諸佛之四曼決非別物，並且不離，互涉互入，活潑任運。總而言之，正如《即身成佛義》所說：「如是四種曼荼。其數無量，一一之量等同虛空。彼此不離，猶如空光無礙不逆。」

又，善無畏三藏言：「曼荼羅名聚集，今以如來真實功德集在一處，乃至十世界微塵數之差別印，輪圓輻輳，輔翼大日心王。為使一切眾生普門（全一）進趣，故說此名曼荼羅。」以此「大日」的活動來表現三無盡藏莊嚴，就是自然形像之大曼荼羅、三昧耶事相之三昧耶曼荼羅、種字梵文之法曼荼羅與供養事業的羯磨曼荼羅等四種。亦即身、語、意、一如等四種。

以此四種來概括所有曼荼羅，不空三藏云：「以此四種曼荼羅攝盡瑜伽之一切曼荼羅。」云身、云語、云意，都是超越了有限之對立之絕對之物故。說身即一切活動皆是身，說語即一切活動悉是語，說意即一切活動悉皆意。此身語意之三活動，攝各各之一切無餘。無論如何，都是平等無碍的，故云：「如來之種種三業皆第一實際，境至妙極。身等於語，語等於心等。像遍通大海一切處，如同一鹹味。」

此無限絕對之身語意，是三平等之境地的表現，亦即是身形、事像、或種子、或以其一如等之「大曼荼羅」、「三昧耶曼荼羅」、「法曼荼羅」、「羯磨曼荼羅」之四種曼荼羅者，其主眼之處是大日如來的絕對活動故，以此為實相而肯定為限，如大師所宣示：「世間，出世間，所有一切教法均在法曼荼羅。世間，出世間所有一切有情即是大曼荼羅。世間，出世間之所有一切器界即三昧耶曼荼羅。世間，出世間之所有一切事業即羯磨曼荼羅。」四種曼荼羅是大日如來之絕對的活動，以身語意與活動四方面來表現象徵而已。故此等互相交涉關連不可須臾離而成一體，故大師云：「四種曼荼各不離。」更以說明：「如斯之四種曼荼羅，四種智印是其數無量也，一一之量等同虛空，彼不離此，此不離彼，尚且如空與光無礙不逆者也。」

《即身成佛義》第三句「三密加持速疾顯」

「三密」者，即「身、口、意」三業之密教化，又稱「三業之密」。此三密之互為加持，大體可歸於「異類加持」和「同類加持」兩種。

首先，正純密教說「異類加持」，則指如來（諸佛菩薩）的三密與眾生的三密，互相加持，即「如來的加持力」與「眾生自己的功德力」合一，再與母體「大日如來的法界力」相應，「三力」成就故，得即身成佛之果。

「口密加持」者，為持誦本尊真言（真理言語），則無妄念。「口」，一般人以為只是言說，其實不然。《楞伽經》云：「思惟即言說。」故知「口」就是思惟分別，是第六識，又稱「意

識」。「口」與真言相應，眾生若能念念是本尊真言，即是《壇經》所云「念念從法身（真理）思量（言説）」。但凡本尊真言無非是一種「智讚」，讚嘆如來法身的悲智力（持誦真言，即智讚），亦是讚嘆能所詮之教理。「口密加持」，就是眾生轉第六識成「妙觀察智」。

「身密加持」者，為手結本尊密印，以表本尊的本誓，動作自正，則無妄動。「身」泛指「眼耳鼻舌身」，是前五識。「身」與印相應，眾生若能常手結本尊密印，相應本尊本誓，生命活動自然就是本尊的行動。「身密加持」者，就是眾生轉前五識成「成所作智」。

「意密加持」者，悟光上師於《即身成佛觀》說為「心住本尊三摩地」，是為密教法身觀，即離四相，則無妄心。傳統佛教翻譯中，「意」就是第七識，即末那識，又名我執識；「心」就是第八識。「心」與密觀相應，眾生若「心」住本尊三摩地，精誠所至，心力為開，則依「意」所化生之身，便會從以「肉體我」為基本的小我見地中脫離，融入「本尊大我」生命，眾生與本尊真我同化，即身就是「本尊在世間所化生之身」，則如《楞伽經》云：「普入一切佛刹，隨意無礙，意欲至彼，身亦隨至。」「意密加持」者，就是眾生轉第七識成「平等性智」，轉第八識成「大圓鏡智」。

推比「如來」、「眾生」彼此的加持時，即眾生念誦本尊真言（口密），手結本尊印契（身密）、心住本尊三摩地（意密），則眾生與本尊之三密即能互為加持，自然三密相應加持而得大悉地。

承前所說,若無妄念(口密),即動作自正(身密),自無妄心(意密);故知「口密」趨正,「身密」、「意密」皆淨。同樣地,任何一密趨正,餘二密皆淨。故一密加持,皆含其他二密加持,是名「三平等」。三密彼此各自互相加持而交互增進其力用,以至於達到完全圓滿的境界。

恆修三密加持,即名三轉法輪。依是修三密之力及已成之諸佛加被力,自身清淨,自本性曼荼羅海會之諸尊應現,自真我同化成跟曼荼羅海會諸尊無有異相。吾自身中之諸尊涉入已成之諸尊身中為「我入」,已成之諸佛亦涉入於吾自身中佛身是「入我」;心住三摩地,即是「入我我入」之觀智。

若更進一步的將自己的一密、二密、三密來加持他人的一密、二密或三密,由於互相加持的交感作用,自我他人,則同時淨化而達解脫之地。推而廣之,於十方法界一切眾生,則彼此三密互涉互入,精神漸次因上轉下轉的雙迴活動而昇華不已,終究趨於「心、佛、眾生」三者「三平等」的「三三平等」觀之境界。眾生依此三三平等觀,即現身證三身佛果,乃名「加持成佛」。

其次,正純密教說「同類加持」,原指佛佛之間的加持,以增盛涵攝佛佛彼此救濟眾生的活動力。若廣推之,可以看做為如甲之口密與乙之口密的加持,甲因其口密的效用即念誦,激起乙品格精神的昇華,以甲為規範而淨化其心。

正純密教言三密,又分有相三密與無相三密。有相三密為「身口意」三密。《菩提心論》云:「身密者,手結印契而召請

聖眾之謂；語密即是密誦真言而文字句了了分明沒有謬誤；意密即住於相應瑜伽圓滿如白淨月的菩提心。」至於無相三密，即如《大日經疏》所說：「由一平等身普現一切威儀，如是威儀無非實印。一平等語普現一切聲音，如是聲音無非真言。一平等心普現一切本尊，如是本尊無非三昧。」故舉手投足，皆成密印；開口發聲，悉是真言；念念所作，自成定慧，此即所謂無相三密。

弘法大師《即身成佛義》云：「若有真言行人觀察此議，手作印契，口誦真言，心住本尊三摩地，由三密之相應加持，即速疾獲得大悉地。」能得顯現不可思議的羯摩作用，歸根結蒂，皆因「三密加持速疾顯」之故。

《新修大正藏‧續諸宗部》所收錄之《真言名目》云：「眾生之本覺與諸佛之法流，感應道交，方便相應，即疾速顯眾生身心本有的功德，一念之間，即悟諸法實相，不起於座而成辦諸佛之一切功德事業，是故名曰『三密加持速疾顯』。」故總結來說，「三密加持速疾顯」即是諸佛為開顯眾生本有的功德所施行的方便業用。

《即身成佛義》第四句「重重帝網名即身」

第四句之「重重帝網名即身」者，是舉「帝網」為譬喻，以明白「即身」義。

「帝網」者，天帝因陀羅珠網也。經云：「忉利天王帝釋宮殿，張網覆上，懸網飾殿。彼網皆以寶珠作之，每目懸珠，光明赫赫，照燭明朗。珠玉無量，出算數表。網珠玲玲，各現珠影。一珠之中，現諸珠影。珠珠皆爾，互相影現。無所隱

覆，了了分明。相貌朗然，此是一重。各各影現珠中，所現一切珠影，亦現諸珠影像形體，此是二重。各各影現，二重所現珠影之中，亦現一切。所懸珠影，乃至如是。天帝所感，宮殿網珠，如是交映，重重影現，隱映互彰，重重無盡。」

宇宙存在之一事一物，不祇是空間的「橫之構造性」互相交涉而已，時間的「縱之構造性」關係也都在一瞬，一刻間，活現於不可須臾分離之全一關係中，故舉「一即一切」為其背景而附屬之，而言一切即非各個孤立，都是不可須臾分離的一體。所謂「一即一切，一切即一」之關係。

同時，貫三世而逐漸發展流動。現在之一瞬，荷負過去之一切，孕育未來之一切；而活現於無限。此一塵一法之中具全宇宙，各個各自建立自己之世界，彼此交涉關聯。

恰如「重重帝網」，各寶珠互相以自己之內容而交映互照無盡。其過去之一切，未來之一切，現在之一切同時具足圓滿無缺，逐次緣起也，此為「事事無礙」。

於三密加持中，吾等以宇宙一切一切為如來法身活動去觀察，將聖凡的「智、情、意」打成一片，才能把握宇宙真相的活現，並去實現理想與神變遊戲行動。

吾等若能於三密加持中，把握了其「全一」之宇宙實相，「當體」為法身佛，自能以一事一物為神聖的東西去侍奉，由其各個立場去充實莊嚴法身佛之內容者，即秘密佛教真言宗之「重重帝網名即身」也。

「重重帝網名即身」中之「即身」,是此句的關鍵,即身心得
自在,徹除不自在的自我束縛,靈化精神而清淨,並油然
而生起活潑積極救濟的大活動;而所謂圓滿究竟真實之佛,
即是此靈化解脫並得大自在之活動者也。故知「即身成佛」
者,是已經達到自證或成就的極致,由自修自覺而激發秘
密莊嚴以行化他的無際活動。

若進一步說,「即身」又具以下義:

(一)「身」者,佛身也。「即身」者,佛身、即我身、即眾生
身也。《密教探玄》云:「以『理』成事,事亦溶融。」又
云:「依『理』之事,事無別事也。」故知諸佛菩薩、我、
眾生「三密加持」圓融無礙。諸佛融入我身中,即曰「入
我」;吾身涉入諸佛法身中,即稱「我入」。入我我入,
綿延無盡,重重無量,故諸佛三大阿僧祇劫中所聚的
羯磨與功德,悉具我身;又一切眾生本來自性、與我
及諸佛的自性,平等了無差別,故名「即身」。

(二)另「身」者,真言宗又有「四種身」義。「即身」者,是說
「四種身」相即相入(同體關係謂之「相即」,相互包含
的關係謂之「相入」)。「四種身」者,就是「自性身(又
名法性身)」、「受用身(又名報身)」、「變化身(又名應
身、化身)」、「等流身(此乃真言宗獨特之身,為佛教
其他派別所無者,就是佛九界眷屬主伴圓明的「種種
眾生、種種心色,無量度門,隨類普現」之身)」也。

《即身成佛義》云:「如是等身,縱橫重重,如鏡中影像燈光
涉入,彼身即是此身,此身即是彼身,佛身即是眾生身,
眾生身即佛身,不同而同,不異而異。」

總而言之，「重重帝網」者，喻鏡「像光」互涉互入之「帝網無礙」。無量「像光」互入，以「一入一切，一切入一」故。法界中之「理」是本，「事」是末故，終「攝相歸性」，故「彼身相」即「此身相」，事事相即相入，是「全事相即」，是謂之「一切即一，一即一切」。事事相即相入，以「一中有一切，一切中復有一切」，重重無盡故。「一而無量，無量而一」，而終不亂雜，故曰「重重帝網名即身」。

「重重帝網名即身」之主張，最重要是以「眾生為主、佛為從」的思想體系，認為六道眾生即是佛，其所處之境，即是佛的境界也。迷則「是與非皆非」，悟則「是與非皆是」，以「一而無量，無量而一」故。悟則「凡業即是佛業，除凡業即無佛業」，因為「當相即道，即事而真」也。

由此可見，正純密教之即身成佛義，深奧微妙，非凡情所能蠡測。《大日經疏》云：「密教之即身成佛論，義趣甚深，若因偏差曲解，易陷謬誤，切須誠慎。其即身成佛義之所以難測難知，則恐未來眾生輕視慢法之故。故苟若忽略諮訪善知識，或未能久遠用功，而獲諸佛之三密加持，僅以自己凡情之心，揣摩擬議，或執經文表議而擅自輒取修行，則未有不淪於譭謗此經為非佛說的罪咎者，實宜千萬謹慎也。」

正純密教以「重重帝網名即身」說「即身」的另一目的，亦期望我人能夠認識人類的尊嚴與可貴，以及人生以服務為目的的崇高宗旨創造奮發，由悲觀轉化為樂觀，守望相助，以增進社會人群的福利，發揚中華民族的文化，使人間淨化而幸福。

《即身成佛義》第五句「法然具足薩般若」

第五句之「法然具足薩般若」者，讚嘆「成佛」也。

承前所說，「即身成佛」中有四門。一者、「六大無礙常瑜伽」，以顯「體」門。二者、「四種曼荼各不離」，以示「相」門。三者、「三密加持速疾顯」，以影「用」門，四者「重重帝網名即身」，以章顯「重重無礙」門。

《即身成佛義》八句頌餘下四句，是稱讚「成佛」門。一者、「法然具足薩般若」是「本覺成佛」門。二者、「心數心王過剎塵」是「王所無數」門。三者、「各具五智無際智」是「五智輪圓」門。四者、「圓鏡力故實覺智」是「實覺所由」門。

佛陀就是「覺者」，凡覺悟的人都稱為「佛陀」。從人類歷史看，在印度出生的釋尊就是最初的佛陀。是什麼至令釋尊覺悟成為佛陀呢？並非是「三十二大人相、八十種隨形好」具足的色身使然，而是把握並自證了貫天地的妙絕之「法（法身）」所致。契經有云：「自覺此『法（法身）』，成等正覺」或言：「不可以色身作佛觀，當以『法（法身）』觀之。」

就是這「法」令釋尊成等正覺，這「法」就是佛陀之本質，或云「法身」、「法界」、「法然」。色身有變異的時候，法身或法界是絕不變異的，故契經云「如來出世或不出世，法界常住」，《即身成佛義》則云「法然具足」。

令釋尊成等正覺且照育一切、活現一切的「法」，它是貫三世而常住的，同時也是所有一切物生成的基礎。能體證而把握此法，才是真正的「覺」，亦才能成為佛陀。

所謂法身、法界、法然，就是指一切萬物當體的活現之根源，這就是「真我」的底蘊，悟光上師喻之為佛陀之「聖體」。這佛陀聖體的「體性（法界體性）」，是以一切萬物為自己之內容，而予以活現。這能夠活現一切但又超越一切的「聖體」，是人本具莊嚴不可思議的本性。秘密佛教將此佛陀聖體稱為「大毘盧遮那」、「大日如來」、「遍照金剛」，或名「常住三世淨妙法身大毘盧遮那如來」。

大日如來是貫天地一切事物的本體，故一切萬物法爾自然地具足功德莊嚴。祂呈現一切相，遍滿虛空，故佛觀一切萬物為自心功德相的內容，為說明此義，弘法大師說：「以法界為體，以虛空為佛心。」又說：「身遍剎塵，心等太虛。」把握此法，自心安住於實相，名「實相般若」。這就是「法然具足薩般若」之成佛大義。

自證貫三世而常恆之大日如來聖體，以所有一切為自己身心功德相之內容，時時刻刻化為「永遠」地活現著，對所有物都予以發揮至上的「價值」，成為「聖愛」當體的體現者，在永恆的無限時空中為育成一切功德、莊嚴一切，不斷地自由「創造」著，就是「成佛」。換句話來說，所謂成佛，就是把握這大日如來當體且體得之，以此身個體為基點而將這法然具足之道具體展現，不斷地將「永遠」、「價值」、「聖愛」、「創造」等四世界融為「一如（一體）」而活現之道。這更是每位真言者所給予自己的使命或任務。

所有一切事物無一不具此佛陀聖體，且皆被其靈光所照所育，這聖體是與「理」具存於事事物物中的，所以秘密佛教所謂「理具之佛」，即指此也。

事事物物皆具有佛陀聖體，而這絕非只是道理上的抽象東西。祂是實在常恆活潑地照育一切、活現一切的靈體，貫天地而互相感應道交的靈體佛格。由此，才可以理解密教所謂「加持之佛」。

弘法大師說：「佛日之影現於眾生心水曰加，行者之心水能感佛日名持。」因佛陀聖體所放射的靈光，不斷地加被光照各個眾生，而眾生若能任持把握此當體，便能顯現了感應道交之可思議境界。以這加持感應之不可思議境的體驗修養為背景，而更進入「佛行」之塵剎世界中。而後以此行者之個體為基點，廣為社會民眾的一切服務，進而更為自己內容的一切萬物之充實與莊嚴去行動，去做佛的工作，以此身去體得佛陀聖體之妙用，時時刻刻活現於永遠。以所有一切為資糧去發揮至上之價值；以聖愛的體現者之立場，去教化一切；不拘任何形式與事物，自由不斷地去創造，來莊嚴世界，亦即是「有限活現於無限」的人，此無限人又名「金剛薩埵」或「顯得之佛」。

把握「理具之佛」、「加持之佛」、「顯得之佛」並務必於此生具體展現之，是真言宗最勝之「成佛」門。

《即身成佛義》第六句「心數心王過剎塵」

第六句之「心數心王過剎塵」者，是「王所無數」門。「心王」又稱是自性；「心數」又稱心數法、心所、心所有法。「心所」是自性所成，亦即為六大無礙體性之「心王」的內容。故《金剛頂經》云：「諸法本不生，自性離言說，清淨無垢染，因業等虛空。」《大日經》亦云：「我覺本不生，出過語言道，諸

過得解脫，遠離於因緣，知空等虛空。」說明了諸法（心所）之六大無礙體性（心王）真相。以一切之心所（一切剎塵之諸法）其數無量，攝於「純一圓滿清淨白」之心王一識，是名「一切一心識」、「一一心識」、或「心數心王過剎塵」。

弘法大師於《十住心論》曰：「心王自在，而得本性之水；心數之客塵，息動濁之波。」又說：「至悟心性之不生，知境（心所）智（心王）之不異。」這作為秘密佛教真言宗「一一心識」不共之至理。

若進一步說，心數心王，具有三重義：

一、「大日是心王，餘尊即心數」，此說通金、胎兩部。謂金剛界七十三尊，毘盧遮那是心王，餘七十二尊是心數也。七十三尊者，五智四度十六菩薩，四攝八供賢劫十六尊，又外護二十天也。於胎藏界會之五百尊，毘盧遮那是心王，餘是心數也。

二、「五佛是心王，餘尊是心數也」，此約金剛界，亦通胎藏界。五佛即五智，五智同心王也。眾生理具五智五門，是胎藏界之五佛；顯得成佛之五智五門，即金剛界之五佛。十門一處並列者，是眾生、佛平等，是金胎兩部一心之意也。若以金剛杵作喻，則胎藏界初五門是下之五鈷，金剛界後五門是上之五峰，故弘法大師於《金剛杵論》云：「五鈷表五智如來，如來是理胎藏，佛是智金剛，其鈷上下一體，其數同，表佛身與眾生身一體平等也。中鈷表大日法界體性智，四邊四鈷表四佛四智也。」

三、 胎藏界曼荼羅「中台八葉之九尊為心王，曼荼羅之聖
眾悉是心數也」。轉九識成五智故，五智同心王也。《秘
藏記》云：「以中台心王之尊，攝一切心王，是謂一識。
以八葉尊，攝一切心王，是為八識，以八葉及中台，
攝一切心王是謂九識。」中台八葉之九尊，包括：大日
如來（中）；普賢（東南），文殊（西南），觀音（西北），
彌勒（東北）之四菩薩分處於四隅；四方之四佛，開示
大日如來四智之德。中台八葉之九尊，象徵「轉九識
成五智」，是眾生本具的佛性故。

《秘藏記》又云：「以上之九識，其餘十佛剎塵數之一切心，
主攝一識，是為十識，是名一一心識。」故說九識是心王，
多一心是心數，為十識，又名「一一心識」。「一一心識」者，
是以一切之心數攝於心王之一識，故云「一切一心識」。是
則今之多，一心識也。進一步說，心數之諸尊，其體別故
云多，然而皆大日所變，以基因德性無量無邊是法爾本然，
故云一識。

以上舉胎藏界曼荼羅之「心王攝心數」，今再舉金剛界曼荼
羅之「心數歸心王」大義。「心數歸心王」者，心王是心數選
出之一尊也。如金界曼荼羅，以大日為心王，其他三十六
尊為心數。若以金剛薩埵為主，即金剛薩埵坐中央，大日
移來坐金薩之原位，其他各尊皆如此。

凡夫迷此故自戕其生，若能體悟「心數心王」之大義，證入
此如來之體性，即自「轉九識成五智」。

六道之苦樂，乃依其心而變現諸境。心是主體，意是我執（又名自我意識）、意識是思惟分別，前五識是覺受，皆是心之變相。心，由宿業之蘊而引起本有基因為主，其外之基因為伴，故云「心數心王過刹塵」。心數，亦是心王之六大體性的內容。眾生各有其維生、保護的審判功能，維生是理德，保護是智德，為維生而保護之不被傷害，乃食性自由，為生命趣向，此為欲。

欲除上述外還有真善美之欲，凡夫迷於現象生活之欲，就變成自私之欲，自私就是排他思想的利己主義，不知吾人萬物是法身佛的理智之德所化，都是法性內之同胞，而局限於自我範圍，如一個人身而言，甲是右足，乙是左足，人體之運奔是互相合作的，五臟六腑，或五根九竅神經血脈，皆是普門之一門一德，社會國家亦復如是，乃是緣起之互相合作生活。

「心數心王」是永恆之生命，亦是大日之理智不二之體。吾人證入法身，即可成大日等流身的萬物；由修習真言密法而迷執諸惑障脫除，即五蘊皆空，其境界之證量為報身佛，乘願再來度生而入人間亦無畏；由其悟境之證量，即成永恆之生命，宇宙即我，我即宇宙，心如太虛，德遍法界。是智不是蘊故，不被惑業所引，隨業輪迴。隨業轉生在凡夫邊看，即是輪迴，依佛邊看，即如水泡虛出沒；如不知水性的人，入水即成苦海，知水性的人，入水即成泳池。苦如火，曰三界火坑，樂故火坑化做白蓮池。無苦無樂曰極樂，智之境界是無苦無樂的，本來寂滅相，不生不滅相，本不生相，本不生，即永恆的生。

《即身成佛義》第七、八句

第七句之「各具五智無際智」者,是「五智輪圓」門。第八句之「圓鏡力故實覺智」者,是「實覺所由」門。

「各具五智」平等者,是「一一心王心數」各各有五智。「無際智」者,是「高廣無數」之義。

「圓鏡力故」者,是如來「圓明心鏡」高懸法界頂,寂照一切不倒不謬。此乃「一切諸佛得覺智名」之因(實覺所由),是「實覺智」之義。

「各具五智」等者,一切諸佛菩薩一一本尊等,其心王心數各各有五智義也。

謂:大日如來為法界體性智,阿閦佛、寶生佛、阿彌陀佛、不空成就佛等四佛為四智,是心王五智。

又,阿閦佛為法界智時,金剛薩埵、金剛王、金剛喜、金剛愛等四金剛菩薩為四智,是阿閦佛心王心數之五智也。

又,金剛薩埵為法界智時,金剛欲、金剛觸、金剛愛、金剛慢等為四智,即金剛薩埵心王心數之五智也。

餘之寶生佛、不空成就佛等,亦通五數。

如此類推,乃至金剛界、胎藏界中,一一本尊等心王心數,亦各各具五智。

再者，眾生之心王心所，既是大日如來之智德故，自有本尊三密相應之能，若能返璞歸真，入真言門，密識奧義（「如實覺知自心本有之秘密莊嚴藏，見眾生究竟是佛也」），眾生之煩惱當下即成菩提，眾生度盡即證菩提也。

如是五智各具五智，豎橫重重無量無數，故云「高廣無數」（高即豎，廣則橫義），亦即「五智輪圓」之義也。

「圓鏡力故實覺智」者，此即開示「實覺所由」。一切諸佛因何得覺智名？有如一切色像悉現高台明鏡之中，如來心鏡亦復如是，圓明心鏡高懸法界頂，寂照一切不倒不謬。如是圓鏡何佛不有？故曰「圓鏡力故實覺智」。

何謂「圓鏡力」？大日心王大圓也。象徵法界體性智攝餘之四智，以「五智中此智最頂，如圓明心鏡」故。「大日心王大圓」者，又有如一中無際之「大空」，攝四邊無限「別空」。

真言行者真語為門，於心鏡上宿「法界智全一（行者四智融會為一，法界體性智周全）」的真我之姿，真佛當體，就能發揮其無限全一的一切力，以真我的全一佛，去活現一切了。

進一步來說，此智有「如理」、「如量」兩義，如「心月輪」之清涼寂靜、光明遍照之二用也。所謂「如理」者，是冥寂一切本有之真理而不顛倒；所謂「如量」，則是後得覺照一切事物圓明而不迷謬也。如理如量，顯現證得如是本有圓明心月者，是顯得即身成佛，故亦名為實覺者也。

「光明十互」一事

秘密佛教真言宗「光明十互」

秘密佛教真言宗「光明十互」，是一「利他無我」之無上正法。

「光明十互」是真言宗「敬愛、增益、調伏 (降伏)、息災、延命 (續佛慧命，又名付囑)」五種法之現成，其中包括阿闍梨、教授阿闍梨、乃至大阿闍梨們在道場修行和教授本尊法的過程中培養的十種相互關係：

「敬愛法」之現成：

一 互敬：彼此敬畏，彼此尊重；不輕視，不傲慢，不自大。

一 互愛：彼此照顧，彼此愛護；不冷漠，不疏遠，不嫉妒。

「增益法」之現成：

一 互增：彼此增智，彼此成就；不阻礙，不打擊，不貶低。

一 互利：彼此利他，彼此共贏；不自私，不貪婪，不剝削。

「調伏法」之現成：

一 互競：彼此切磋，彼此競賽；不休息，不示弱，不隱藏。

一 互破：彼此攻破，彼此突破；不守成，無不破，無能勝。

「息災法」之現成：

一 互助：彼此加持，彼此衛道；不反顧，不旁貸、不容遲。

- 互補：彼此補足，彼此補闕；不缺少，不過剩，不遺力。

「延命法」(續佛慧命) 之現成：

- 互護：彼此護念；如來善護念諸菩薩 (是「授明灌頂」事)。

- 互囑：彼此付囑；如來善付囑諸菩薩 (是「傳法灌頂」事)。

這「光明十互」，更是真言宗阿闍梨、教授阿闍梨乃至大阿闍梨在平常日用中所要具體體現和實踐的密教精神、思想與生活。

「光明十互」與「華嚴十玄門」一一對應的關係

「華嚴十玄門」是華嚴宗的基本教義之一，是法界緣起的重要內容。它要求觀察一切事物時，把現象看作是圓融無間的，所以又稱「十玄無礙」、「十無礙」。它顯示了華嚴大教關於一切事物純雜染淨無礙、一多無礙、三世無礙、同時具足、互涉互入、重重無盡的道理。

真言宗之「光明十互」，與華嚴宗所演繹的「華嚴十玄門」，有著一一對應的關係。華嚴十玄門是華嚴宗「法界緣起」基本教義之下手處，故法界緣起又名「十玄門緣起」，藉此華嚴行者在觀察一切世間事物時，一念就把現象看作是圓融無間的「大毘盧遮那成佛神變加持」之世界。華嚴十玄門十種觀法與「光明十互」關係如下：

一) 同時具足相應門：指諸法是一個整體，雖然呈現為許多不同之類聚群分，但同時相應大日光明成一大緣起 (法界緣起)。這與「光明十互」中的「互敬」相對應，表

示彼此尊重各各諸法（包括一切人、事、物）的存在價值和意義。

二） 廣狹自在無礙門：指教中每一法門既包含大日之一切教理（廣），又保持其自身的特點（狹）。這與光明十互中的「互愛」相對應，在表示彼此欣賞各種法門的廣博和精細的前提下，至相關懷、愛護。

三） 一多相容不同門：指各種法門雖然彼此有別，但是任何一種法門都能包容其他法門所共證之「阿」字門世界。這與光明十互中的「互增」相對應，表示彼此助長各種法門的差異和共通。

四） 諸法相即自在門：指一切事物（諸法）相互依存，乃得自在。這與光明十互中的「互利」相對應，表示彼此利益相依和自在。

五） 秘密隱顯俱成門：「顯」者，就是一切染淨諸法（現像）；「隱」者，本不生，即心實際。行者各各必須「觀一切染淨諸法，無不是從緣生；若緣生即無自性，若無自性即本不生（阿字本不生），本不生即心實際，心實際即又不可得」，方得至極無自性心生，也都俱時成就佛果。這與光明十互中的「互競」相對應，表示彼此切磋各種法門的隱藏和顯現。

六） 微細相容安立門：就緣起之現象說，諸法自有大小方圓穢淨等相，然皆能相容安立於之法界當體，不互相妨礙。真言行者於三密相應中，直以一真法界緣起之實德，無礙自在，致使各各於不壞自相之點相容安立，

彼此攻破，彼此突破。這與光明十互中的「互破」相對應，表示彼此突破各自法門的局限和執著。

七） 因陀羅網境界門：恰如因陀羅網，各寶珠互相以自己之內容而交映互照無盡；萬物互相包含，光光相映，重重無盡，名因陀羅網境界。這與光明十互中的「互助」相對應，表示彼此扶持各種法門的包含和融合，互相顯發融成一體。

八） 託事顯法生解門：指隨託一事以便彰顯一切事法皆互為緣起。這與光明十互中的「互補」相對應，表示彼此補足各種法門的因緣和顯現。

九） 十世隔法異成門：指「過去、未來、現在」之三世，一一各有「過去、未來、現在」三世，相由成立，合為九世。此九世各各有隔，先後之差別相宛然，故曰「隔法異成」。真言行者於三密相應中，能攝入一念，即是「合九世與一念」，如是過去之「一瞬之一切」，即未來之「一瞬之一切」，即現在之「一瞬之一切」，同時具足圓滿無缺，逐次「緣起」也，此「法界緣起」為事事無礙。因為把握了「一瞬之一切」此全一之宇宙實相，當體為法身佛，這就能與光明十互中的「互護」相對應，就是彼此以一瞬之一事一物為神聖的東西去善護念，由各自世間立場去充實莊嚴毘盧遮那法身佛之內容者。

十） 主伴圓明具德門：指事物之關係，舉其一為主，連帶所緣為伴，一物生，萬物從之而生。這與光明十互中

的「互囑」相對應，表示師生遞相傳授囑託法脈中的主伴圓明關係。

以上是對「光明十互」和「華嚴十玄門」之關係的淺解。

「光明十互」與「佛身十德」一一對應關係

「華嚴宗五祖宗密」曾開示，真正修行目的，實為自證毘盧遮那「佛身十德」。真言宗之「光明十互」，與「佛身十德」中描述佛陀的十種功德間有著一一對應關係。「我不求佛身十德，佛身十德自然來」，這就是吾等「即身成佛」之道殊勝之處。「佛身十德」包括：

一） 智德：佛具有無上的智慧和覺悟，能夠了知一切法的真實性。這佛的智慧身。

二） 慈德：佛具有無量的慈悲和喜樂，能夠與一切眾生同處苦難，並普施一切眾生歡喜。這是佛的願身。

三） 威德：佛具有一切無畏的大威嚴和力量，能夠降伏一切魔障和敵對。這是佛的威勢身。

四） 淨德：佛具有「純一、圓滿、清淨、潔白」，是無染清淨和自在，能夠遠離一切煩惱和障礙。這是佛的法界身。

五） 常德：佛具有「本不生」的常住和穩定，能夠證得一切法的如如不動，超越一切生死和變化。這是佛的力持身。

六） 樂德：佛具有無苦的安樂和自足，能夠享受一切法的
　　　光明遍照本性。這是佛的意生身。

七） 實德：佛具有無虛的真實和圓滿，能夠證得福聚海無
　　　量（福德聚）。這是佛的福德身。

八） 相德：佛具有無相的法身和具足三十二相的報身，能
　　　夠顯現一切法的功用和利益。這是佛的莊嚴身。

九） 勝德：佛具有無上的勝義和殊勝，能夠超越一切法的
　　　差別和階級。這是佛的菩提身。

十） 化德：佛具有無盡的化身和方便，能夠適應一切法的
　　　因緣和需要。這是佛的化身。

「光明十互」與「佛身十德」之間有著一一對應關係。這是因
為「光明十互」是以「大日如來曼荼羅」為基礎而建立的修行
方法。「大日如來曼荼羅」是以「大日如來」為中心而展開的
密教圖像，而「大日如來」就是「佛身十德」的集合體，是一
切佛的本尊。因此，修行「光明十互」就是修行「佛身十德」，
就是修行「大日如來」，就是修行「本尊法」。具體來說，「光
明十互」與「佛身十德」的對應關係如下：

一） 互敬對應智德：彼此尊重，就是彼此認可對方的智慧
　　　和覺悟，就是彼此學習對方的智慧和覺悟，就是彼此
　　　讚賞對方的智慧和覺悟。

二） 互愛對應慈德：彼此關懷，就是彼此感受對方的慈悲
　　　和喜樂，就是彼此成全對方的慈悲和喜樂，就是彼此
　　　廣施慈悲和喜樂。

三） 互增對應威德：彼此助長，就是彼此支持對方的威嚴和力量，就是彼此弘揚對方的威嚴和力量，就是彼此共享對方的威嚴和力量。

四） 互利對應淨德：彼此利益，就是彼此清除對方的染污和障礙，就是彼此加持對方的清淨和自在，就是彼此體驗對方的清淨和自在。

五） 互競對應常德：彼此切磋，就是彼此超越對方的常住和穩定，就是彼此煅燒對方的常住和穩定，就是彼此證入對方的常住和穩定。

六） 互破對應樂德：彼此破除固步自封，就是彼此攻破對方的安樂和自足，就是彼此突破對方的安樂和自足，就是彼此蛻變對方的安樂和自足。

七） 互助對應實德：彼此相助，就是彼此實現對方的真實和圓滿，就是彼此宣揚對方的真實和圓滿，就是彼此實證對方的真實和圓滿。

八） 互補對應相德：彼此補足缺陷，就是彼此完善對方的法身和報身，就是彼此顯現對方的法身和報身，就是彼此合一對方的法身和報身。

九） 互護對應勝德：彼此護念，就是彼即守護對方成為無上之佛。

十） 互囑對應化德：彼此因應一切傳承法脈的因緣和需要，付囑對方成為做佛工作無盡之佛。

以上是對「光明十互」和「佛身十德」之關係的淺釋。「光明十互」與「佛身十德」之間的關係,是一種密切而深刻的關係。它們不僅是一種理論上的對應,而且是一種實踐上的體現。通過修養「光明十互」,我們就能夠證取「佛身十德」;修行「本尊法」,就能證得大日如來「佛身十德」。這是一種從相對到絕對,從有為到無為,從假我到真我,從眾生到佛位的「自化化他」過程,更是一極其殊勝而神奇的修行方法。

如果想要更深入地了解「光明十互」與「佛身十德」之間的關係,我建議大家可以好好參學《大日經》。這是密教中最重要的經典之一,也是打開「大日如來曼荼羅」和「佛身十德」關係的根本依據。大家也可以在閱讀悟光上師《大日經》的各本開示書籍,好了解深奧而廣博的密法教理;在聽聞悟光上師的親切而智慧的語言,並且受益於真言宗光明流豐富而實用的修行方法。希望大家更能深入地了解「光明十互」與「佛身十德」之間的關係。

另外,也為大家創作了一首詩,表達了吾的感受和祝福。

《光明十互與佛身十德》

互敬智德如日照，
互愛慈德如月圓，
互增威德如雷霆，
互利淨德如水清。

互競常德如山峻，
互破樂德如天劫，
互助實德如摩尼，
互補相德如華嚴。

互護勝德如寶塔，
互囑化德如傳燈，
十互十德皆大日，
大日本尊是吾心。

「光明十互」和「菩薩十地」一一對應的關係

喜歡修行「本尊法」的真言行者，基於「大日如來曼荼羅」，
肯定每位同心同行的同修都是曼荼羅中的一個本尊，並要
發揮自己的使命。「光明十互」既是同心同行的同修之十種
互動方式，分別是「互敬、互愛、互增、互利、互競、互破、
互助、互補、互護、互囑」，它們能讓同修們在相互鍛鍊中，
共同進步，最終達到「即身成佛」的境界。

「菩薩十地」則是佛教中描述菩薩修行階段的一種分類，分別是「歡喜地、離垢地、發光地、燄慧地、難勝地、現前地、遠行地、不動地、善慧地、法雲地」。顯教只把它們看成菩薩從初發心到成就佛果的不同層次，密教則更深刻地肯定它們其實是代表了成就佛果的十個特徵，當中實無有高下層次之分，這一點可以從「光明十互」和「菩薩十地」的一一對應的關係可以得到實證，這種對應關係意味著同修們在實踐「光明十互」的過程中，也在體驗和證悟「菩薩十地」的境界，從而成就即身成佛。

每一位真言行者，各各皆是「大日如來」的化身，都能夠通過「本尊法」幫助自他解脫生死，即身成佛。其教義主要來自於《大日經》和《金剛頂經》，這兩部經典是真言宗的重要依據。「本尊法」是真言宗修行方法，主要是通過觀想自己和一尊佛或菩薩合而為一，從而達到「即身成佛」的目的。在「大日如來曼荼羅」中，主要用五佛來具體象徵行者「即身成佛」之內涵。五佛分別是「大日如來、阿閦如來、寶生如來、阿彌陀如來、不空成就如來」，它們分別代表了「一如、永遠、價值、聖愛、創造」等如來五智不同的功德。

首先，「光明十互」是「互敬、互愛、互增、互利、互競、互破、互助、互補、互護、互囑」的十種互動方式，若具體說明，就分別是：

- 互敬：尊重每個同修的本尊身份，不分高低貴賤，彼此以禮相待。

- 互愛：關心每個同修的身心健康，不嫉妒不貪求，彼此以愛相待。

- 互增：鼓勵每個同修的修行進步，不貶抑不怠惰，彼此以勵相待。

- 互利：幫助每個同修的生活需求，不自私不吝嗇，彼此以利相待。

- 互競：挑戰每個同修的本尊能力，不驕傲不自滿，彼此以競相待。

- 互破：揭露每個同修的無明障礙，不隱藏不掩飾，彼此以破相待。

- 互助：支持每個同修的本尊事業，不拖累不反對，彼此以助相待。

- 互補：補足每個同修的缺陷，不批評不埋怨，彼此以補相待。

- 互護：護念每個同修的本尊安全，不傷害不背叛，彼此以護相待。

- 互囑：交託每個同修的本尊心願，不違背不忘記，彼此以囑相待。

這十種互動方式旨在讓同修們在相互鍛鍊中，共同進步，最終達到「即身成佛」的境界。

其次，「菩薩十地」是代表了成就佛果的十個特徵，分別是：

- 歡喜地：菩薩發菩提心時（發起「證道當時的心」時）所得到的喜悅和安樂。

- 離垢地：菩薩常能遠離煩惱和罪業所造成的污染和障礙。

- 發光地：菩薩的智慧和功德自發出光明，照亮自己和眾生。

- 燄慧地：菩薩的智慧和功德如火焰般熾盛，能夠消除一切無明和障礙。

- 難勝地：菩薩的智慧和功德超越了一切外道和聲聞，能夠勝得一切法。

- 現前地：菩薩的智慧和功德顯現在當下，能夠隨順一切眾生的根性，廣施方便。

- 遠行地：菩薩的智慧和功德遍及十方，能夠遠離一切障礙和縛束，自在而行。

- 不動地：菩薩的智慧和功德堅固不動，能夠不受一切惡魔和煩惱的干擾，安住而行。

- 善慧地：菩薩的智慧和功德圓滿善巧，能夠通達一切法性，無所不知，無所不見。

- 法雲地：菩薩的智慧和功德如法雲般廣大，能夠遍覆一切眾生，無所不利，無所不救。

「光明十互」和「菩薩十地」都是以「成佛」為依據，認為每個同修都是一個佛住世，並要發揮自己的使命；都是以「無上正等正覺」為目標，認為每個同修要成佛都已自性具足，故只要證悟自己的本性。故「光明十互」和「菩薩十地」有著

一一對應的關係，這種對應關係意味著同修們在實踐「光明十互」的過程中，也在體驗和證悟「菩薩十地」的境界，以下我將提供關於「光明十互」跟「菩薩十地」的一一對應關係的詳細說明：

一） 互敬對歡喜地：同修們尊重每個人的本尊身份，不分高低貴賤，彼此以禮相待。這與菩薩菩薩發起「證道當時的心」時所得到的喜悅和安樂相符。

二） 互愛對離垢地：同修們關心每個人的身心健康，不嫉妒不貪求，彼此以愛相待。這與菩薩開始離開煩惱和罪業所造成的污染和障礙相符。

三） 互增對發光地：同修們鼓勵每個人的修行進步，不貶抑不怠惰，彼此以禮相待。這與菩薩的智慧和功德開始發出光明，照亮自己和眾生相符。

四） 互利對燄慧地：同修們幫助每個人的生活需求，不自私不吝嗇，彼此以利相待。這與菩薩的智慧和功德如火焰般熾盛，能夠消除一切無明和障礙相符。

五） 互競對難勝地：同修們挑戰每個人的本尊能力，不驕傲不自滿，彼此以競相待。這與菩薩的智慧和功德超越了一切外道和聲聞，能夠勝得一切法相符。

六） 互破對現前地：同修們揭露每個人的無明障礙，不隱藏不掩飾，彼此以破相待。這與菩薩的智慧和功德顯現在當下，能夠隨順一切眾生的根性，廣施方便度化破迷相符。

七） 互助對遠行地：同修們支持每個人的本尊事業，不拖累不反對，彼此以助相待。這與菩薩的智慧和功德遍及十方，能夠遠離一切障礙和縛束，自在而行相符。

八） 互補對不動地：同修們補足每個人的本尊缺陷，不批評不埋怨，彼此以補相待。這與菩薩的智慧和功德堅固不動，能夠不受一切惡魔和煩惱的干擾，安住而行相符。

九） 互護對善慧地：同修們保護每個人的本尊生命顯現，不懷疑不背叛，彼此以護念相待。這與菩薩的智慧和功德圓滿善巧，能夠通達一切法性無非光明遍照，無不圓善、無不照見相符。

十） 互囑對法雲地：同修們交託每個人的本尊悲願，不違背不忘記，彼此以囑相待，代代相傳法。這與菩薩的本願和付囑功德如法雲般廣大，能夠遍覆一切眾生，無所不利，無所不救相符。

以上就是吾所證悟「光明十互」和「菩薩十地」對應關係的細節。願與大家共勉之！

「光明十互」與「十緣生句」之一一對應關係

「十緣生句」是佛教中用來說明一切法從因緣而生，無自性，空寂不可得的十種喻例。它們分別是：

* 幻：幻術師所作的種種相貌，如變化成人、獸、鳥等，都是依靠手法和道具而產生的假象，沒有實在的存在。

- 陽焰：熱、空、塵等因緣和合，在曠野中現出水相，如河流、湖泊等，都是依靠光線和氣候而產生的錯覺，沒有實在的水源。

- 夢：睡眠中所見的種種境界，如歡喜、悲哀、驚恐等，都是依靠心識和業力而產生的幻象，沒有實在的事物。

- 影：鏡中所現的影像，如自己、他人、物品等，都是依靠鏡子和光線而產生的反射，沒有實在的形體。

- 乾闥婆城：蜃氣映日光，在大海中現出宮殿之相，如城堡、塔樓等，都是依靠氣候和視角而產生的幻景，沒有實在的建築。

- 響：深山空谷等中，依聲而生的響音，如回音、迴響等，都是依靠聲源和空間而產生的聲波，沒有實在的發聲者。

- 水月：水中所現的月影，如圓缺、明暗等，都是依靠月亮和水面而產生的映像，沒有實在的月體。

- 浮泡：水上所現的泡沫，如大小、顏色等，都是依靠水流和空氣而產生的氣泡，沒有實在的質量。

- 虛空華：眼膜上所見的種種花，如五色、百卉等，都是依靠眼病和光影而產生的幻覺，沒有實在的花朵。

- 旋火輪：人持火炬旋轉於空中所生的輪像，如圓形、紅色等，都是依靠火光和動作而產生的光跡，沒有實在的輪子。

真言行者一方面能透過「十緣生句」觀察到一切業煩惱都是由無量因緣所生,故無自性(如一般佛教的見地);另一方面,是由三密相應故,無所繫縛,無所解脫,既不離無量因緣,亦不依無量因緣,這就是真言宗所説「不思議之幻」。真言行者依三密真實行,得成一切奇特不思議事(神變遊戲),故《大日經疏》是藉「十緣生句」來説明「(本尊相應)法爾如是,念念相續,不異淨心,自在神變,宛然不謬,是名如幻三昧」之自在神變妙趣。因真言宗獨有「大日如來曼荼羅」方便,故一眾真言行者各自於自性本尊三密相應,共證「自在神變」,性自具足,皆得成「悉地」,故都能法爾自然生起神變「如幻、如陽焰、如夢、如影、如乾闥婆城、如響、如水月、如浮泡、如虛空華、如旋火輪」等甚深十喻境界。這才是《大日經》所説「十緣生句」的真義,於其中既不離無量因緣,亦不依賴無量因緣。

「十緣生句」與「光明十互」之間也有一一對應關係。這是因為「光明十互」是以「大日如來曼荼羅」為基礎而建立的修行方法,而「大日如來曼荼羅」是以「大日如來」為中心而展開的密教圖像。而在「大日如來」之「神變加持」遊戲展現中,同修行者彼此就能共成「甚深十喻」集合體。法爾自然,自在神變。「光明十互」與「十緣生句」的對應關係如下:

- 互敬對應幻:彼此尊重,就是彼此不執著於自己或對方的外表和身分,就是彼此看破幻相而見真性,就是彼此覺悟無我而成佛。

- 互愛對應陽焰：彼此關懷，就是彼此不貪戀於自己或對方的利益和名聲，就是彼此破除陽焰而見空性，就是彼此發起菩提心而利生。

- 互增對應夢：彼此助長，就是彼此不驕傲於自己或對方的成就和功德，就是彼此覺醒夢境而見真如，就是彼此共同修行而增上。

- 互利對應影：彼此利益，就是彼此不自私於自己或對方的財富和資源，就是彼此超越影像而見本體，就是彼此廣施布施而成就。

- 互競對應乾闥婆城：彼此切磋，就是彼此不怠惰於自己或對方的學習和進步，就是彼此競爭中識破怠惰如乾闥婆城而不可片刻逗留，就是彼此共同修行而增上。

- 互破對應響：彼此破除煩惱，就是彼此不執著於自己或對方的思惟分別和言說，就是彼此消滅自心內眾生無邊之響音而見自性寂靜，就是彼此發揮智慧而解脫。

- 互助對應水月：彼此相助，就是彼此不貪戀於自己或對方的貪欲和執愛，就是彼住心於三密相應中澄靜心水而共呈心中清淨月輪而見空性，就是彼此以助相待和合之成就。

- 互補對應浮泡：彼此補足缺陷，就是彼此不挑剔於自己或對方的缺點和錯誤，就是彼此消散妄想浮泡而見無我，就是彼此互相包容而圓融。

- 互護對應虛空華：彼此護念，就是彼此不傷害於自己或對方的身心和生命，就是彼此清除虛空華而見無生，就是彼此互相護持而安樂。

- 互囑對應旋火輪：彼此囑托，就是彼此不忘記於自己或對方的願力和誓約，就是彼此超越旋火輪而見本誓真實相之根本，就是付囑彼此即身成佛。

因此，在修養「光明十互」時，也就是在體解「十緣生句」，以證解自性具足即身成佛本之理趣。

「光明十互」之十重觀

第一重觀：真言宗「光明十互」是一種基於「中國佛教真言宗光明流第一代傳法大阿闍黎悟光上師」之「互相供養，互相頂禮」精神的具體實踐。

第二重觀：「光明十互」是一種「利他無我」之無上正法，也是秘密佛教真言宗「敬愛、增益、調伏（降伏）、息災、延命（續佛慧命，又名付囑）」五種法之現成，包括以下十種相互關係：

「敬愛法之現成」：

－ 互敬：彼此敬畏，彼此尊重；不輕視，不傲慢，不自大。

－ 互愛：彼此照顧，彼此愛護；不冷漠，不疏遠，不嫉妒。

「增益法之現成」：

－ 互增：彼此增智，彼此成就；不阻礙，不打擊，不貶低。

— 互利：彼此利他，彼此共贏；不自私，不貪婪，不剝削。

「調伏法之現成」：

— 互競：彼此切磋，彼此競賽；不休息，不示弱，不隱藏。

— 互破：彼此攻破，彼此突破；不守成，無不破，無能勝。

「息災法之現成」：

— 互助：彼此加持，彼此衛道；不反顧，不旁貸、不容遲。

— 互補：彼此補足，彼此補闕；不缺少，不過剩，不遺力。

「延命法（續佛慧命）之現成」：

— 互護：彼此護念；如來善護念諸菩薩（是「授明灌頂」事）。

— 互囑：彼此付囑；如來善付囑諸菩薩（是「傳法灌頂」事）。

第三重觀：「光明十互」具有其密教上的含義和修行方法，故能讓人深入地理解和實踐。「光明十互」中的每一種相互關係都有其密教上的深刻含義和修行方法。例如，「互敬」不僅是彼此尊重，也是對本尊和真言宗傳承的敬禮，以身、口、意三密恭敬供養；「互愛」不僅是彼此愛護，也是發起菩提心和慈悲心，以大悲願力利益一切眾生；「互增」不僅是彼此成就，也是學習經典和聽聞法音，以智慧之光照耀自他；「互利」不僅是彼此利他，也是布施財物和法財，以無量功德回向法界；「互競」不僅是彼此切磋，也是修持三密和持誦真言，以金剛力量降服一切障礙；「互破」不僅是彼此突破，也是觀察自性本尊和證得如來五智，以如如之

境超越一切執著;「互助」不僅是彼此加持,也是參加法會和護持道場,以集體的力量消除一切災難;「互補」不僅是彼此補足,也是修習曼荼羅和供養佛像,以完整的現世形象表現本尊的功德;「互護」不僅是彼此護念,也是無私護法,以本尊的光明賜予自己和他人無量福德,自證如來善護念和得如來授記;「互囑」不僅是彼此付囑,也是接受傳法灌頂、傳承法脈和付法,以本尊的智慧傳承自己和他人無上正法。

第四重觀:「光明十互」是「中國佛教真言宗光明流」的在家阿闍梨、教授阿闍梨乃至大阿闍梨在日常修行和教授本尊法的過程中所要具體體現和實踐的「密教精神、思想與生活」。

第五重觀:「光明十互」是光明王密教學會所提出的一種獨特宗教宣言,它體現了真言宗光明流的核心理念,即「本尊法」。本尊法是指認識自己「自性本有,至上至尊」的真實本性,即佛性,並通過專修一種真言宗本尊法門來覺悟和實現它。因一切本尊之實相皆是大日如來法身,所謂「一即一切,一切即一」,所以「一切本尊即一法界,一法界即一切本尊」,一切諸尊悉皆平等,行者在「本尊相應」當體,都可真實證如來五智,即身成佛,秘密莊嚴。

第六重觀:「光明十互」適應現代人的需要。藉「本尊法」心自證本尊心,並通過在道場中乃至在生活、社會人際關係中彼此的十種互動來強化自己的本尊心識,消除自己的煩惱,增長自己的智慧,從而達到「即身成佛」的境界。這種修行方法不僅符合真言宗的傳統,也適應了現代人的需要,因為它強調了人際關係、社會責任、個人成長等方面。

第七重觀：光明王密教學會的「光明十互」是一種「在家人成佛」具改革性的宗教思想，可以發展出未來新的真言宗教團模式，這是一個值得各位在家阿闍梨深入探討的課題。「光明十互」是一種創新而又不失傳統的修行方法，它可以幫助真言宗弟子們在現代社會中保持自己的信仰和實踐性，這可吸引更多有興趣學習真言宗的人士。「光明王密教學會」到了人材充實準備充足時，必須將「光明十互」廣泛推廣和實施，並開始與其他真言宗教團建立並保持良好的溝通和合作，那麼「光明十互」才有可能成為未來新的真言宗教團模式之一。當然，這也需要光明王密教學會不斷地反思和改進自己的修行方法和教學方式，以適應時代的變化和社會的需求。

第八重觀：「光明十互」之所以必能成為未來新的真言宗教團模式之一，皆因「光明十互」的基本思想是符合真言宗的密教精神的，即「自證至尊、利他無我、互相供養、互相頂禮、即身成佛」。這些思想都是源自於真言宗的重要經典和祖師的著作，如《大日經》、《金剛頂經》、《般若理趣經》等。

第九重觀：「光明十互」就是「光明五對」。「十互」這個詞在中文裏有「十個相互」的意思，但是「光明十互」實際上是由五種法 (敬愛、增益、調伏、息災、延命) 各分為兩種相互關係而構成的，所以並不單是十個相互，而更是五對相互，因此若將光明十互改名為「光明五對」或「光明五法」，也是可以的。

第十重觀：「光明十互」可分別從「橫的方面」和「縱的方面」來看。若從「橫的方面」來看，「光明十互」這個詞也就是「十個等同」或「十個平等」的意思，或更準確來說就是光明十互中的五種法是等同或平等的，根本不存在層次或重要性之差別。而若從「縱的方面」來看，「光明十互」內含行者本尊心的成長：敬愛法是基礎，增益法是進階，調伏法是高級，息災法是超越，延命法是圓滿。

最後，希望大家常反思以上十重觀義。「光明十互」的目的不只是讓人人通過修行本尊法而達到即身成佛的境界，它更是一種在家人成佛的宗教改革思想，是一種對傳統以出家人為主導之佛教現象的挑戰和批判，它需要經過長期的傳播和接受，才能進入茁壯期，也就是被廣泛認可和實踐的階段。這個過程並沒有一個固定的時間或年代數字，而是取決於各種因素，如社會環境、政治力量、文化氛圍、思想家的影響力等。讓吾們一起努力，讓它終有一天能夠真的成為真言宗宗教改革的宣言。

〔補充史料〕：大家可以參考一些歷史上的例子，來大致了解宗教改革思想的發展過程。

例如，馬丁·路德在1517年發表了《九十五條論綱》，開始了德意志宗教改革。他主張因信稱義、聖經至上、普遍神職等新教原則，反對羅馬天主教會的教條和權威。他的思想受到了許多德意志諸侯和平民的支持，也引起了教皇和神聖羅馬帝國皇帝的反對。在接下來的幾十年裡，路德和他的追隨者們不斷地傳播和辯護他們的信仰，並與天主教會發生了多次衝突和戰爭。直到1648年，西發里亞和約結束了三十年戰爭，承認了新教各派在德意志的合法地位，路德的宗教改革思想才算進入了拙莊期。可以說，路德的宗教改革思想經歷了約130年的時間，才得到廣泛的認可和實踐。

另一個例子是約翰·加爾文在1536年出版了《基督教要義》，開始了加爾文主義運動。他在路德的基礎上發展了自己的神學體系，強調上帝的主權、人類的墮落、預選論等觀點。他的思想受到了許多法國、荷蘭、英國、蘇格蘭等地區的改革派信徒的擁護，也遭到了天主教會和其他新教派別的反對。在接下來的幾十年裡，加爾文和他的追隨者們不斷地修訂和擴充他們的神學著作，並與各方勢力進行了激烈的辯論和鬥爭。直到1689年，西敏寺信條確立了加爾文主義在英國和美國殖民地的正統地位，加爾文的宗教改革思想才算進入了拙莊期。可以說，加爾文的宗教改革思想經歷了約150年的時間，才得到廣泛的認可和實踐。

總結「光明十互」

總的來說，「光明十互」是一種密教精神、思想與生活的修養方法，目的是要讓修行者們互相學習、互相成就、互相護念、互相付囑，最終共同達到「即身成佛」的境界。「光明十互」修養方法，都必須建基於「本尊法」及真言宗的教義，即認為每個人都有一個「本尊」，也就是自己的真實本性，而這個自性本尊是具足「大日如來五智」及「金剛界三十七尊」，這就是佛。所以，修行者要通過本尊儀軌修行法門，常念誦真言、觀想本尊、持本性戒 (三昧耶戒) 等，來覺悟自己的本尊，從而成佛。這就是密教對「即身成佛」的看法。

最後，即身成佛是指在這一生中，就能達到佛的境界，不用等到來世或極樂世界。「光明十互」就是為了讓修行者們能夠即身成佛而施設，而不是為了其他的目的。

「十住心論」一事

「淨菩提」之續生，乃是真言密教之特質。因此《大日經》說：「心續生之相，是諸佛之大秘密也，外道所不能識。」

心續生，是於極其低級之肉體中心「自我之狹隘認識」中，被周圍之種種因緣所誘發，生出「宗教心」之胚芽，而發葉、開花、結果，終至如實體認真我次第續生之轉昇者。這過程分為十種，即大師之所謂「十住心」也。

其十住心名目，如下：

第一、　異生羝羊心：比喻魯鈍的牡羊（教乘緣起）

第二、　愚童持齋心：思持齋善根之美（人乘）

第三、　嬰童無畏心：因生天而得無畏（天乘）

第四、　唯蘊無我心：認五蘊法不認我性（聲聞乘）

第五、　拔業因種心：至拔除業煩惱之原因種子心（緣覺乘）

第六、　他緣大乘心：緣及他人之救度大乘心（法相）

第七、　覺心不生心：至覺自心之不生滅之心（三論）

第八、　一道無為心：離能作、所作，對立體驗一如之心（天臺）

第九、　極無自性心：諸法生起無常，無固定之自性之心（華嚴）

第十、　秘密莊嚴心：體認真我之秘密莊嚴之心（密教）

如斯，由淺入深的密教體驗之「住心」或「安心」分開來說明，即此十住心。其一貫之旨，即「如實知自心」。換言之，即如何得到「真我之知見或體認」。

大師明示此「如實知自心」與「十住心」的關係說：「此『如實知自心』一句，義含無量，豎顯十重層次之淺深，橫示塵數之廣多。」

大師之十住心，如上述，於一方面開示菩提心（即悟之心，或云宗教心）之進展過程；另一方面依此將真言密教與顯教比較對照，如實地宣明其特質。所以十住心義，有對內及對外之分。

對內的密教，於其獨自之氛圍氣中，則直指其「宗意與真實精神」為「唯密十住心」。依此唯密之十住心，明示真言行者之宗教心漸次發展，達於「秘密莊嚴」之究竟境地的過程，此乃「向上的」一面；由於「秘密究竟之體驗」為救濟攝化一切眾生，應眾生宗教心之發達程度，施設種種之法門以教化之，這即是「向下的」一面。此向上與向下二面，前者為心續生十住心；後者為深秘之十住心。

其次對外的方面，將佛教之其它教派說為顯教，以之對真言密教之特質及立場來加以闡明，名為「顯密合論十住心」，或「九顯一密十住心」。此乃是將十住心中之前九項為顯教，其第十項為密教。依前淺顯，後深密之次第各個比較對照，以強調最後之真言密教之特質。

《十住心論》之第一、第二住心

天地間一事一物，無論是有情、無情，皆在大日如來法身的原則下，活現於全一（萬物與我同根）。但大部份人卻置此事實於不顧，以為己身與他者沒有任何的關係。此個別獨存的觀念，是一般人常有的。存有這種觀念的人，從《大日經・住心品》的「十住心」觀點來說，名為「凡夫」或名「異生」。

凡夫異生中有不少認為肉體之身是真我而醉生夢死，我行我素，一生只被食慾或淫慾之本能所支配。這種人的心態，弘法大師《十住心論》名之為「異生羝羊心」。異生羝羊心者，是狂醉之凡夫，不辯善惡、愚蒙癡暗、無智如羝羊（牡羊），不信因果之謂。凡夫造種種業，感種種果，生出萬種身相，故名異生，以其愚癡無智如羝羊（牡羊）劣弱，故以羝羊喻之。大師偈云：「凡夫狂醉，不悟我非，但念婬食，如彼羝羊。」

此等人雖然有人之形姿，而其行為不像是人，而像動物般生活而已。此等人從不思考人是什麼，亦從不想去研究它。既然生不是自主要生的、既生了即任其生，從不想生從何處來。死雖可怖，但是都未曾想到去追求解脫、關心死後往何所去。祇營營日夕，囚於衣食之獄，奔逐遠近，墜於名利之坑。不但如此，還如磁石吸鋼，則剛柔（男女）馳逐。因此大師一言喝破，人之愚昧無知，無能反省，終其一生，只過著動物性的本能的生活而已。一般人始終囚於此等本

能的慾望，為物慾之滿足而毫無忌憚地排擠他人，構陷他人。人畜相吞、強弱相噉。如大師所言，敢為弱肉強食之修羅鬥爭，徒耽酒色、醉於享樂。而不覺因果之可怖，此即常人之一般心態。

此人能覺醒到「全一真我（萬物與我同一根源）」，自然會湧起無限愛的救濟之心，使用種種方便法門去攝化迷者，就不會處處被物慾所使役而徒增煩惱成為可憐凡夫。

以本能慾望為始終的愚癡無智者，如羝羊一樣的異生凡夫，被悟者悲願誘導，而終於得到救度，這就是宗教生起之基礎，即是教起因由也。而要教化此等凡夫異生，開始即要他們「自覺真我，活現全一」是不可以的，因為他們是不會理解的。故為度化此等人的導引方法，唯有先教導他們「彼此相親、相扶相助」，令他「諸惡莫作，眾善奉行、積聚功德」等。

「諸惡莫作」，即所謂告知什麼是不可為之具體表示。如佛說五戒，教人不殺生靈；人若不與，勿盜；非夫妻不淫；非為救他、勿妄語；飲酒不及亂等。此與儒家之「仁、義、禮、智、信」等相同。

「眾善奉行」者，「善」的取捨、奉行的程度，其過程深奧，常人到底無法接納了解，所以教人視自己之力，量力施為，儘量去實踐勵行，令人滿足歡喜即能召來人們的尊敬。如此從近及遠，由易入難去引導才成。

以此方法去引導，無論是多麼頑劣者，終令發善心，因為人性本善也，人本來即具有道德心與宗教心的素質。由於

善心被喚醒，逐漸發芽，此一念善心雖微，亦會生起行善之念，弘法大師《十住心論》名之為「愚童持齋心」。

愚童與羝羊一樣，即宗教心尚未完全發露之凡夫總稱。「持齋」是任自己本能驅使向外遊蕩之心，忽然生反省之念自願謹慎遠離奢侈節食以過清廉少欲的生活。此等以本能生活為中心的頑劣人們，由於善知識之教誨為緣生起此持齋之心，將節餘之物質施贈他人，即名「愚童持齋心」。此「心」是生起小分之利他心或同情心之謂也。這點弘法大師說：「由外緣忽思節食，施心萌動如穀之遇緣。」

此自節食至施與善心萌發之過程，在《大日經》裏比喻如草木之成長。以「種子、芽、苞、葉、敷花、結實」之六心來表示之。喻持齋節食為種子心；其節餘物質先供父母親戚為芽心；再施及非識者，為苞心；以此施與器量高德者為葉心；又以歡喜心供與尊宿之人為敷花心；以親愛心供與尊宿者為結實心。大師又示云：「愚童少解貪瞋毒，忽然思惟持齋美，種子內薰發善心，芽苞相續結華實。」

善心萌發而廣敬尊宿。因恭敬供養尊宿，自然聞知佛之尊貴而信仰之。從而皈依佛所說之教法，再發心皈依說法之明師。遂成為佛教之信仰者，信念堅定後，自然信受佛所說法之尊嚴，接受五戒，信任此為之「真實」、「絕對」者，而必遵奉實修。此五戒與仁、義、禮、智、信五常相同，單以世間道來看，似乎僅止於人與人之間的關係，而與超越人際關係的宗教或密教毫無關聯。但是，若人對於密教精神有了覺知；透過對密教精神的領會，予以淨化、融會，

人道之五戒、五常當體即是「密教精神之具體化」了。依密教精神而言，大師曾説：「或人、或鬼、畜之法門，皆秘密佛乘也。」大師教示，除人類之道德規範五常、五戒外，就連餓鬼之教法、畜生之法門，無一不是秘密佛教之內容。

若人能把一切所有肯定為全一真我之內容，把密教精神如實地去活現，則萬物無一不具絕對價值，任何教法無一不是其當位法身佛之方便説法，因此不可以隨意誹謗、輕視才成。故善無畏三藏説：「秘密藏中的一切方便，皆是佛之方便法；因此，毀一一法，即是謗一切法，乃至世間治生、產業、藝術等，無不俱有正理，故應隨順佛所説法，不得謗之。」信耶！

《十住心論》之第三住心

凡人的一生，無論活得多美好多長壽，若與天地之悠悠相比，則也僅如朝生夕死之蜉蝣一樣。因此，人憧憬能與天地同壽，相應此憧憬而以「生天」為目標之生天教，便應運而生了。

依印度人的傳統思想，以慾望為中心的生活世界為「欲界」，此界有六天，名為「六欲天」；比六欲天更殊勝而具有勝妙形體的是「色界」、「無色界」之諸天等，共有三界二十八天。依生天教行人因行之高、低、勝、劣，可以決定往生何天。又如中國人尋求長生不死之仙道，以煉丹等之服食仙藥，或運周天等養生法，希求長生成仙能吸霞駕雲與天地同久，這些根本上都不外是另一種自私的生天思想。《十住心論》統稱此等為「生天教」。

生天教等人都認為世界充滿痛苦、醜惡又多障，強烈地厭棄這個世界，祇有天上是清淨美妙，沒有煩惱和痛苦。因此，其追求之目標為從下界漸次生於天界，得受天上之妙樂。故希求「生天」，其動機只是以肉體為中心的自我追求快樂而已，尚未有超越對立迷妄世界的理念和思想。因此，無論生於何天，都祇是精神淨化之感受世界罷了。所以不管怎樣地去積聚種種善根，最高得以生非想非非想天，當業力盡後還墮惡趣，恰如箭射虛空，力盡還落地一般。

這等人之心境，弘法大師之《十住心論》名之為「嬰童無畏心」。嬰童無畏心者，大師説：「外道厭凡，希天之心；上生非想，下住仙宮。假如生天得身量八萬由旬，壽命八萬劫，厭下界如瘡痍，見人間如蜉蝣，其光明能壓日月，福報能超輪王。但比起大聖『佛』卻顯得卑微愚矇，全似嬰兒，因少分解脱縛厄，故無畏也；未得涅槃（悟），故如嬰童。」四句偈云：「外道生天，暫得蘇息，如彼嬰兒，犢子隨母。」

以正純密教來看，一般被稱為外道之婆羅門教等建立「自在天」、「梵天」或「毘鈕天」等神，信者皈依隨順之，由修十善戒行，以為死後能生此天，享無上感受。以此為依存者，恰如嬰兒隨母一樣也能得到無畏，但此仍尚幼稚。如基督教立世界創造之神，教人信仰祂，沐其恩寵就能得救，死後得生天國，此完全與印度的生天思想類同。信仰唯一之世界創造神者，受其恩寵得生天享樂的思想，有墜入「常見」之嫌。

於此種生天思想稍加巧妙地導引：與其是期待不確定之來世生天，何不如將此現生的世界努力建設成自他俱樂的天界、或佛國，此即是密教之特色。換言之，密教並不排斥此生天思想，而是與予活用、善導、伸展、擴大。凡天地間存在之一事一物，都是在各自的立場發揮其獨特的意義與功能，而並不是全然無價值。因天生其物必有用，無用之物在世間是不會存在的，須看是否能適材適用而已。為救濟醉心於生天思想的人，是要以其生天思想為基準，而予以活現，其引導之處，即是密教之「本領」所在，為此說明密教之化儀即「或願生天、或人道中、龍、夜叉、乾達婆、乃至生摩睺羅伽而說其法」。

正純密教所說之「佛」並非一般所言歷史上之「佛」，而是超越一切對立，以所有一切為自己之內容（萬物與我同一根源）活現於無限（大日如來），故有因應其自己內容的不同類型人們之啟示說法；從此觀點來看，所說生天教者即是應某時代某些人之要求，無限之大日如來應某人之口所示現啟示的了。而此啟示的當時皆具有「密教精神」的活現，每一方法每一方便無不活潑應機。

但由於時間的遷流，時代背景的疊變，不知不覺間繪聲付影，變成固定化形式化了，因而失去其原精神，完全遠離了密教之宗旨。此事大師在《秘藏寶鑰》中以問答體來敘述：「問：『若然，此等外道生天之所作皆佛所說否？』答：『原來皆佛說，但無始以來展轉相承間，失其本旨。如以為牛吃草素食或狗嗅糞，死後即生於天，人們即以為似牛吃草、狗嗅糞，就是生天之修行法門一樣的錯誤觀念。』更進一步

問：『若果此乃是佛説，何故不直即説自家教法，而説此生天教法？』答：『因為要契當時眾生之機根故，無論如何之教法，若不相應契其機根，即無任何利益。』」

以如此善巧之方便，去活現一切，照育一切、導化一切，於密教大日如來即為欲生天之人示現諸天鬼神之身，依真言道説諸天鬼神真言。而其真言，從其文之表面看，彼普世天之真言如「為攝化成為世之照明的八部眾，應八部眾之種種趣，示現化身」，亦不過示其旨趣而已。但將其真言的一一字義加以深深掘下，其味裏便有直即契入正純密教精神的組織存在。

生天教是大日如來為利益眾生而説的。以此為緣將之導入密教之門，體認真我之實相，終可以具現全一的無限生活。《大日經》云：「若諸天世間，真言法教道，如是勤勇者，為利眾生故。」屬於世間之天的真言法教之道，是為利益諸有情故，勤勇者，即佛其時説也。

《十住心論》之第四、第五住心

只圖謀長生、恣欲享樂而修種種因行，欲生於天上，此決不是永遠之道。天上之樂，果報若盡，終須再墮惡趣，所以不能解脱輪迴流轉，乃因仍然因於以自己為中心之假我中，為物我所繫縛之故也。知此，自然會生起解脱此物我羈絆的意念，由迷界解脱轉向永遠不失的悟之道。應此而現者，即有所謂「佛教」之誕生，而佛陀當時是處印度的農業社會，一般人生活條件極差，故佛教之最初型態強調「苦」，名「聲聞乘」。

「聲聞乘」者，即「聽聞佛陀音聲說法」的意思，依其強調「苦集滅道」修行而證阿羅漢果。聲聞乘眾弟子聽聞佛陀音聲說法，覺悟世間之一事一物皆如流水般生滅無常，天地間所存在之物無一常恆不變，自我亦念念遷流轉變，昨日之我非今日之我，瞬間自我之形體亦在變異，而於中呈現同一之相者，乃如旋火輪，又如水流一點一滴變異相續不絕而成為河流或瀑布一樣。使其相續不斷者名業力，依此業力，故色（物質）、受、想、行、識（心之四作用）的五蘊才能統攝相續而現出自我影像。悟此如幻影之自我真相的境地，大師稱之為「唯蘊無我心」，並說明之曰：「法有故『唯蘊』，遮人故『無我』，簡持為義故『唯』。」又以偈頌示曰：「唯解法有，人我皆遮。」唯五蘊之法存在，但五蘊之法不過是一時之集合，基於「我體不存在的體驗」去超越解脫自我為中心之一切迷昧，即是「聲聞乘」。

因何吾等總將此虛無之我體誤認為常恆不變之獨存體呢？此乃所謂業力使然，由此故招來種種之迷昧苦果，因而不能明宇宙之真相。為明白此迷的原因，說明從迷到解脫之方法，「聲聞乘」才強調了『苦集滅道』，以此為四聖諦、或云四諦。其中之「苦、集」是迷界之果與因，「滅、道」即悟之果與因。

聲聞乘人觀此迷之世界的一切現實皆是苦海、是淚之谷，此中雖有歡樂，但終是悲苦，所謂活著衹是苦源而已。其苦之形成（『苦』諦）因何而來呢？此乃以無常為常，無我為我，不淨為淨、不樂為樂之顛倒惡見，或迷妄情意為根本，積集了（『苦集』諦）種種惡業的結果。

那麼人生理想的目標為何？就是脫離此迷妄的世界，除滅一切苦痛，達到涅槃常樂解脫（『苦集滅』諦）之境地。如何才能脫離此迷妄的世界，除滅一切苦痛，達到涅槃常樂解脫之境地呢？此即以「正見、正思惟、正語、正業、正精進、正念、正定、正命」之八正道，及修其他種種之道品（『苦集滅道』諦），依此去斷除苦因的惡見、迷妄，而達到理想的涅槃常樂、「不再受生」之境地。

聲聞乘人唯恐未能將諸惑完全斷除，還殘留業惑之煩惱種子；唯恐其殘存之種子復甦再長出迷芽，故其人只想徹底斷除其業煩惱之種子，使不再迷惑者，即不再受生，此即名為「阿羅漢」。

聲聞乘人，修種種道品，去除苦果的根本諸業，及斷除諸業之因的諸惑。但未能將諸惑完全斷除，還殘留業惑之株杌或煩惱種子。為恐其殘存之株杌或種子復甦，再長出迷芽，故必須徹底斷除其業煩惱之株杌或種子，使不再迷惑者，便稱為辟支佛，即獨覺也。

「獨覺」者，是指依十二因緣得獨悟自解脫，故又名「因緣覺」或「緣覺」。緣覺是欲徹底斷除苦果之業及煩惱種子的人，故此境地大師稱曰「拔業因種心」。「業」是惡業，「因」是十二因緣，「種子」是無明種子。業煩惱等開之為十二因緣，故「拔業因種」者，不外是拔除煩惱原因的無明種子而已。將其業煩惱等開為十二者，即十二因緣之觀門。古來有三世兩重與二世一重二種看法，十二因緣：無明、行、識、名色、六入、觸、受、愛、取、有、生、老死。「無明」

是過去之煩惱；「行」是過去之善惡業；「識」、「名色」、「六入」、「觸」、「受」是依其業所生之現在苦果。其中「識」，是依過去之業力，托生母胎之一念；「名色」是於母胎中未具足六根之物、心的素質；「六入」是具足六根；「觸」是出生母胎至三、四歲的觸外境位；「受」是次第生長受納外境之好惡等分別位，約為五、六歲至十二歲。其次「愛」、「取」、「有」，即現世所有之煩惱與業。「愛」是對外境起貪愛之情；「取」是愛欲愈盛，而起貪取之念，但未到強取追及之位，約為二十歲成人以後。「有」者指業也，乃依愛取之煩惱，所起之善惡業，以這些現在之煩惱業，招未來「生」與「老死」之苦果。

若認識此無明、行等之十二因緣觀，即能了知迷之根源是「業因種子」之無明煩惱。換言之，若果是無明為因，那麼拔除其無明種子，就能自己悟證，其他煩惱之株杌即不必再考慮了，這心曰「拔業因種心」，此間獨覺位。故大師以四句偈示之：「修身十二，拔無明種，業生已除，無言得果。」

緣覺乘與聲聞，並列為聲、緣二乘，或二乘。此二乘皆是不能兼善他人的獨善君子，止於高逸隱士。若和大悲行願之菩薩來比，其心狹小，完全是個獨善主義者。

若以密教精神之活現一切、伸展一切的立場來看，此聲緣二乘，若要發揮秘密之真實相，即成為進入秘密體驗之門。善無畏三藏曾說：「隨入一法門、皆具一切法界門。」弘法大師也云：「與此法佛一體，萬德之一也。不知此義者深可哀愍，故胎藏曼荼羅置有聲聞緣覺，誠有深意在。」無論何門都是普門之一門，無論什麼心都是萬德之一德。

《十住心論》之第六、第七住心

聲聞乘及緣覺乘,加菩薩乘合為三乘。聲聞、緣覺二乘上之所以施設菩薩乘,乃是二乘自淨自調的專心行者依其宗教心靈之發展,終歸不能滿足其自度之獨善主義,進而生救濟度他思想,即所謂「上求菩提,下化眾生」的大乘菩薩境地。

聲聞、緣覺乘的行者,雖肯定此肉體中心之我體,是空無、假有,但對於此組織或構成之五蘊法(色、受、想、行、識),均認為恆存不變,故有將五蘊法不經探討而直即確認之嫌。若將此「五蘊(五蘊無非我執)」法予以徹底檢討探究時,即能認知到一切存在乃是以「心(第八識)」為根因,無有一物能離此心外(萬法唯識),因此見聞覺知之世界所存在之一切眾生畢竟是自心之投影、是自心的內容,所以要自成佛道,必須對自心內容之眾生先予以救濟方成,由此去盡度一切眾生,導至圓成實性之悟境,此即生起一種宗教眾生觀,弘法大師稱此為「他緣大乘心」:緣及法界之有情故曰「他緣」,嫌聲(聞)、獨(覺)之羊、鹿(二乘)故名「大」,運自他於圓性故名「乘」。

依大師所說,在宗教判教上,以一切諸法為心之影像,而強調其相狀之思想,即相當於「法相宗」。如此任運自他於圓成之悟境,乃是大乘佛教之通有性,並非限於法相宗。比起自度自調之聲聞、緣覺二乘之「羊、鹿二車」來說,「他緣大乘」即當喻為「牛車」,是為大乘佛教之初門。

法相大乘之「他緣大乘心」境地，大師以四句偈來表示：「無緣起悲，大悲初發，幻影觀心，唯識遮境。」因觀天地間存在之所有一切萬物，無一不是心之幻影，唯有識心，除識心外沒有任何境界，若能加以遮遣之，則心外本無別體可緣。所謂「他之眾生」，只是心之內容與自心同體故，為淨自心、悟自心，無論如何非先予救濟他之眾生不可，因此萌起了大悲心。換言之，外境之一切加以美化，自心就是美；一切眾生得度無苦，自心就是得度無苦。唯認心識猶如攝影機，外境若美，所擴之影片亦美。

以宇宙一切現象為自心之投影，為究明其自心內容之進展，法相大乘即立八識（聲聞、緣覺二乘只立六識）。因眼、耳、鼻、舌、身、意六識，於睡眠或悶絕時，其功能作用暫時會停止，無法保持一切業果及其相續性，故法相大乘在六識上立第七識與第八識，當中「末那識（第七識）」為吾人意識中心之自我觀念根本；阿賴耶識為一切業果之收藏，一切經驗之蓄積保持庫。

依過去作業之印象，收藏在阿賴耶識中的善惡種子，經「現在之經驗作業」給予熏習刺激，能更新「未來之業果現行」。所以此阿賴耶識，既為收藏過去吾等之一切經驗，又為吾等現在經驗的一切萬象之創造開展的基本；我們眼前所感受實存的萬有，其實就是此阿賴耶識之展開，不過是心的現象，一切的一切不外是此阿賴耶識的作用，這種見解，一般稱之為「阿賴耶緣起」或「唯識緣起」。

此阿賴耶識均是每人各個具有，其收藏的內容各別不同，所以其展開之世界亦別立成不同的世界，而且各個世界互

相無礙融合，恰如各人所共見的同一世界般。有共同的看法者，即是各人有其共通的業力使然，亦是共業之因緣力；共業之因緣力中，也有各人特殊之業力。換言之，亦即有不共業存在其中；猶如萬人共賞一幅名畫，各人所見之感受必然不能一致。

為統一綜合此各個之阿賴耶識，法相大乘成立了「真如」之說。但其「真如」僅止於一切阿賴耶識或宇宙一切萬物所依，成為萬法發現之根源，故無論如何總脫不出阿賴耶識。然而，因為「真如」是萬法所依或萬法本體而且是「常恆不變的靜之物」，此「靜之物」自然不能生不同性質「轉變無常的動之一切物」，真如凝然不作一法，故其「真如」僅能作為大乘佛教初門之見地。

法相大乘認為萬法根源的阿賴耶識有善、惡二種種子，若依現在之作業去熏習刺激惡之種子，即會展開地獄、餓鬼、畜生的世界；若培養善的種子以現行，遂可展開究竟善之佛的世界。每人獨具的阿賴耶識，原來也有其個別之差異性。雖然可收藏善的種子，但每人的善種子都有高低不同的層次（階級）。有的人有可成佛的極善種子，亦有全然沒有的；有的人雖然未至成佛的程度，均有聲聞、緣覺種子的。人因為有先天性的差別，所以立說聲聞緣覺定性、菩薩定性、佛定性、不定性、無性有情（闡提）等五種區別，即是五性各別說。為攝化此五種差別之一切眾生，悉令度脫，即說了聲聞乘、緣覺乘、菩薩乘之三乘教。因為，無論如何一切眾生都非度攝不可，而說了三種教乘，故云三乘

教。又為「具有可成佛的極善種子的人」而立了「一乘教」思想，則三乘教不過是佛為自以為不配成佛的怯弱眾生之方便說。

對此三乘教之組織或五性各別說加以肯定認同，不似法相宗之拘泥而逍遙於自由天地，於一佛乘中立三乘施設者，即「三論宗」所言之大乘，於此弘法大師云：「階級之無階，不礙一念成覺；一念之念，經三大（三大僧祇劫）自行勤修，一道之乘馳三駕，化他而苦勞也。」不被「將宇宙一切事物加以否定而只肯定識心存在」的法相大乘所拘，在其上加諸批判檢視，研究其識心是否獨一存在，結果發現：雖言唯心，但也不出所謂因緣生，也是空之境域，即「三論（三論宗）大乘」。若法相大乘以「心有、境空」為立場，此三論大乘即以「心、境俱空」為其特質了。

三論大乘以「心、境俱空」之見地為其立足點，不論言心言境，皆是因緣生，故因緣若散，一切都歸之於滅盡，不能認之為實有；但現存之森羅萬象，亦不可以空無視之，更不以有或以無來論定一切諸法，而以「超越有、無」的「中道」，為諸法之實相。

諸法之實相為真如，隨緣為有，本無一切現象（真如隨緣而成萬物）。此處雖言現象空無，但其根本之真如實相卻常住，因此稱「強調現象相狀」之法相大乘為「相宗」，以究明「真如法性為主旨」之三論大乘為「性宗」。不被「有、無現象」所拘，安住於「真如當體」的境地者，大師稱為「覺心不生心」，即是「覺自心之不生滅之心」。

《大日經》云:「心主自在,而覺自心本不生。」基於此曰「本不生」者,兼指「不生、不滅、不斷、不常、不一、不異、不去、不來」等,而「三論」家學此「八不」,以為究竟「中道」。此「覺心不生心」者,即覺此心之不生、不滅、不斷、不常、不一、不異、不去、不來。故大師又用四句偈說:「八不絕戲,一念觀空,心源空寂,無相安樂」。

此「八不」正觀者,乃是去除「生、滅、斷、常、一、異、去、來」之八迷戲論的正觀。因為凡夫常以生、滅、斷、常之對立來看一切物,以「若不是生就是滅」來決定一切。但是事物的真相(真如當體)是絕對待的,不可只透過分析認為是「超越生或滅、乃至去或來對待」之物,而是要離了「所謂生、滅、斷、常等有所得」之迷見,去體認不生、不滅、不斷、不常的「無所得之中道」,才能不被一切「有、無之見」所縛,而得到心之自在。故善無畏三藏云:「有無不滯故,心無罣礙,所為妙業,隨意成就,故心主自在」。

如此強調「有、無不滯」、「無所得中道」之三論大乘,決不否定因緣所生之現象。此生、滅、斷、常之因緣生之法,直即以超越有無之真如實相去把握,就是「覺心不生心」之三論大乘。存此因緣生之法,故亦不拒法相大乘之三乘組織或五性各別說,因此與法相大乘同攝於三乘教中。

三論與法相雖同是三乘教,但由「覺心主自在」的觀點來看,三論大乘實比法相大乘較為殊勝,但其表現過於消極,忙於拂除心外之塵,有未積極地去開顯自心妙有之嫌。

因為「教藥」應病而設，隨應其病，藥才能發揮功能。法相大乘或三論大乘，對於與其相應的人們，乃是無上之良藥，至上之教法也。可是沈滯於當位，固執己見自認為最勝，忘卻向上進取之處，就可能有幻滅之慮了。此處如依「活現一切」的密教見地，予以警策、淨化，攝入於密教的光明裏加以融會，此等之法相及三論，即無一不是密教，無一非是大日如來為導引某一類人之所宣示之秘密法門。如是，法相大乘即是主宰大日如來之大慈三昧的彌勒菩薩之法門；三論大乘即表示大日如來之大空三昧的文殊菩薩之法門。

《十住心論》之第八、第九住心

《十住心論》之第八、第九住心，即指法華一乘與華嚴一乘。大師在十住心之建立上，如此說示：「此為一道無為心、極無自性心。」在已成立之宗派上，即相當於天台宗與華嚴宗。

對相當於天台宗之位的「一道無為心」之立場來說，天地間存在之一事一物，其根源都是本覺之無限性，一一皆是絕對的、究竟的。世界所有存在之一事一物（如是法）；其所表現的形相（如是相）；其裏面存在之「性分（如是性）」俱根源自「理體（如是體）」；與從其理體所出之「力用（如是力）」；從其力用所成立之「作業（如是作）」；及招致此世界之果的「親因（如是因）」與「助緣（如是緣）」；和依此等所生之「果（如是果）」與「報（如是報）」等之九種如是；加上此九種如是之本末諸相本具之究竟之理的究竟如是，即成十如是，即十種實相。

《法華經》云:「佛所成就第一稀有難解之法,唯佛與佛,乃能究盡諸法實相。所謂諸法,如是相、如是性、如是體、如是力、如是作、如是因、如是緣、如是果、如是報、如是本末究竟等。」「如是相」乃至「如是本末究竟等」,是說凡天地間存在之萬事萬物,無一不具此十種如是之道理,即是十如是(如者,真如也。是者,實際也)。

此十如是,呈現事理之一切世界,可總攝為三種世間:即從構成色物、心物要素看的「五陰(五蘊)世間」、和依此五蘊而構成「國土世間」及「眾生世間」三種。若從心靈境界進一步體驗此三種世間,此十如是則分別呈現為地獄(疑)、餓鬼(貪)、畜生(癡)、阿修羅(瞋)、人(掉舉)、天(慢)、聲聞(聞)、緣覺(思)、菩薩(修)、佛(證)之十世界,相涉相即,各個相融相具。故十法界各具十界,成為百界;百界之各個各具十如是,而成千如是;其千如是,又各分三種世間,故曰三千。以此三千數目窮盡宇宙一切事與物,在相當於「一道無為心」之天台宗,表示出圓融無礙之宇宙一切實相。

此三千諸法之實相為何?若從超越對立、思慮分別上來說,即是「空(空者,真如實際)」;若以剎那一時(一念)存在之現象來看,即是「假(假者、是如幻三昧)」;在超越有無的絕對上言,即是「中(中者、念念相續無有斷絕之中道)」。言空、言假、言中,祇是一體的三面觀而已;一念空,即一切空;一念假,即一切假;一念中,即一切中。於一念契入三諦理之空、假、中,互融無礙,即為圓融之三諦。

空、假、中之三諦具有的三千諸法（即一切事物不出三千之
數），各個無礙涉入，呈現全一之相，此當相真實如常，故
云真如，又云「一道無為」；此全一如常之真如，本來清淨，
同時是一切行動之「道」而離諸造作的絕對無為；此「一道
無為」是體驗圓融無礙之真如的心，故名「一道無為心」。大
師示曰：「一如本淨，境智具融，知此心性，號曰遮那。」體
驗此事理不二、物心一如之當體的本來清淨之心性，《法華
經》所謂常寂光土之毘盧遮那境地，即當於一道無為心之位，
亦即天台宗一乘教之立場。

依弘法大師說，此相當於天台一乘教之「一道無為心」，另
有「如實知自心」、「空性無境心」，二種異名。因為此住心
以空、假、中之圓融三諦為基本故，於空諦上，名「空性無
境心」；於假諦上，即名「如實知自心」；於中諦上言，即「一
道無為心」。這不過是於三千三諦之妙理、妙境，分由三方
面來表示而已。

以此三千三諦之妙理而言，一切有情，甚至草木、國土，
無一不具真如本覺性，一色一香無非中道，宣揚此妙旨之
基本經典，即所謂《妙法蓮華經》。日蓮上人以為三千三諦
之妙旨，即在《妙法蓮華經》之經題上。以此經題當體即為
本佛之姿，以此為所觀之本尊，在唱經題之能觀之行，與
其「能觀」、「所觀」、「一如」上，成立妙戒，以此為三大密
法，以專念為基本而開創「日蓮宗」。

日蓮宗，在其實修方面，無論如何地發揮，不外亦是基於
三千三諦之天台教義。若與法相、三論之三乘教法比較，

當然有其勝境的一面，這是不可否認的。但比起華嚴一乘，其視現有事物為靜止之點，尚有未把握到動的活現姿態之嫌。

把世界存在之一事一物具有之三千妙理，視為靜止的法華一乘教義，是為「性具法門」；相對地，以此為動的當體活現來把握的華嚴一乘，即為「性起法門」。此性起法門，稱為華嚴一乘，在弘法大師之住心建立上，名為「極無自性心」。

靜的性具法門之法華一乘，何以會進展至動的性起法門之華嚴一乘？若以為一切事一切物皆各具有三千妙理而究竟圓滿，則會以「上無佛可成，下無眾生可度」而沈滯於性具實相境地；承蒙十方諸佛之警覺開示，逐漸覺醒原來以為究竟至極之性其實相，亦不是至極究竟，而只是法愛生，不是自性其物，因此生向上探討之心。善無畏三藏云：「行者，初觀空性時，一切法皆覺入心實相；下，不見眾生可度；上，不見諸佛可求。其時萬行休止以為究竟，若住此即退墮二乘，不得進上菩薩，名法愛生，又名無記心。然依菩提心之勢力，及如來之加持力，又能發起悲願。其時，千方諸佛同時現前，而勸喻之，以蒙佛教授之偈，即轉生極無自性心。」大師以四句偈示云：「水無自性、遇風即波；法界非極，蒙警忽進。」

強調性起的華嚴宗以全一之真如當體之動，轉成為天地萬有，天地萬物即常在變化流動，剎那即生即滅而沒有固定靜止。因為一切事物當體即生即滅沒有固定之自性，此主張即「極無自性心」，此即「極無自性」、「至極無自性」等義。

善無畏三藏説:「觀一切染淨諸法,無不是從緣生,若緣生即無自性,若無自性即本不生(本有、不生不滅),本不生即心實際,心實際即又不可得(無有少法可得)也,故極無自性心生。」

依此性起法門,宇宙存在之一事一物,不祇是空間的橫之構造性互相交涉而已,時間的縱之構造性關係也都在刹那刹那相續中活現於不可須臾分離之全一(全體一刹)關係中。所謂全一者,舉一即一切為其背景而附屬之,而言一切即非各個孤立,都是不可須臾分離的一體。此「一即一切、一切即一」之「全一」關係同時是貫通三世永遠不斷地發展流動,現在之一刹那即荷負過去之一切、孕育未來之一切,而活現於無限。

此一刹那中之一一法之中具全宇宙,各各自建立自己之世界,彼此交涉關聯,恰如帝網重重各寶珠互相以自己之內容而交映互照無盡,其一刹那貫通三世:過去之一切,未來之一切,現在之一切,同時具足,圓滿無缺,無限逐次緣起也。此為事事無礙,亦名法界緣起。

強調此事事無礙法界緣起者,若僅以宇宙一切為動態去觀察,亦止於得到「智性」之滿足,於「情意」上都峻別因果,直把現在世界看成凡夫因地之所見而斥之,而把果人之世界實相視為完全斷絕,將此「生、佛」因果加以峻別、加以隔執為二,實違反理想與現實,因人視聽,實為不可得,不可說之境地。如此,「智、情、意」對立,缺乏彼此圓融調和,不能於宗教心上將「智、情、意」打成一片,以便能把握宇宙真相的活現去實現行動。

鑑此缺陷，若把握了其全一之宇宙實相當體為法身佛，於宗教心上以一事一物為聖的東西去侍奉，由各個立場去充實莊嚴法身佛之內容者，即密教之特質也。從相對立場來看，人、天、聲聞、緣覺等之九種法門，九種住心，都是由淺入深轉妙者，但終結是入秘密之基本，亦是開秘密庫而拂開外塵的前行法門。若依此入於秘密法門，通過這秘密體驗之光明，廣照一切宇宙間存在之物，無一不是秘密莊嚴世界之內容。是入秘密過程之性具法門或性起法門，當體即是秘密法門之體現者，觀自在菩薩法門，普賢菩薩之三昧道也。

《十住心論》之第十住心

《十住心論》之第十住心，即是「秘密莊嚴心」。

世間的一切，無論處多麼的矛盾爭鬥中，也並非只有相互對立的一面，要知道「全一（全體、一刹）」真我之姿，是真言行者每一刹那體悟到「一切萬物互持互涉、彼此關聯」之真實，一切事物乃是由一原動力之結晶綜合而活現。可是由於人們個體本身的感覺特別敏銳而切實，故會以為自己的起心動念舉手投足與其他人無關，似乎與其他沒有什麼關係，所以容易被自私愛執所困，才會發生排擠他人，嫉視他人，惹出種種爭鬥的事情。然而，「全一」真我的本質，其實決非如此的。

吾人是決無法離開「全一」真我之內容的，吾人之生命活動也就是「全一」真我之活動；吾人生於世間，其實上是與「全一」中的一切為一體，一切事物相都互支持依賴；世間之一

切事物，無一不含藏於「全一」真我的母胎內，並由「全一」真我的溫血、脈動流通而活現著。真我不斷地通過各個細胞（各個個體），擴大並充實自己真實的內容，個體無論任何失敗挫折，仍必須要不斷地以「發揮真我功能」來充實真我內容。所以真言行者於每一剎那，不論啼、笑、悲、嘆、嫉視、排擠、爭鬥等，都無不在展示「全一」真我的莊嚴，真言密教稱之為「秘密莊嚴」。

因為一般人迷惑於個體對立，不能見得真言行者所證的真我當體的「全一」姿態，所以對於萬紫千紅的「全一」莊嚴實相覺得神秘而莫測，不能當體理會。然而，不論人們知或不知，皆仍常住「全一」真我中，一一剎那中之所有一切皆為「全一」真我的內容，並生生不息常恆不斷地向前邁進而莊嚴之。

真我之當體，具足一切、包容一切、活現一切、養育一切；常恆不斷地向長遠的彼端剎那剎那躍進，處處呈現新的相貌，於躍進中觸及種種的緣，自然應境而千變萬化，永無止境。這個「全一」當體的洪流，恰如江河流水，遇陡峭亂石就變成嚙岩湍流，遇到廣闊平坦的地形就成為洋洋大河，到低窪處就成為深淵，在斷崖變飛泉瀑布，這是剎那剎那躍進之雄健步伐，顯現各各人生的足跡。此躍進乃透過應境觸緣，次第充實其種種內容之顯現，在《大日經》裏稱為「三無盡莊嚴」，這亦是真言行者從「身、語、意」等三方面去觀察之所得。

無論高聳入雲之嵩嶽，荒野中的一草一木，乃至一切森羅萬象，無一不是「全一」真我當體之姿；潺潺水聲，松風竹籟，天地間所有一切聲音，無不是妙一音言說；又《大日經》住心品中說的「人心」、「河心」、「狗心」、「貓心」、「嵐心」等六十心，天地萬有一事一物寓寄一切之心，無一不是「全一」真我當體之心的展開者。真言行者因能達觀所有一切物皆為真我之內容，故而安住於「全一」真我當體之心，此即弘法大師所謂「秘密莊嚴心」。

「秘密莊嚴心」，就是究竟覺知自心底源，如實證悟自身之數量。此處言自身自心者，都是指「全一」真我的身心，這「真我」不論從「色身」或「精神」上來看都是具足無量無數的，悟此無量無數的「真我」身心，就是自證了秘密莊嚴世界。所以，大師又說：「如斯究竟知身心，此即證秘密莊嚴之住處。」

如此，所有一切每一個體，都是「全一」真我之活現，其「全一」之真我當體必然通過個體而榮生之，當處便具有至大的妙用。但是「全一真我當體的活現」與「一切的個體只依全一而生存活現」二者間，其異同必須要清楚明白。若一切個體只依全一而生存活現，當處就會陷於宿命論的邪見中。如果人之一切行為，得靠外在的力量才能活動起來，那麼個體的一切就只有任由他物的擺佈，甚至連哭、笑都無法自由，一切都是命運使然，個人的努力與個性的發揮，都將徒然無功了。可是，真我當體的全一，也必須是通過個體而活現的；只有通過個體，「全一」才能活現；所以個體之使命是極其重要的，必須各自努力奮發去活現其「全一」真

我。如同肉體中之每個細胞都有溫血在流通著一樣，天地間之所有一切，一一都是脈動著「全一」之力。這種偏宇宙全一之力，加以集約凝縮之，就是各個體之個性。

天地間所有一切千差萬別的個體，由各自之立場，以「全一」真我其背景，代表全一而建立各自特殊的自由世界。若非這樣是不能實現「自性」之內容的。這於正純密教謂：「各個自建立，各個守自性。」所以，這個世界的一事一物都各自建立了獨特的世界，無論多麼類似的事物在特質上是絕不會相同的。迥然不同的事物也以各不相同的立場，共同地活現於全一真我當體中；又「全一」的內容，是由內容之一切以各自不同的立場來充實活現，以完成其莊嚴之使命。

以草木為例，如櫻花或梅花，無論怎樣地美麗，都各各活現於全一，其美亦只限於「櫻是櫻、梅是梅」各自固守著其獨有特殊之世界，決不逾越侵犯了他花之絕對性。一色一花都是一物一職，依各個的立場完成自己所負的使命；依各個所負之使命，去充實莊嚴真我之內容。善無畏三藏云：「秘密莊嚴，不可思議，未曾有！」

佛教真言宗「秘密莊嚴心」的修養，在於「一一心識」。《金剛頂經》云：「諸法本不生，自性離言說，清淨無垢染，因業等虛空。」《大日經》亦云：「我覺本不生，出過語言道，諸過得解脫，遠離於因緣，知空等虛空。」說明了一切之心所（一切剎塵之諸法）其數無量，攝於「純一圓滿清淨潔白」之心王一識，是名「一切一心識」、「一一心識」、或「心數心王過剎塵」。

弘法大師於《十住心論》曰:「心王自在,而得本性之水;心數之客塵,息動濁之波。」又説:「至悟心性之不生,知境(心所)智(心王)之不異。」這可以作為修養「一一心識」不共之至理。

要能契入「一一心識」,在於專修一尊法,安住本尊三密相應,自證即身成佛,展開密教生活與思想。密教生活,是將秘密莊嚴心融於萬事萬物之中。在秘密莊嚴中,領悟生活之道乃至工作之道;則生活乃至工作,都可以視為秘密莊嚴心之結果。密教思想,是無時無刻不在本尊三密相應之顛峰狀態;將狹義的有形有式的生活乃至工作,轉化為廣義的本尊秘密莊嚴心的「運用三昧」。

「秘密莊嚴」即是世界,「秘密莊嚴」到處都在遍滿平等。真言行者以一切萬事萬法攝於本尊心王一識,是名「一切一心識」或「一一心識」。由生活中悟秘密莊嚴,由秘密莊嚴心展現生活之道,是真正的生活之道;由工作中悟秘密莊嚴,由秘密莊嚴心去做世間工作,是真正的工作之道。

真言宗的修養,不論是在日常生活也好、工作也好,最終的目的也是在於由生活中、工作中悟秘密莊嚴,而非只是一般的生活、有成有敗的工作而已。要在生活中、工作中悟秘密莊嚴,才能徹底了解什麼是生活、工作的真諦;了解什麼是生活、工作所涵蓋的範圍乃至其最高境界,自然活出生命的究竟神聖化,活現「一一心識」大道,活現「秘密莊嚴,不可思議,未曾有」!

秘密莊嚴心的修養

《十住心論》之第十住心「秘密莊嚴心」的修養，在於專修一尊法，安住本尊三密相應，自證即身成佛，展開密教生活與思想。

密教生活，是將秘密莊嚴心融於萬事萬物之中。在秘密莊嚴中，領悟生活之道、香道、花道、茶道、武道乃至工作之道；則生活、品香、賞花、品茶、武術乃至工作，都可以視為即身成佛後秘密莊嚴心之結果。

密教思想，是無時無刻不在本尊三密相應之顛峰狀態；將狹義的有形有式的生活、品香、賞花、品茶、武術、乃至工作，轉化為廣義的本尊秘密莊嚴心的「運用三昧」。

秘密莊嚴，即是世界。秘密莊嚴，聖凡合一，到處都在，遍滿平等。秘密莊嚴，真言行者以一切萬事萬法攝於本尊心王一識，是名「一切一心識」或「一一心識」。

由生活中悟秘密莊嚴，由秘密莊嚴心展現生活之道，是真正的生活之道；由運劍中悟秘密莊嚴，由秘密莊嚴心運劍，是真正的劍道；由工作中悟秘密莊嚴，由秘密莊嚴心去做世間工作，是真正的工作之道。

真言宗的修養，不論是在日常生活也好、習劍也好、工作也好，最終的目的也是在於由生活中、運劍中、工作中悟秘密莊嚴，而非只是一般的生活、有修的劍術、有成有敗的工作而已。要在生活中、運劍中、工作中悟秘密莊嚴，才能徹底了解什麼是生活、劍、工作的真諦；了解什麼是生活、劍、工作所涵蓋的範圍乃至其最高境界，自然活出生命的究竟神聖化，活現「一一心識」大道。

「十緣生句説不思議之幻」一事

真言行者於修行「一尊法」方便時，必須借《大日經住心品》「十緣生」句中之「甚深十喻」以淨除心垢。是故當知十緣生句乃最為重要，否則於修行密法之時仍不能肯定已然除去心中塵垢，故真言行者宜特別留心。

《大日經住心品》説明瞭以甚深十喻，能觀察一切眾生之心相；一切眾生之心相皆得了知，即經云「遍知心相」者。以「十緣生句」觀察一切眾生之心相，統攝來説略有三種：

一、 第一種眾生，以心埋沒於五蘊之中，被五蘊所縛。今用此十緣生句，能照見五蘊皆空。此一種觀，名「即空之幻」。

二、 第二種眾生，以心埋沒於一切法中，被一切法所拘束。今用此十緣生句，觀察三界唯心、萬法唯識。此一種觀，名「即心之幻」。

三、 第三種眾生，以心埋沒於心涅槃之實際中，不能發起業用。今用此十緣生句，觀察一切業煩惱無所繫縛、無所解脱，如《中論》云：「涅槃與世間，無有少分別，世間與涅槃，亦無少分別。涅槃之實際，及與世間際，如是之二際，無毫釐差別。」此一種觀，名「不思議之幻」。

真言行者深修觀察，通達「現象即是真實」，即此第三種觀。真言行者因時時深修此十緣生觀，境界現前時，即知「我心、佛心」皆畢竟清淨。

《大日經疏》説:「十喻,亦具含三義(即空之幻、即心之幻、不思議之幻),今此中云意,明第三重(不思議之幻)也。又行者初修以行境界現前時,由內因(中因)外緣力故,自然有緣起智生(十緣生),亦不同常途習定功力若至而後通徹也。」由此可見,真言行者能於五蘊(五蘊者,無非我執)及器界一切法(又名有為法)中,明第三重(不思議之幻)也。真言行者深修十喻觀察,通達「現象即是真實」,亦即是「涅槃之實際、及與世間際,如是之二際無毫釐差別」之第三種觀。

悟光上師於《肇論講義》説:「因為現象即實在,只要你去肯定,諸法都是佛性,一切眾生皆具足佛性,眾生皆有如來德相。只要發心將一切肯定,肯定之後證入同體大悲,那時所發的隱力才會更大⋯⋯然我們現在卻是「中因」入,直接由我肯定,幫你們灌頂之後教你們做,你們就照做。什麼是中因呢?直接證佛位,直接證到佛位了,但要做的工作未做完,所以還要做。」

修證本尊法成就,深解「甚深般若」者,皆恆以「甚深十喻」觀察一切法;因時時深契以下十緣生句之「不思議之幻」觀,即知我心佛心,皆畢竟清淨。

先概説《大日經》之「緣生十喻」如下:

1. 一切業如幻:真言行者常能觀察一切業煩惱無所繫縛、無所解脱,此一種觀,名「不思議之幻」。真言行者,依三密真實行,得成一切奇特不思議事;本尊相應,法爾如是,念念相續,不異淨心。自在神變,宛然不

謬，是名「如幻三昧」。真言宗獨有方便，自證「性自具足」，得成「悉地」者，唯能自證者乃能知之。

2. 一切法如陽焰：真言行者於瑜伽中，見種種特殊境界，乃至諸佛海會無盡莊嚴，爾進應作此陽焰觀，了知唯是假名，離於慢著，轉近心地，則悟加持神變種種因緣，但是法界焰耳。

3. 一切性如水中月：月在虛空中行，而影現於水；實法性月輪，在如如法性實際虛空中，而凡夫心水，有我我所相現。月亦不來，水亦不去，而淨月能以一輪，普入眾水之中。我今亦復如是，眾生心亦不來，自心亦復不去，而見聞蒙益，皆實不虛；既能自靜其意，復當如如不動，為人演說之。

4. 妙色如空：行者修觀行時，若有種種魔事，種種業煩惱境，皆當安心此喻，如淨虛空，雖於無量劫中，處於地獄，爾時意無掛礙，如得神通者，於空一顯色中，自在飛行，不為人法妄想之所塵汙也。真言行者，修觀行時，若有種種魔事，種種業煩惱境，皆當安心此喻，如淨虛空。

5. 妙音如響：持經說法者，深解義趣。真言行者，若於瑜伽中，聞種種八風違順之音，或諸聖者以無量法音現前教授，或由舌根淨故，能以一音遍滿世界，遇此諸境界時，亦當以響喻觀察，此但從三密眾緣而有，是事非生、非滅、非有、非無，是故於中不應妄生戲論，若爾自入音聲慧法門也。

6.　諸佛國土如乾闥婆城：有上中下，上謂密嚴佛國，出過三界，非二乘所得見聞，中謂十方淨嚴，下謂諸天修羅宮等。若行者成三品持明仙時，安住如是悉地宮中，當以此喻(乾闥婆城喻)觀察，如海氣日光因緣，邑居嚴麗，層台人物，燦然可觀，不應同彼愚夫，妄生貪著，求其實事，以此因緣，於種種勝妙五塵中，淨心無所掛礙也。

7.　佛事如夢：今此真言行者瑜伽之夢，亦復如是，或須臾間，修見無量加持境界，或不起於座而經多劫，或遍遊諸佛國土，親近供養，利益眾生，此事諸眾因緣觀察，都無所起，不出一念淨心，然亦分別不謬。此事誰能思議，出其所以？然實獨證者自知耳。行者於如是境界，但當以夢喻觀之，心不疑怪，亦不生著，即以普現色身之夢，作無盡莊嚴。

8.　佛身如影：真言行者，以如來三密淨身為鏡，自身三密門，為鏡中像因緣，有悉地生，猶如面像；如作如是觀故，行者心無所得，不生戲論。

9.　報身如像：真言行者，於瑜伽中隨心所運，無不成就，乃至於一阿字門，旋轉無礙，成無量法門，爾時當造斯觀，但由淨菩提心一體速疾力巧用使然，不應於中作種種見，計為勝妙而生戲論也。

10.　法身如化：如行者即以自心作佛，還蒙心佛示悟方便，轉入無量法門，又以心為曼荼羅，此境與心為緣，能

作種種不思議變化，是故行者以浮泡觀之，了知不離
自心，故不生著也。

故知，雖作佛事，始終如夢；雖證佛身，根本如影，如是正
達一切佛的事業，無不如幻。「緣生十喻」雖言佛行現象空
無，但其根本之真如實相卻常住，所以「不以有、不以無」
來論定一切諸法。真言行者唯以本尊（一切如來）的解脫味
為基本，以根本不動之大安心成就，自契入此十緣生中道
正觀，自不被有無現象所拘，自能安住於《金剛經》所說「應
作如是觀」之真如當體的境地了。

以下，讓我們一起細讀《大日經住心品》說「十緣生句」之原
文。

《大日經住心品》說「十緣生句」提綱挈領云：「秘密主，若真言門修菩薩行諸菩薩，深修觀察十緣生句，當於真言門通達作證。……當如是觀察。」

真言行者，即是深修觀察者，於瑜伽中，以自心為感，
佛心為應。以自心為感，即是現象；佛心為應，即是真
實。這是說真言行者能通達「現象即是真實」。《大日經疏》
說：「『深修觀察』者，即是意明第三重，且如行者於瑜伽
中，以自心為感，佛心為應，感應因緣，即是毘盧遮那
現所喜見身，說所宜聞法。然我心亦畢竟淨，佛心亦畢
竟淨，若望我心為自，即佛心為他，今此境界為從自生
耶？他生耶？共生無因生耶？以中論種種觀之，生不可
得，而形聲宛然，即是法界，論幻即幻，論法界即法界，
論遍一切處即遍一切處，論幻故名不可思議幻也。」

真言行者，得淨心已，從大悲生根，乃至方便究竟，其間一一緣起，由所證轉深，皆當以十喻觀之。《大日經疏》說：「復次，言『深修』者，謂得淨心已去，從大悲生根，乃至方便究竟，其間一一緣起，皆當以十喻觀之，由所證轉深，故言深觀察也。且如四諦義，直示娑婆世界，已有無量無邊差別別名，又況無盡法界中，逗機方便，何可窮盡。今行者於一念淨心中，通達如是塵沙四諦，空則畢竟不生，有則盡其性相，中則舉體皆常，以三法無定相故，名為不思議幻，如四諦者，餘一切法門例耳。是故唯有如來乃能窮此十喻，達其原底，此經所以次無垢菩提心，即明十喻者，包括始終，綜該諸地，既觸緣成觀，不可縷說，今且依《釋論》明其大歸耳。」

此即真言行者入於無念無想一念堅持的狀態下，而與貫天地之大生命力相接觸，於其間感應道交，把握一大神秘之力，發揚種種之靈驗的結果。《密教思想與生活》說：「此即行者入於無念無想一念堅持的狀態下，而與貫天地之大生命力相接觸。於其間感應道交，把握一大神秘之力，發揚種種之靈驗的結果。」

《大日經住心品》說「第一緣生句」云：「云何為幻？謂如咒術藥力能造所造種種色像，惑自眼故，見稀有事，輾轉相生，往來十方，然彼非去非不去，何以故？本性淨故，如是真言幻持誦成就，能生一切」

譬如幻師，幻作種種事，是幻相法爾，雖無根本而可聞見。《大日經疏》說：「佛說藥力不思議，如人以藥力故，

升空隱形，履水蹈火，此事非諸論師等能建立因量，出其所由，亦非可生疑，謂定應爾或不應爾，過如是籌度境界，唯親行此藥執持行用者，乃證知耳。又如藥術因緣，示現『造所造種種色像』雖於眾緣中一一諦求，都無生處，而亦五情所對，明瞭現前，雖輾轉相生，往來十方，然亦非去不去，是事亦非籌度思量之境。」又說：「《釋論》云：佛問德女，譬如幻師，幻作種種事，於汝意云何，是幻所作內有否？答言不也。又問外有不？內外有不？從先世至今世、今世到後世有不？幻所作有生者滅者不？實有一法是幻所作不？皆答言不也。佛言：汝頗見聞幻所作伎樂不？答言我亦見亦聞。佛言：若幻空欺誑無實，云何從幻能作伎樂？女言：大德，是幻相法爾雖無根本而可聞見。佛言：無明亦如是，雖非內有乃至無生滅者，而無明因緣諸行生，若無明盡行亦盡，乃至廣說。

真言行者，依三密修行，得成一切奇特不思議事；法爾如是，不異淨心，而自在神變，宛然不廖。《大日經疏》說：「今此真言門，喻持捅者，亦復如是。如下文廣說，依三密修行，得成一切奇特不思議事，雖一一緣『中諦』求，畢竟離於『四句』，法爾如是，不異淨心，而自在神變，宛然不謬，此事亦非諸大論師等陪辨利根者所能測量，獨有方便具足得成悉地者，自證知耳。」

《大日經住心品》說「第二緣生句」云：「復次，秘密主，陽焰性空，彼依世人妄想成立，有怕談議，如是真言相唯是假名」

如世人遠望曠野，遠望之者，徒見炎炎之相，強立假名，求其實事，都不可得。《大日經疏》說：「《釋論》云：以日光風動塵故，曠野中動如野馬，無智人初見之為水，眾生亦爾，結使煩惱日光，動諸塵邪憶念風，於生死曠野中轉達，無智慧者，謂一相為男，一相為女。復次，若遠見之，謂以為水，近則無水相，如是遠法聖者，不知無我及諸法空，於陰、界、入性空法中，生人想等；若近聖法，則知諸法實相，是時虛誑種種妄相盡除。此經意云：如世人遠望曠野，遠望之者，徒見炎炎之相，強立假名，求其實事，都不可得，故云『妄想成立，有所談議』也。」

真言行者，於瑜伽中，見種種特殊境界，則悟加持神變。《大日經疏》說：「如真言行者，於瑜伽中，見種種特殊境界，乃至諸佛海會，無盡莊嚴，爾進應作此陽焰觀，了知唯是假名，離於慢著，轉近心地，則悟加持神變，種種因緣，但是法界焰耳。故云『如是真言相，唯是假名』。」

《大日經住心品》說「第三緣生句」云：「復次，秘密主，如夢中所見，晝日牟呼栗多，剎那歲時等住，種種異類受諸苦樂，覺已都有無所見，如是夢真言行應知亦爾」

如夢中都無實事，謂之有實，覺已知無。《大日經疏》說：「《釋論》云：如夢中都無實事，謂之有實，覺已知無，而

還自笑，人亦如是，諸結使眠力故，無法而見法，無喜事而喜，無瞋事而瞋，無怖事而怖，眾生亦爾，無明眠力故，不應瞋喜憂怖而生瞋喜憂怖等故，今復明此夢事不思議邊，如夢中自見住壽一日二日，乃至無量壽，有種種國土及眾生族類，或升天宮，或在地獄，受諸苦樂，覺時但一念間耳。於覺心眠法因緣中，『四句』求之，了不可得，而夢事昭然，憶持不謬，以一念為千萬歲，以一心為無量境，此事非世間智者憶度籌量能盡其源底，亦非可疑之處，獨夢者親證知耳。」

真言行者，修見無量加持境界，但當以夢喻觀之，心不疑怪，亦不生起執著。《大日經疏》說：「今此真言行者瑜伽之夢，亦復如是，或須臾間，修見無量加持境界，或不起於座而經多劫，或遍遊諸佛國土，親近供養，利益眾生，此事諸眾因緣觀察，都無所起，不出一念淨心，然亦分別不謬。此事誰能思議，出其所以？然實獨證者自知耳。行者於如是境界，但當以夢喻觀之，心不疑怪，亦不生著，即以普現色身之夢，作無盡莊嚴，故云深修十句也。」

《大日經住心品》說「第四緣生句」云：「復次，秘密主，以影喻解了真言能發悉地，如面緣於鏡而現面像，彼真言悉地當如是知」

諸法非無因緣作，如鏡中影像。《大日經疏》說：「此中言『影』，即是《釋論》鏡中像喻。彼論云：如鏡中像，非鏡作，非面作，非執鏡者作，非自然作，亦非無因緣作，當知諸法亦復如是。」

真言行者，以如來三密淨身為鏡，自身三密門，為鏡中像因緣，有悉地生，猶如面像；如作如是觀故，行者心無所得，不生戲論。《大日經疏》說：「今此真言門中，以如來三密淨身為鏡，自身三密門，為鏡中像因緣，有悉地生，猶如面像，若行者悉地成就時，乃至起五神通，住壽長遠，面見十方國土，遊諸佛刹，皆以此喻觀察，是事從自生他生耶？若謂他三密加持能授是果，則眾生未修行時，佛亦平等大悲，何故不令成就？若謂自如說行，能得是果，何用觀察三密淨鏡之身求加被耶？若共生則有二過，何以故？若謂我心為因，待彼眾緣，方得成就者，即此因中先有悉地果耶？為先無耶？若先有之，眾緣則無所用，若先無之，眾緣復何所用？然是悉地成就亦復非無因緣，故《智論》鏡緣偈云：『非有亦非無，亦復非有無，此語亦不受，如是名中道。』不應如彼少兒妄生取著也，如作如是觀故，行者心無所得，不生戲論，故曰應『如是知』。」

《大日經住心品》說「第五緣生句」云：「復次，秘密主，以乾闥婆城解了成就悉地宮」

菩薩利根，深入諸法空中，故以乾闥婆城（海市蜃樓）喻身，為破吾我故。《大日經疏》說：「《釋論》云：日初出時，見城門樓櫓宮殿行人出入，日轉高轉滅，此城但可眼見而無實有，有人初未嘗見，意謂實樂，疾行趣之，近而逾失，日高遂滅，饑渴悶極，暑熱氣如野馬，謂之為水，復往趣之，乃至求之，疲極而無所見，思惟自悟，渴願心息，行者亦爾，若以智慧知無我無實法者，是時顛倒

願息。聲聞經中，無此乾闥婆城（乾闥婆城：指海市蜃樓）喻。又以城喻身，說此眾緣實有，但城是假名，為破吾我故，菩薩利根，深入諸法空中，故以乾闥婆城為喻也。」

真言行者成三品持明仙時，安住如是悉地宮中，當以此喻（乾闥婆城喻）觀察。《大日經疏》說：「此中言『悉地宮』有上中下，上謂密嚴佛國，出過三界，非二乘所得見聞，中謂十方淨嚴，下謂諸天修羅宮等。若行者成三品持明仙時，安住如是悉地宮中，當以此喻（乾闥婆城喻）觀察，如海氣日光因緣，邑居嚴麗，層台人物，燦然可觀，不應同彼愚夫，妄生貪著，求其實事，以此因緣，於種種勝妙五塵中，淨心無所掛礙也。」

《大日經住心品》說「第六緣生句」云：「復次，秘密主，以響喻解了真言聲，如緣聲有響，彼真言者當如是解」

人欲語時，以丹田內風鼓動口舌，語言聲相響出，愚人不解而生三毒煩惱。《大日經疏》說：「《釋論》云：亘深山峽谷中，若深絕澗中，若空大舍中，以語言聲相擊故，從聲有聲，名為『響』，無智人謂為有實，智者心念是聲無人作，但以聲轉故，更有響聲誑人耳根。人欲語時，亦因口中有風，名優陀那（優陀那：氣息），還入至臍，響出時，觸頂及斷齒唇舌咽胸七處而退，是名為語言，愚人不解而生三毒，智者了知，心無所著，但隨諸法實相。」

真言行者若於瑜伽中，聞種種八風違順之音，或諸聖者以無量法音現前教授，亦當以響喻觀察於中不應妄生戲

論。《大日經疏》說：「真言行者，若於瑜伽中，聞種種八風違順之音，或諸聖者以無量法音現前教授，或由舌根淨故，能以一音遍滿世界，遇此諸境界時，亦當以響喻觀察，此但從三密眾緣而有，是事非生、非滅、非有、非無，是故於中不應妄生戲論，若爾自入音聲慧法門也。」

《大日經住心品》說「第七緣生句」云：「復次，秘密主，如因月出故，照於淨水而現月影像，如是真言水月喻，彼持明者當如是說」

真言行者（持明行者），由三密方便自心澄淨故，諸佛密嚴海會，悉於中現；或自以如意珠身，於一切眾生心水中現。若得此相時，應當作水月觀之。《大日經疏》說：「《釋論》云：月在虛空中行，而影現於水，實法性月輪，在如如法性實際虛空中，而凡夫心水，有我我所相現。又如少兒見水中月，歡喜欲取，大人見之則笑，無智者亦爾，身見故見有吾我，無實智故，見種種法，見已觀喜欲取諸相，得道聖人笑之也。復次譬靜水中見月影，擾水則不見，無明心靜水中，見吾我慢諸結使影，實智慧杖擾心水則不見，以是故說諸菩薩知法如水中月。持明行者亦如是，由三密方便自心澄淨故，諸佛密嚴海會，悉於中現；或自以如意珠身，於一切眾生心水中現，爾時應諦想觀之，今此密嚴之相，從我淨心生耶？從佛淨身生耶？自他實相，尚自畢生不生，何況相違因緣而有所生。又如一切江河井水大小諸器，月亦不來，水亦不去，而淨月能以一輪，普入眾水之中，我今亦復如是，

眾生心亦不來，自心亦復不去，而見聞蒙益，皆實不虛，故當以慧杖擾之，使知無實，不得如彼嬰兒，欲作方便取之，以為玩好之具也。既能自靜其意，復當如如不動，為人演說之，故曰『持明者當如是說』。」

《大日經住心品》說「第八緣生句」云：「復次，秘密主，如天降雨生泡，彼真言悉地種種變化當知亦爾」

種種浮泡，形類各異，然水性一味種種，自為因緣，是名浮泡觀。《大日經疏》說：「如夏時雨水，自雨水中，隨渧之大小，生種種浮泡，形類各異，然水性一味，自為因緣。四句推求，無別所生之法，是故此泡舉體從緣，泡起即水起，泡滅即水滅，故此泡即心之變化也。」

真言行者以自心作佛，還蒙心佛開示悟入種種方便，轉入無量法門時，應當作浮泡觀之，了知一切皆不離於自心，故不生執著。《大日經疏》說：「如行者即以自心作佛，還蒙心佛示悟方便，轉入無量法門，又以心為曼荼羅，此境與心為緣，能作種種不思議變化，是故行者以浮泡觀之，了知不離自心，故不生著也。」

《大日經住心品》說「第九緣生句」云：「復次，秘密主，如空中無眾生無壽命，彼作者不可得，以心迷亂太而生如是種種妄見」

如虛空非是可見之法，而小兒仰視青天而有實在之色；如虛空性常清淨，但愚癡以淫欲瞋恚等瞖故，謂有不淨。《大日經疏》說：「《釋論》云：如虛空者，謂但有名而無實

法，遠視故，眼光轉見縹色，諸法亦如是，空無所有，人遠無漏實智慧故，棄實相，見彼我男女屋舍城郭等種種雜物，心著如少兒仰視青天，謂有實色，有人飛上極遠而無所見。又如虛空性常清淨，人謂陰曀為不淨，諸法亦如是，性常清淨，淫欲瞋恚等曀故，人謂不淨。」

真言行者，修觀行時，若有種種魔事，種種業煩惱境，皆當安心此喻，如淨虛空。《大日經疏》説：「此經云『心迷亂』者，如人以疾病、非人等種種因緣，其心迷亂，妄見淨虛空中有種種人物形相，或可怖畏，或可貪著，若得本心時，則知此事生時不染虛空，滅時亦非還淨，本來不礙虛空，亦不異空，行者修觀行時，若有種種魔事，種種業煩惱境，皆當安心此喻，如淨虛空，雖於無量劫中，處於地獄，爾時意無掛礙，如得神通者，於空一顯色中，自在飛行，不為人法妄想之所塵汙也。」

《大日經住心品》説「第十緣生句」云：「復次，秘密主，譬如火爐，若人執持在手而以旋轉，空中有輪像生」

如人持人爐，空中旋轉，作種種相，愚少觀之，以為實事而生念著，然都無法生，名火輪喻。《大日經疏》説：「如人持人爐，空中旋轉，作種種相，或方或圓，三角半月，大小長短，隨意所為，愚少觀之，以為實事而生念著，然都無法生，但手中速疾力，能運一火成無量相耳。」

真言行者，於瑜伽中隨心所運，無不成就。當此之時應知但由淨菩提心一體速疾力巧用使然，不應於中作種種見解計著為超勝而生戲論。《大日經疏》説：「真言行者，

於瑜伽中隨心所運，無不成就，乃至於一阿字門，旋轉無礙，成無量法門，爾時當造斯觀，但由淨菩提心一體速疾力巧用使然，不應於中作種種見，計為勝妙而生戲論也。」

《大日經住心品》又云：「秘密主，應如是了知大乘句、心句、無等等句、必定句、正等覺句、漸次大乘生句，當得具足法財，出生種種工巧大智，如實遍知一切心相。」

此是總結上文而勸真言行者，皆應如是而知，如是而觀此十種譬喻。《大日經疏》說：「此十喻皆是摩訶衍（摩訶衍：大乘）人甚微緣起，非聲聞緣覺安足之處，故名『大乘句』。心之實性，更無一法可以顯示之者，亦不可授人，但如是深觀察時，障蓋雲披，自當證知耳，故名『心句』。如來智慧，於一切法中，無可譬喻，亦無過上，故名無等；而心之實相，與之函蓋相稱，間無異際，故曰『無等等』；若以十緣生了知心處，則安住其中，故曰『無等等句』。諸佛以此十緣生義心定獅子吼說如來性心實相印，若有能信解者，假使十方世界一切諸魔，皆化身作佛，說相似般若，亦不能變易其心，使法相不如是，故曰『必定句』。以此中道正觀，離有為無為界，極無自性心生，即是心佛顯現，故曰『正等覺句』。以深修觀察故，如入大海漸次轉深，乃至毗盧遮那，以上上智觀，方能盡其源底，故曰『漸次大乘生句』。當知如是六句，次第相釋，次第相生也。」

依種種譬喻，詳細淺顯地加以說明真言之「秘密莊嚴心」，那麼便人人都可以瞭解了。故《密教思想與生活》說：「生化一切，照一切的『生』其物當體大日如來，才是真我。即是貫串脈流於各個體中之本心；即是法界心。亦即是通過所有一切物，依各個立場去充實莊嚴全一的內容之力，此等都是所謂秘密莊嚴安心。將『秘密莊嚴安心』等依種種譬喻，詳細淺顯地加以說明，那不管什麼愚夫愚婦，都可以自由地讓其瞭解。」

總的來說，真言行者若能用此十緣生中道正觀，入於無念無想一念堅持的狀態下，與貫天地之大生命力相接觸，於其間感應道交，把握一大神秘之力，即能發揚種種之靈驗的結果，普施眾生。《密教思想與生活》說：「但以成就一切，徹底保握密教精神真髓者看，巧妙地活用(感應道交神秘之力)，對於密教教化的施與上言，其效果無有過於此者。所以修密法的行者，必需瞭解密教精神或目的。」由此可知，此「甚深十喻」唯在說清淨菩提心及一切心之相貌。能瞭解此種種心之相貌，然後方可入壇學法，方便修行，成就種種不可思議之「神變加持」，於此父母所生之身成辦「毘盧遮那成佛」，直超毘盧遮那之位。故《密教思想與生活》說：「一個具有充實體證內容，而燃燒密教精神者，何時何處都盈溢著教化機會。其具現上，無處不是大光明遍照之地，無一非全一的大日如來法身，到處都是真佛君臨之所。」

「胎藏界曼荼羅的中台八葉院」一事

「中台八葉院」,是「胎藏界曼荼羅」的中心部分,由一個八瓣蓮花組成,每一瓣上有一尊佛或菩薩。中央則是中因「大日如來」,音譯作「摩訶毘盧遮那」,意譯作「光明遍照」,為秘密佛教最上根本佛,是胎藏界的主尊,代表一切眾生的真如性。一切眾生都具同一本性,即所謂「萬物與我同一根源」且「生生不息,三世一體」的「一真法界」教義。

「中台八葉院」諸尊分別是:中因「大日如來」、東方「寶幢如來」、南方「開敷華王如來」、西方「無量壽如來」、北方「天鼓雷音如來」、東南方「普賢菩薩」、西南方「文殊菩薩」、西北方「觀自在菩薩」、東北方「彌勒菩薩」。

中因:

「大日如來」,是將宇宙實相佛格化之根本佛,亦為一切諸佛菩薩所出之本源及所歸之果體。「光明遍照」有三義,即「除暗照明義、眾務成辦義、光無生滅義」。

《大日經具緣品》云:「行者次於中,定意觀大日,處白蓮華座,髮髻以為冠,放種種色光,通身悉周遍。」又云:「從此華臺中,大日勝尊現,金色具暉耀,首持髮髻冠,救世圓滿光離熱住三昧。」象徵法界的圓滿和究竟,即一切法(世間一切事物)的光明遍照本質和絕對性;也象徵「法界體性智」,是其他四佛智的總體,代表即身成佛所證的四佛智「一如」之圓滿究竟的無上佛智。

如下乃八葉四方之四佛，分別為：東方「寶幢如來」、南方「開敷華王如來」、西方「無量壽如來」、北方「天鼓雷音如來」，代表發心、修行、菩提、涅槃四位之尊。

東方：

「寶幢如來」，代表菩提心之發心佛，因菩提心為萬行之基本，故以喻於幢旗，乃欲以此菩提心之如意寶給予眾生，故右手作「予願印」；也象徵「轉阿賴耶識（靈魂論無非我執）而成的大圓鏡智」，能除「無始無明（罪業思想）」，也是其他三佛智的源泉，故又名「東因」。

南方：

「開敷華王如來」，乃示修行當位之佛以「萬行之華莊嚴一身」，故右手作「施無畏印」，象徵如日光般普照，一切法悉是開敷華王，再無分貴賤、善惡；也象徵「轉末那識而成的平等性智」，一切法復歸於「大悲為根」，能除滅對一切法之分別心，體現一切平等無別的大悲願力，甚深佛智。

西方：

「無量壽如來」，又名「無量光如來」、「歡喜光如來」，乃示以妙觀察智證悟法界實相，故住「定印」，象徵無量光明照亮一切法界，一切法悉成無量功德；也象徵「轉意識而成的妙觀察智」，是看得出一切事物的「妙」價值來（故是「妙觀察智」）。若起一念「我即是凡夫」，即同謗三世佛；若起一念堅持「我即是本尊」，能如實了悟一切緣起，

現觀一切眾生的根器，予以最微妙究竟的自在教法，就是眾生轉意識成「妙觀察智」。

北方：

「天鼓雷音如來」，乃示入無住涅槃而降伏四魔之降魔相，故作「觸地印」，象徵一切法究竟具足大威德、秘密莊嚴和震撼，如雷鳴般轟天震地；也象徵「轉前五識而成的成所作智」，但用此身自證成佛，即身就實踐佛行，就是將自己的本誓願和理想付諸實現，以完成此生即身成佛之旅，成辦救度一切眾生的無上智慧。

如下乃八葉四隅之四菩薩，包括：東南方「普賢菩薩」、西南方「文殊菩薩」、西北方「觀自在菩薩」、東北方「彌勒菩薩」，乃象徵「菩提心（一念智）」、「妙慧（一念智，生八萬四千慧）」、「證果（自在觀察法界大悲同體自性之德）」、「慈悲利他（示依無住涅槃而以大慈三昧方便攝化眾生）」等四方便行。

東南方：

「普賢菩薩」，即「普遍妙善」之謂也，左手持三鈷劍印，象徵身口意三業普遍妙善，悉清淨勇猛，恰如金剛之不壞，右手作三業妙善手印，象徵普賢菩薩的無盡願行，即能遍歷一切處所，廣修一切善業。故普賢菩薩乃代表清淨菩提心，即能破除一切無明，照亮一切法界，是大圓鏡智的妙因，是寶幢如來的因位妙行。

西南方：

「文殊菩薩」，不僅代表第一義空的般若甚深微妙智慧，更是以因位之菩薩形相來表示萬行之德之開敷華王如來，故是平等性智的妙因，是開敷華王如來的因位妙行。為示此菩薩行般若之妙慧，故右手持象徵《般若經》之梵篋，左手持五股金剛杵，表一切如來般若波羅蜜多慧劍。

西北方：

「觀自在菩薩」，不僅是象徵自在觀察法界自性之德之菩薩，更是而以因位之菩薩形相來表示證悟法界實相品位之無量壽如來，故是妙觀察智的妙因，是無量壽如來的因位妙行。觀自在菩薩右手持開敷之蓮華，象徵法界自性之清淨者；左手之施無畏印，乃表由觀察此法界自性而除煩惱魔等之怖畏者。

東北方：

「彌勒菩薩」，不僅代表大慈三昧之能隨順眾生的希求願望而給與喜樂，更是以因位之菩薩形相來表示依無住涅槃而以慈悲方便攝化眾生之天鼓雷音如來，故是成所作智的妙因，是天鼓雷音如來的因地妙行。彌勒菩薩左手作施無畏印，蓋由此表降伏四魔而得無畏也；右手持蓮上寶瓶之契印，象徵彌勒菩薩的無盡法樂、一切法的喜悅之傳播，如大慈甘露水，灑諸眾生。

統攝來說，從東方起四方四隅之四佛四菩薩之次序，不過在象徵「發心、修行、菩提、涅槃」四尊位之「四智四行」，因此稱為「東因起修」。

若要說其本因及歸宿，則不外乎「中因」大日如來，因此稱為「由中因入」。

由此可知，「中台八葉院」之中因大日及其四方四隅佛菩薩，乃含藏著真言宗「由中因入，東因起修」之修證大秘密。

「金剛界三十七尊」一事

「金剛界三十七尊」是指在金剛界曼荼羅中，代表五佛、四波羅蜜菩薩、十六大菩薩、八供養菩薩和四攝菩薩的三十七尊佛菩薩。他們各有不同的形相和象徵意義，以下是一些簡要的介紹：

— 大日如來：住在中央月輪，結跏趺坐、智拳印，象徵一切智慧的根源和主宰。大日如來者，智慧之尊也，智慧無上，則真言成就，真言成就，則成佛無礙。

— 四波羅蜜菩薩：分別是金剛波羅蜜、寶波羅蜜、法波羅蜜和業波羅蜜，由大日如來所生，現女形，象徵四佛的定德和四種波羅蜜的成就。金剛波羅蜜菩薩者，金剛之尊也，金剛不壞，則佛心堅強，佛心堅強，則成佛不壞。寶波羅蜜菩薩者，寶藏之尊也，寶藏無盡，則資源豐富，資源豐富，則成佛不貧。法波羅蜜菩薩者，說法之尊也，法王無上，則智慧廣大，智慧廣大，則成佛不愚。羯磨波羅蜜菩薩者，佛行之尊也，羯磨無礙，則佛行順利，佛行順利，則成佛不阻。

— 四佛：分別是阿閦如來、寶生如來、無量壽如來和不空成就如來，住在四方月輪，各有不同的手印和顏色，象徵四智及其四種展現。阿閦如來者，功德之尊也，功德無量，則佛種生性，佛種生性，則成佛不壞。寶生如來者，願力之尊也，願力堅固，則本誓明確，本誓明確，則成佛可期。無量壽如來者，妙定之尊也。

妙定力固，則心性安住，心性安住，則成佛妙觀。不空成就如來者，方便之尊也，方便無邊，則隨緣應機，隨緣應機，則成佛不難。

一　十六大菩薩：分別是阿閦如來之四菩薩，包括金剛薩埵、金剛王、金剛愛、金剛喜；寶生如來之四菩薩，包括金剛寶、金剛光、金剛幢、金剛笑；無量壽如來之四菩薩，包括金剛法、金剛利、金剛因、金剛語；不空成就如來，包括金剛業、金剛護、金剛牙和金剛拳。十六菩薩由四佛所生，一佛四菩薩，現男形，象徵四佛的慧德和十六種功德的體現。金剛薩埵菩薩者，金剛之尊也。金剛不壞，則佛心堅強，佛心堅強，則成功不壞。金剛王菩薩者，王者之尊也，王者無敵，則神力卓越，神力卓越，則成佛不敵。金剛愛菩薩者，愛者之尊也，愛者無畏，則慈悲廣大，慈悲廣大，則成佛大悲。金剛喜菩薩者，喜者之尊也，喜者無憂，則心開快意，心開快意，則成佛不憂。金剛寶菩薩者，寶藏之尊也，寶藏無盡，則資源豐富，資源豐富，則成佛不貧。金剛光菩薩者，光明之尊也，光明無障，則見解清晰，見解清晰，則成佛不迷。金剛幢菩薩者，幢旗之尊也，幢旗無敵，則威儀莊嚴，威儀莊嚴，則成佛不辱。金剛笑菩薩者，笑者之尊也，笑者無憂，則心情常樂，心情常樂，則成佛不憂。金剛法菩薩者，法王之尊也。說法無上，則智慧廣大，智慧廣大，則成佛不愚。金剛利菩薩者，利他之尊也，利他無邊，則建設淨土，建設淨土，則成佛不負。金剛因菩薩者，

因果之尊也，佛因無誤，則思行正確，思行正確，則成佛不錯。金剛語菩薩者，法語之尊也。語言無礙，則說通順暢，說通順暢，則成功不孤。金剛業菩薩者，業力之尊也，業力無窮，則成就事業，成就事業，則成佛不懈。金剛護菩薩者，護法之尊也，護法無畏，則守護正法，守護正法，則成佛不敗。金剛牙菩薩者，佛牙之尊也。佛牙無敵，則咬斷二障，咬斷二障，則成佛不難。金剛拳菩薩者，佛拳之尊也。佛拳無敵，則打破困難，打破困難，則成佛不阻。

一　八供養菩薩：分別是金剛嬉戲、金剛花鬘、金剛歌詠、金剛法舞、金剛焚香、金剛覺花、金剛燈明和金剛塗香，由大日如來和四佛所生，現男女形，象徵內外八種供養的行持。金剛嬉戲菩薩者，嬉戲之尊也。嬉戲無憂，則享受過程，享受過程，則成功自然。金剛花鬘菩薩者，花鬘之尊也，花鬘無敵，則美化世界，美化世界，則成佛不難。金剛歌詠菩薩者，歌詠之尊也。歌詠無憂，則智讚真佛，智讚真佛，則成佛不愁。金剛法舞菩薩者，法舞之尊也，法舞無礙，則展現大能，展現大能，則成佛不落。金剛焚香菩薩者，焚香之尊也。焚香無盡，則散發真香，散發真氣，則成佛不染。金剛覺花菩薩者，覺花之尊也。覺花無敵，則開啟智慧，開啟智慧，則成佛不愚。金剛燈明菩薩者，燈明之尊也，燈明無障，則照亮黑暗，照亮黑暗，則成佛不迷。金剛塗香菩薩者，塗香之尊也。塗香無盡，則散佛餘香氣，散佛餘氣，則成佛不俗。

一　　四攝菩薩：分別是金剛鈎、金剛索、金剛鎖和金剛鈴，
　　　由大日如來所生，現男形，象徵四種攝受的方法和四
　　　種果位的授予。金剛鈎菩薩者，鈎者之尊也，鈎者無
　　　礙，則攝受眾生，攝受眾生，則成佛不孤。金剛索菩
　　　薩者，索者之尊也，索者無敵，則捆綁魔障，捆綁魔
　　　障，則成佛不敗。金剛鎖菩薩者，鎖者之尊也，鎖者
　　　無礙，則鎖定目標，鎖定目標，則成佛不遲。金剛鈴
　　　菩薩者，鈴者之尊也，鈴者無敵，則宣揚正法，宣揚
　　　正法，則成佛不敗。

以上是「金剛界三十七尊」的形相和象徵性的概要。

「『人才念真言，我相即除』與『五重結護』」一事

《大日經疏》云：「人才念真言，我相即除，此法甚為稀有，亦甚希奇。」具如此體驗者，能開發「神人感召」，展現「佛凡一致」之妙境人生。

一位真言行者透過本尊法修行達到「人才念真言，我相即除」之體驗，即能覺悟宇宙本是「絕對一貫（唯一佛乘）」的真理、唯是一種宇宙大靈性海的絕對力，並常能自覺自己俱有此偉大的靈力，繼而安心立命。

故知真言宗本尊法之修證，無非是「自」、「祂（宇宙大靈）」並立互融的成果。「人才念真言，我相即除」修法，是於行住坐臥，持明觀尊；乃至真心信愛種種本尊儀軌供養法式，敬師崇佛，這一切修證都無非是心靈改造之鍛鍊來幫助行者建立安心立命的基礎，故絕不可與一般淺薄常識的迷信來看。

「人才念真言，我相即除」之修證，是如何在一般平凡生活中創造神秘莊嚴、改造命運（我的命就是本尊的命）、乃至「至暗時刻（荼毒鼓因緣），本尊覺醒（生命的覺醒者）」的呢？

答案其實是最簡單不過的了，真言宗強調對「本尊精神之核心與本質」的相應，強調以「本尊精神」為一切生命活動的心魂，從而活現出「即身成佛」。

此「身」者,是透過瑜伽本尊精神所達到的「圓滿境界」,又名「大日如來」法身(悟光上師則是以「宇宙大靈」來把祂「擬人化／神化」;並以「佛」為其體驗、體覺者)。而「即身成佛」者,是行者在本尊瑜伽中揭破法身的真理也:

一、 天地萬有都是「宇宙大靈」之垂現;

二、 真言行者自己就「宇宙之縮影」。

一位真言行者只需透過本尊之修行,便可以覺悟此法身的真相,繼而信愛「宇宙大靈性海之絕對力」,並瑜伽之以成為此「絕對力」本身。能如此體驗「即身成佛」者,即能做到「神人感召」,顯現「佛凡一致」之秘密莊嚴妙境。

人與人交往,亦有一定之禮儀,乃致今天電子世界之溝通,也有一定之「數碼禮儀和方式(protocol)」,若不依循這些既定的禮儀和方式,便很難交談,更遑論感情之交流了。要做到「神(宇宙大靈)人感召」,顯現「佛(法身佛)凡一致」,並向神佛祈願必能圓滿成就者亦如此,故有種種儀軌法式。

修行真言宗本尊法的種種儀軌法式,行者只需如法修行,自可得一種神秘的、偉大的效應和靈驗,這事實在不可思議!

透過真言宗本尊法之修證,能覺悟自己渺少之軀卻蘊藏著宇宙無限的奧秘。這就是無限宇宙之間無量無邊神秘力量的體驗,是「一多相容」、「主伴俱足」的宇宙秘密莊嚴的個人體驗。弘法大師禦作《金剛界次第》便有「五重結護」之五層次第:

一、 作印

二、 成身

三、 自護身

四、 辟除

五、 結護

行住坐臥，以常結本尊秘印（作印），配合秘密誦明觀尊（成身），即是修真言最勝趣。依次而行，即能起護身之效（自護身），能勾召自心內眾生之無明住地煩惱而摧碎之（辟除）與結界之效。而法之成就，妙樂無窮，則非僅此也。

「真言證道、真言論道」一事

真言證道

「菩提」就是道,「證菩提」就是證道。同一個道,可以用無數種方法去證,不同的方法應用達到至極圓滿境界的時候,其實彼此都是相通的。

可是如何才能證道呢?所謂八萬四千乃至無量法門,每個人都可以選擇自己的方法去證道。每一個具足代代相傳法脈傳承的修行法門,都可以證入同一個道。

所謂的真言宗修法,其實目標就是一個,那就是證道!

在正純密教真言宗之證道上,九大祖師(包括悟光上師)已經掌握了,並傳授了至今仍代代相傳的至高修法。從某個角度來說,九大祖師和歷代每一位大阿闍梨,全都已經證道成功了。

雖然這裡每一位教授阿闍梨也掌握著至高修法,但是各自的本尊融合度(入我我入)卻還是太過弱了,所以報身仍在煩惱中。對於大家來說,雖然都應已證道有如九大祖師,但能否真正展現證道後的「如來神變遊戲」真實力,仍得看大家的本尊融合之力度的質和量。

這裡每一位教授阿闍梨既也已掌握著至高修法,只要給足大家時間去積累(以我功德力),那麼此身於今生一定會成為一位「即身成佛」大證道者!

換個角度說，這裡每一位教授阿闍梨，相當於一尊般涅槃後，示現轉世重修的久遠實成的大證道者！《大日經》不是也說了證道是「一得永得」的嗎？

大家需要的，已經不再是對修法法則的淺薄感悟和理解，真正需要的就是去積累「功德」力量，也就是在世間發揮偉大「功用」積聚「福德」，《金剛經》則稱之為「福德聚」。

憑藉著至高的真言宗法脈傳承的修法，大家其實輕而易舉的便可以在世間實現「福德聚」，秘密莊嚴，本尊合一，此乃「即身成佛」證道至境！

對於一般初階阿闍梨，想保持在本尊融合之力度的高質和量的狀態下在世間發揮偉大「功用」積聚「福德」，是非常艱難的。基本上，初階阿闍梨於人生遇險境的時間，本尊合一的狀態若能持續一時三刻已經是很不錯的了，且在險境的狀態結束之後，瞬間脫離本尊合一的狀態。

對於一位堅定真修實證的教授阿闍梨，自然可以一整天都保持在本尊合一的狀態下思想與生活，直到成為一位有如九大祖師等的大證道者，是完全可以永久的保持在本尊合一的狀態下，在世間發揮偉大功用積聚福德，即佛成佛。這就是真修實證的真言宗教授阿闍梨的殊勝之處！

六大緣起，真言論道

正純佛教真言宗所證的道，名叫「六大緣起」，就是說「毘盧遮那佛常在動中轉成為天地萬有」，悟光上師之證道歌《一真法句》說「六大毘盧即我身」，並解說「現像是體性功德所

現，其源即是法界體性，這體性亦名如來德性，……。此體性的一中有六種不同的性質，有堅固性即地，地並非一味，其中還有無量無邊屬堅固性的原子，綜合其堅固性假名為地，是遍法界無所不至的，故云地大。其次屬於濕性的無量無邊德性名水大，屬於煖性的無量無邊德性名火大，屬於動性的無量無邊德性曰風大，屬於容納無礙性的曰空大。森羅萬象，一草一木，無論動物植物礦物完全具足此六大。此六大之總和相涉無礙的德性遍滿法界，名摩訶毘盧遮那，即是好像日光遍照宇宙一樣，翻謂大日如來。吾們的身體精神都是祂幻化出來，故云「六大毘盧即我身」。這「六大」即是道，「毘盧」即是道，真言宗稱之為名「六大緣起」之道。

「六大緣起」即是創造萬物的原理，具足六大之萬物即是毘盧遮那道體。道體是無始無終，沒有時間空間之分界，沒有過去現在未來，沒有東西南北，萬物當體皆為「時窮三際」的無量壽命者，故說「毘盧」以無量時空為身，一切萬物的新陳代謝為命，永遠在創造光明遍照的事業為功德，自然一切皆「即事而真，當相即道」。

悟此「即事而真，當相即道」之理趣，自能知「化魚為龍不易其鱗，轉凡成聖不改其面」，這才是密教「六大緣起」之指歸也。

然而，凡夫一般皆因於個我，不知個我即大我之細胞，終日鑽營，想要得到更多更多，有人追求美麗，有人追求情愛，有人守護親人，有人喜歡作惡，有人愛好美食，為了這些，我們做出各種選擇，這一切的原因都是來自私小我心，以致沉迷苦海。

至於另一方面，佛教的顯教各宗，普遍地把佛所證之道，看成為「彼岸之道」，也就是把修行之道看作「一條路」，所謂修行就是如何能不走錯地「從此岸走到彼岸」的過程。正是因為顯教不願意滿足此岸，想要到變得更好彼岸，故以為實有一個成佛的「異界時空」世界，一個沒有煩惱罪業且自由開心滿足的世界，這樣便成「隔岸觀佛」，形成對立，墮入「眾生與佛各別」之妄執深淵，在此當中不論是透過所謂「積累的道（漸）」抑或是「當下的道（頓）」，若是依循了「從此岸走到彼岸」的謬誤觀，則悟道便都成遙遠無期了。

正純佛教真言宗之修行是本尊證量是「即身成佛」，見地上自然跟顯教有著天壤之別的。真言宗說天地萬物無非是毘盧遮那佛「六大緣起」所生起之等流身（光明遍照，平等流注），我們各各的生命活動，都是毘盧遮那佛身內之活動，當中一切都必折服於毘盧遮那「光明遍照」之大道法規；既然法法皆是毘盧遮那佛之六大緣起，是毘盧遮那佛常在動中轉成為天地萬有，則萬法自能「由心回轉」為光明無礙的了，則我們當體即是佛了。

一位真言行者既證明瞭「六大緣起」，又能任運自在地「由心回轉」化事事為光明無礙，自然會喜歡住持世間，熱愛生命，縱使經歷人間苦樂，仍然平等持身，念念流溢無盡光明，故能「隨喜一切福智聚」，見到真正的世界，見到真正的毘盧遮那佛，見到人生有無限美好。

真言行者之道，只是隨順大日如來光明遍照而已，故不會因為彼岸的謬誤觀而放棄其實已擁有的美好。「六大緣起」

所生的天地，貴在不可預料，包括人的命運也在其中，這樣人生才是精彩；大日之道在腳下，這才是得道；修行到極致，各各能證明大日如來「神變加持」以演化及現身成就各自不同名號之如來功德而執掌之，並教化之，好伸展於社會人群，在充實自己的同時，去莊嚴「六大緣起」之內容。

總的來說，真言宗因悟大日如來「六大緣起」之道，就超生死迷境，「一轉彈指立歸真」！

「大日如來之三摩地法」一事

真言宗是以「法身佛」為教主。其所依據之《大日經》與《金剛頂經》一般被説成是「大日如來」所説。「大日如來」又名為「法身佛」，是象徵「宇宙之實在本體、根本真理」，故《大日經》與《金剛頂經》又被説成是「法身在説法」，代表此二經皆在説明宇宙之根本真理，這就是「真言宗以大日如來為教主」的真正意義。

進一步來説，「法身在説法」不過是一種象徵性，象徵佛或一位覺者在「宇宙秘密開扉之境界」説「宇宙之根本 (大日如來秘密藏)」。這確是一個很好象徵性，代表《大日經》與《金剛頂經》都能夠將宇宙真理「當相實説」，其義理幽玄深遠，故其所開創之宗派才被稱為「密教」或「密乘」。

真言宗以「法身佛」為教主，就是要將宇宙真理「當相實説」的。真言宗以《大日經》(胎藏界) 與《金剛頂經》(金剛界) 為教義，其表達形式是「以法身大日自眷屬所説自內証法門」為方便。經中的「法身大日」就是宇宙為一之「法界體性」根本真理的人格化或神格化。二經皆以法身大日為「能生」，以萬物為其「所生」之自眷屬，故萬物即是祂之所化。萬物一體是為大日之「理德」，二經中大日自眷屬各説各自內証所表現之精神為大日之「智德」。真言行者體證大日理德與智德，能發揮萬物眾生之同體 (大悲) 精神，提升最高的人格昇華，証入大日法身本有之無限生命。這就是本宗修行之目的。

《大日經》以大日如來為中心，其自眷屬諸佛菩薩四百六十尊，諸尊是由「萬物一體」之「理德」而攝入於大日如來「胎藏界曼荼羅」的組織中，諸尊眷屬之教法皆以大日之「無限絕對」為其力點，這象徵性在說明此天地間所有存在的一切事物彼此相涉關聯而活現於大日之無限絕對「全一」整體，一方面不捨各各個自之立場自己建立世界，另一方面各各又以宇宙一切大日所建立之世界為背景一剎一剎地活現於無限絕對全一整體之體驗中，這就是大日「理德」中之「理平等」、「理之體」。

《金剛頂經》也是以大日如來為中心，其自眷屬諸佛菩薩一千四百六十一尊，極力強調「即現象即實在」的真髓，行者可以因應各自在世間之使命及機緣的不同而選擇各自相應之本尊佛菩薩以開發其所需之「世、出世間」獨特作用。由此可見，金剛界法就是大家各各自心蘊發各自的「智的作用」，也就是說「智分別」、「智之作用之體」。從「《金剛頂經》十八會」至「金剛界曼荼羅所攝取之九會」，由金剛界「初會中之三十七尊」到「理趣會中之十七尊」，其實都只在說明各會中的中心主尊佛或菩薩，皆各具成佛因緣方式以令「五蘊」頓覺成為「五智五佛」而已。

這裡值得一提，《大日經》與《金剛頂經》皆在標示「發心即到」之「頓覺成佛神通乘」。其法門為以眾生三密與法佛三密之加持而速疾顯得成佛之不思議境，在証悟「即事而真、當相即道」的大前題下，行者必需在平常接事待人中，俱備有「同體之愛、同舟共濟患難相救」的精神，才能與大日法身瑜伽相應，受法佛之加持而具足佛的四威儀。故對同行者時，

要有大悲同體心，以「互相頂禮，鞠躬微笑，誠實服務」來實行大日理德智德之內証修行，方能刻期圓滿「即身成佛」。不論在道場或在社交之中，要保持身心之「即身是佛」的四威儀自覺及言行，鑄成最高的人格昇華，即為本宗的基本精神。

《大日經》與《金剛頂經》是以「法身大日自眷屬所說自內証法門」為其方便，此等自內証法門，名為「本尊瑜伽法」或「三摩地法」，是一種最上乘之「直觀神秘方法」。

真言密教出現以前，印度之一般外道或宗教各各有其「直觀神秘方法」，大概皆力說「抑制五感」之作用，唯集中於「無念無想」之一境性中之狀態而已。這些都是完全的「消極性」，只有「耽著空寂」愛樂之方法而已者。真言密教之「三摩地法」即反之，是種「極積極之心態」，不必驚恐起心動念，以本尊正念善念去制邪念妄念，而對邪念妄念之消滅上亦可以說是無念無想。但以本尊正念善念上視之，乃是「正念之昂揚」，或云「一念堅持」，或云本尊正念「念念相續」者。

一般外道或宗教，都只以愛樂空寂之無念無想的直觀神秘方法，名為「無識身定」，或云「無動定」，《金剛頂經》說「釋迦牟尼佛六年苦行後，入此無動定三摩地，但都無法達到真正之開悟，當處，蒙秘密佛之驚覺開示，修一念堅持之積極的有相觀，始得完成大徹大悟」，故知真言密教力說之直觀神秘「三摩地法」，自有其自家獨特之物，其內容完全與外道各宗之直觀神秘方法，絕對大異其趣。

不空三藏曾指出大乘教、小乘教及外道，大概都修此無念
無想之直觀神秘方法：外道不深，小乘入此較深並以此為
究竟，大乘則為除妄念而入此。然而，以「發心即到、頓覺
大毘盧遮那成佛神變加持」為旨的真言密教，決不住此。彼
無念無想之定法，即是「空定」，是「否定一切色塵」故也。
真言宗則是依一念堅持之三摩地法，自證一切之色塵即實
相也，自然當體即能「照之生之」，於一切處才有真言密教
之「三昧（正定）」特質。相比之下，彼「愛樂空定」而驚恐色
塵之行者，根本就是完全不知「正智活用」之迷見者，而如
此之徒輩極多，到了「達摩禪」更云「動念即乖」、「學道之人
若不能直下無心，累劫修行遂不成道」等語，力說「無念無
想」的心虛之空定，實至不堪痛惜也！

善無畏三藏亦慨嘆之曰：「初學人多恐起心動念，徒絕進求，
專守無念為究竟，但念有善念惡念二種，不善之妄念勿論
不除不可，善念之正念決不可滅。真正修行者，要先正念
增修，後方至於究竟清淨。」以之可知真言密教之三昧實心
「一念堅持三摩地法」，與一般不論大乘教、小乘教及外道
之虛心「無念無想空定法」，是天壤之別。

真言密教之「一念堅持」三摩地修法，是常定在「事與理之相
應，定與慧之合致」。善無畏三藏云：「從其所作皆與三昧
相應，如獻花時即花與三昧（定）相應，其中之本尊之明瞭
現前。若奉香、燈、塗香、閼伽水如是等。又香與三昧乃至
香水與三昧相應，從而一一之本尊現前，如斯一一之緣中，
皆入於法界內，悉見善知識，旋轉運用與理想相應。」此花、

香、燈明等「事」以當體為生命之存在，為全一之宇宙法界，是真佛去觀的正念相續，以制邪念妄想，自然住心於一念堅持之一境性，是名「三昧」。三昧是一種「觀智」，即明瞭地照著對境，成為本尊及其法界的現前。

由此可知，真言密教之三摩地修法，關鍵在於「一念堅持」的力點上，故其「觀境」就不可以空寂對境，必得以一切之色塵等的有形之事物為觀境，以建立之為常、為一真法界，故不論修任何一尊都必須用「有相觀」為主。大家不要以為真言宗「有相觀」之形式跟原始佛教的「十處觀」等古法看似相似便混淆之，其實兩者的內容是有雲泥之別。原始佛教之有相觀者，宛似催眠術的凝視法相，是極淺陋素樸不過者，只是將心集中於一境以達至「無念無想」之狀態的方便而已；但真言密教則是依大日法身當相實說「事理不二、物心一如」之見地上視有形之事物，並將其觀境之事物，秘密直觀為大日如來生命之存在，為「全一之法身」或「法界」，是為大日真我之姿，則在在處處確實潛有深奧之真言密教之秘密莊嚴。

「欲觸愛慢世出世間成功法則」一事

正純密教金剛界中的「金剛薩埵」和「欲、觸、愛、慢」四金剛菩薩，代表著「金剛薩埵之五智」的祕密修行。

在「金剛界」中，金剛薩埵作為中心，即以「金剛薩埵」代表大日如來，象徵「法界體性智」，而四方的「金剛欲、金剛觸、金剛愛、金剛慢」則象徵著「如來四智」。

根據《金剛頂瑜伽金剛薩埵五祕密修行念誦儀軌》所載，若修行者欲成就「般若理趣」，則應念誦毘盧遮那的真言（金剛薩埵所說的真如理言）「唵嚩日囉（金剛）馱都（界）噁（事業）」，並自視為「金剛薩埵」，本尊瑜伽。

「金剛薩埵」位於中央，安住大智印，象徵著「金剛界三十七智」能成就自受用與他受用之佛果德身。其「欲金剛」菩薩手持金剛弓箭，象徵著「射除第八識中的一切有漏種子」，成就大圓鏡智；「觸金剛」菩薩抱持金剛薩埵，象徵著「淨除第七識對第八識的我執，如我執、我見、我慢、我愛」，成就平等性智；「愛金剛」菩薩手持摩羯幢，象徵著「淨化意識與染淨有漏心之相緣」，成就妙觀察智；「慢金剛」菩薩以雙金剛拳置於腰間，象徵著「淨除五識之質礙身，以大勇氣與勤奮，使所有有情皆迅速成佛」，成就成所作智。

金剛薩埵的祕密修行，如何使修行者活出密教思想與生活呢？首先，在做任何事之每一刻，要自然呼吸保持平靜，並持續保持「一念堅持」，念誦毘盧遮那的真言「唵嚩日囉（金剛）馱都（界）噁（事業）」，本尊瑜伽，這是修行的起點。

金剛薩埵的「心王」與凡夫的「輪迴心」有著明顯的區別。在金剛薩埵的祕密修行中，因為金剛薩埵心王具足「慈悲大愛」，讓修行者感受到，是名金剛薩埵心王的境界「入我」；而凡夫的輪迴心則會產生敬畏並回應乃至相應金剛薩埵心王，是名「我入」金剛薩埵心王的境界。

對於一般凡夫而言，全然受到自私念愛的驅使，沒有其他的原動力可言。但對於親身體驗金剛薩埵心王的人來說，自然能夠感應到所有隱藏着金剛薩埵心王而未自證的凡夫。他會引發象徵四攝智的「鈎、索、鎖、鈴」四金剛菩薩，故能「鈎」到凡夫「輪迴心中的某種積極、熱情、大乘的無私大慈」熱點（這就是原本隱藏着的金剛薩埵心王），然後此等凡夫的輪迴心才會立即被吸引（索）、馴化（鎖）乃至驚覺（鈴），最終體悟「金剛欲、金剛觸、金剛愛、金剛慢」所代表的「如來四智」，並能在活著時「即身成佛」。

凡夫的輪迴心如何轉化為「金剛薩埵之五智」？根據《金剛頂瑜伽金剛薩埵五祕密修行念誦儀軌》，修行者在行住坐臥之間持續念誦毘盧遮那的真言（金剛薩埵所説的真如理言），自視為本尊而常瑜伽，並循序漸進地修養「欲、觸、愛、慢」四金剛菩薩：

一、「欲金剛」：自視為本尊瑜伽，當達到法身初建的時候，修行者會突然領悟金剛薩埵心王的「無私大慈」，並自覺地與「自己的大日源頭」建立聯繫，並能持續以法相思維：「一切眾生從無始際，由於種種恩愛貪欲而輪迴。由於諸欲助發愛性，因此能使生死相續。欲因愛生，

命因欲有，眾生愛命，再依欲本。愛欲為因，愛命為果。由於欲境，產生種種違順。當境違背愛心時，就會產生憎嫉之心，而造成種種業力，因此再次輪迴入地獄和餓鬼道。認識到欲望的可厭惡，厭惡著業道，捨棄惡行而喜好善行，再度出現在人間和天堂。再次認識到所有的愛都是可厭惡的，因此棄愛樂捨，再次激發起愛的本性，就能出現增上善果。由於輪迴的循環，無法達到聖道……菩薩以愛為基礎，但卻使他們放棄了愛，假裝著貪欲而投身輪迴。」因此能夠捨棄凡夫欲望以及除去憎愛，永遠斷絕輪迴見；並在圓覺清淨心中開悟，並在大圓覺中獲得增上心，最終實現「欲金剛」的大圓鏡智。

二、「觸金剛」：自覺為本尊瑜伽合一，金剛薩埵心王真正與自己的輪迴心建立密切關係，這就是「抱持金剛薩埵」，能夠淨除第七識中對於第八識的「我執」，包括我執、我見、我慢、我愛，成就平等性智。通過金剛薩埵心王的引導，行者思考並激發其大我價值觀（秘密莊嚴）。

行者只需持續自覺為本尊瑜伽合一，確保金剛薩埵心王能夠不斷引導輪迴心中積極、熱情、大乘的「無私大慈」熱點，並激發大日智慧之火焰。「藉金剛薩埵心王引導行者思考以激發行者的大我價值觀（秘密莊嚴）」，意味著金剛薩埵真正與凡夫建立密切心靈關係，與凡夫的核心價值觀、核心信念聯繫起來，這就是「加」；行者自然而然地在行住坐臥中持續保持金剛薩埵所說

的真如理言，這就是「持」，也就是「本尊加持」。行者在金剛薩埵加持的力量中安住，以這種不可思議境界的體驗作為修行生活的背景，能夠進入「佛行」的世界，並在日常行為中展現密教的精神和生活方式。

三、「愛金剛」：金剛薩埵具有「大愛眾生」的特質讓行者感受到，這稱為「愛染」；行者因此對「金剛薩埵所代表的諸佛菩薩眾」產生敬愛之心，這稱為「染愛」。在「染愛」和「愛染」之間是不可分割的，行者安住在金剛薩埵的「本尊加持」中，從內心證得。

在金剛薩埵的「本尊加持」中，行者仍然會受到物質性的阻礙，精神仍然受到物質的影響而感受到痛苦或好壞。生活中仍然充滿著試煉、逆境、辛酸和汗水。同時，在金剛薩埵的「本尊加持」中，行者將進入「愛金剛三摩地」，發現不一致性和無止境的人生痛苦和折磨，這正是金剛薩埵教凡夫常常能生敬愛的關鍵。

在愛金剛三摩地中，凡夫能夠在不一致性和無止境的人生痛苦和折磨中掌握事情的決定權，並始終對金剛薩埵感到驚訝。在愛金剛三摩地中，金剛薩埵的「染愛、愛染」是不斷產生的。這使得凡夫一直被金剛薩埵所吸引。這意味著金剛薩埵心王不僅能夠轉化凡夫的輪迴心（染愛），還能讓凡夫深入體驗輪迴心中的痛苦和折磨。因此，行者要持續保持對金剛薩埵的吸引力是輕而易舉的。

其中的道理其實很簡單，如果凡夫覺得自己完全掌握和擁有金剛薩埵的佛果德身，如果凡夫對金剛薩埵的修行變得太隨意，那麼金剛薩埵已經失敗了。金剛薩埵的秘密修行要成功，必須隨時準備接受深入人生痛苦和折磨的大挑戰，並能淨意識緣慮於染淨有漏心，成就妙觀察智。

四、「慢金剛」：「慢金剛」代表「淨除五識之質礙身，起大勤勇，盡無餘之有情，皆頓令成佛」之成所作智，就是凡夫下劣妄自菲薄無有佛分之疑心除盡。

「慢金剛」象徵著金剛薩埵成功的最後一步，就是讓行者能夠深深感受到金剛薩埵的自覺，也就是金剛薩埵心王的無私大慈能夠完全馴服行者，使其在金剛薩埵的加持下持續存在。要讓行者在金剛薩埵的自覺中持續存在，要讓行者經常回想起與金剛薩埵共度苦厄的美好時光，使行者在生活中永不忘記金剛薩埵心王的無私大慈。即使在面對生活中的困難和痛苦時，行者也能重新點燃對金剛薩埵的敬愛之情，這其實並不困難，只需善用記憶，在回想起與金剛薩埵共度一切苦厄的美好時光時，行者即可回歸金剛薩埵的懷抱，完全融入金剛薩埵的無私大慈和大日智慧的不可思議境界中！

總的來說，成功需要學習，金剛薩埵之五智的成就也不例外。在自視為本尊瑜伽的基礎上，循序漸進地培養「欲、觸、愛、慢」四金剛菩薩的修養，就是能夠在活著的時候即時成佛的關鍵。

現在我們可以進一步了解在世間「成功學」的道路上，「欲、觸、愛、慢」這四個心法又扮演著什麼重要的角色。「欲、觸、愛、慢」四重心法不僅幫助我們實現內在的成長和本尊覺醒，還為我們追求外在的成功提供了指導和成功策略。讓我們深入探討它們在實現我們的目標和夢想中的作用。

首先，讓我們談談「欲」。在修行中，「欲」代表著我們內心深處對「積極、熱情、大乘的無私大慈」的渴望和追求，它是我們明確自己修行目標和願景的起點。通過正確認識和培養我們的「欲」，我們可以激發內在的動力和決心，驅使我們邁向修行證道的道路。在成功學中，我們將「欲」視為激發我們的熱情和渴望，使我們能夠堅定地追求自己的目標 (Target)，才有持續不斷地努力奮鬥的無限原動力。

接下來是「觸」。在修行中，「觸」代表著通過生活實踐去親身經驗不斷引導輪迴心中「積極、熱情、大乘的無私大慈」熱點，以激發大日智慧之火焰和覺醒。這是將內在的思想和認知轉化為實際大日如來加持的過程。通過不斷地接觸輪迴心中「積極、熱情、大乘的無私大慈」熱點和實踐如來加持，我們能夠深入理解自己和外在世界的本質，獲得寶貴的加持成佛體驗。在成功學中，「觸」代表著積極參與和投入，不斷鍛鍊和發展自己的技能和能力，通過實際行動和實踐，我們會不斷連結到心中「積極、熱情」熱點 (Connect)，才能獲得真正的成長和投入。

第三個步驟是「愛」。在修行中，「愛」是培養慈悲心和無私的情感。它是超越自我的力量，與他人和世界建立深刻聯繫，通過培養「無私大慈」這同體大悲的心境界，我們能夠

克服貪嗔癡等負面情緒，培養包容和寬容的心靈。在成功學中，「愛」代表著對自己所追求的事物充滿強烈熱熱愛和吸引力(Attract)，它激發我們的創造力和動力，讓我們能夠享受追求目標的過程，並為之付出努力和奉獻。

不論是在修行抑或成功學中，「愛」的作用是至關重要的。它教會我們一個重要的道理，即越是面臨逆境和苦厄，我們對所追求的事物就越有強烈的吸引力和熱愛。正是通過承受困難和挑戰，我們的愛將變得更加深沉和堅定。逆境不會削弱我們的熱情，反而會激發我們更加努力和堅持的決心。這種對逆境的積極回應和對困難的克服，讓我們的愛更加堅不可摧，驅使我們不斷前行，直至實現我們的目標。

而最後一個步驟是「慢」。在修行中，「慢」代表著我們已經被所欲成就的道徹底吸引住而已全然契入並安住在道中了，不再遠離它。在成功學中，「慢」象徵著我們對目標的全身心投入和專注。當我們達到「慢」的狀態時，我們將完全主宰自己的心意識全情地投入在所追求的事物上(Control)，不再受到外界干擾和分散。我們將絕對地專注於目標，持續刻苦努力，直到達到成功的彼岸。

通過整合修行中的「金剛薩埵之五智」和成功學中的「欲、觸、愛、慢」，我們能夠更全面地理解如何實現自己在修行和追求成功的目標和夢想。明確自己的欲望和目標，通過實踐和親身經歷來成長，培養至極愛的心態，並投入全身心追求目標，這些步驟將幫助我們在修行和追求成功的道路上獲得更大的成果。

我們都能夠實現自己修行的偉大理想，同時在人生的旅程中獲得真正的成功和滿足。無論是在修行證道上、事業發展中、人際關係中，還是在個人成長的道路上，「欲、觸、愛、慢」的力量將伴隨我們，引領我們走向更最勝、最有意義的人生。在逆境中堅守和持續愛著我們偉大修行的理想和世俗成功的目標，我們將發現自己越來越接近成道和成功的輝煌之處。

「專修其一，自證至尊」一事

一位在家阿闍梨，必須跟「本尊」印心，務求專一，透過千錘百鍊地刻苦修學一尊法，一天，終於千日（座）功成。「專修其一，自證至尊，印本尊心，以心治力，以力冠世，秘密莊嚴」，大家謹記！

密教學會作為一個「在家阿闍梨」所建立的本尊團隊，鼓勵每一位阿闍梨都要具有遠大「世間目標」和傳密法這「出世間使命感」，以喚起各各自性本具的不動搖、無能勝之本尊心。先找到屬於自己的遠大的「世間目標」，天天實踐「專修其一，自證本尊，印本尊心，以心治力」，讓本尊心融合此生「世間目標」和在家人傳法之「出世間使命」以開發出無限創造力和神變力量，並能夠在任何情況下以力冠世，超越一切痛苦和厄困，達到一種絕對的「心靈自由，生命圓滿」，且要自證證他。這就是「世間、出世間成就」之秘密鑰匙。

印本尊心，本尊覺醒，就是以本尊之「本願」為自己之本願。在直奔偉大人生目標的百戰鍊磨中，方能以心治力，徹底喚醒並融合本願之力，繼而以力冠世，度一切苦厄，達致生命圓滿，自證證他，方名「即身成佛」。

對於兩位同樣掌握自本尊力量法則（本願）的阿闍梨，一方面，由其本尊之本願就決定了行者的「說法自在（蓮花部）」、「福報如天（天部）」、「調伏諸障（明王部）」等生命活動性質及其以力冠世方向；另一方面，能夠決定其在世間成就高

低的，仍必須看自己的人生目標、人間努力、學習當中所需的知識技能、以及自己的成功意志之強弱。

不要妄想只單靠修法就能成就世間目標，那些天天只迷信修密法萬能的道場，都只是在修行怪力亂神的低級迷信和痴人作夢罷了。一位在家阿闍梨，唯有能夠實實在在做好以上兩方面者，才算是一位合格的真修實證之在家阿闍梨，能「以心治力，以力冠世」，在人間示範一個殊勝的「即身成佛」故事。

「修本尊法，務求專一」，若不定住一尊，根本上即身成佛是不可能的！希望有緣修得光明流密法的在家真言行者，都能堅守此原則。修本尊法，若有一天，真發現不再印心或不能生起敬愛心，就重新轉換一位本尊好了，心印是自性的事，故是強求不得的。不過，若重新起修一尊，就得需要由零開始重新印新本尊心，就得重新聚積「千座功成（一萬小時）」的。因此能否堅守自本尊（三昧耶），是十分重要的。便縱重新印了本尊心，還得去「以心治力，以力冠世」，在人生不斷去突破自己，這路是漫長的。師父常說：「修法是水滴石穿！」是「千座」功成也好、「一萬小時」佛成也好，都代表五到十年堅定不搖之功夫，修行只能是一步一腳印的啊！

古德云：「言之重複，必有其不能自己。」為令有緣修學光明流密法的在家真言行者修行不走偏，讓我重伸，大家上壇，都謹記唯是「印本尊心」，修法無非是「心法」。不懂「我（本尊）」，不愛「我（本尊）」，就別裝懂「我（本尊）」，別妄想印「我（本尊）」，因為本尊法根本就是「印心」之法。若有不同此心者，便縱表面上似是在修光明流密法，也只是外道修法而已！願大家慎之戒之！

「天地同源，我為其主；心存本尊，無愧遮那」一事

「天地同源，我為其主，心存本尊，無愧遮那」這四句，是真言密教或秘密佛教的一句「修行宣言」，表達了行者對自性本尊之「不二法身」的覺醒。行者可以通過「本尊法」，即以一佛或一菩薩為本尊，進行觀想、誦咒、印契等修法，以達到與本尊合一的三密境界，「融天地萬物為一法界、證即百年身為本尊身」，即身成佛。

「天地同源，我為其主，心存本尊，無愧遮那」這四句話，更是說明了本尊法的含義，表達了「行者、本尊與毘盧遮那（法身）」無別的終極真理。

「天地同源」是指一切眾生與宇宙萬物都是從同一個本源而生，沒有本質的差別。這個本源就是毘盧遮那、光明遍照、真如法性、覺性。光明遍照，是一切法（天地萬物）的真實性。一切法之光明真實性是「不生不滅，不增不減，不垢不淨，不可思議」。光明遍照，無所不在，無所不包，無所不通。因此，天地萬物都是毘盧遮那的表現，故都「理具成佛」。

「我為其主」是指修行者認識到自己與光明遍照本源的不二性，並且能自己主宰光明持心精神、思想和生活行為，不受外境的影響。修行者以光明遍照為主體，以一切法（天地萬物）為依止，以本尊法為方便，以大悲慈救為動力，以自

利以利益眾生為目的。修行者不執著於「我人、眾生壽者」等分別的觀念，而是視一切法為光明遍照，這是「平等、圓滿、清淨」的真諦。

「心存本尊」是指修行者以一佛或一菩薩為本尊，即以一佛或菩薩的形象（大曼荼羅）、誓願印相（三昧耶曼荼羅）、真言（法曼荼羅）、傳佛法（羯磨曼荼羅）佛行等跟修行的不離乃至融合。修行者通過觀想、誦咒、印契等、說法等修養，使自己的身、口、意與本尊相應，從而達到與本尊合一的境界，故都「加持成佛」。修行者不把本尊視為外在的神明或偶像，而是自己內在的覺性。

「無愧遮那」是指修行者在修行過程中，顯現光明遍照，沒有任何的違背、障礙、疑惑或恐懼，而是滿溢着了信心、喜樂心、安心和無畏心。修行者不覺得自己與毘盧遮那如來有任何的距離或差別，而是覺得自己就是毘盧遮那、自己就是本尊、自己就是自己。修行者不需要等待未來才能成佛，而是認識到自己本來就是佛，只要除去無明和煩惱，此身即能「顯得成佛」。

這四句話，演繹之密法是一種直指心性的法門，可以讓修行者在這一生就能證得佛果，當中以「本尊法」為即身成佛的關鍵，因為本尊就是自己的真心、是光明遍照之真我。只要修行者能夠與本尊合一，就能實現「天地同源，我為其主」的境界。

「有空間，無時間」一事

「即身成佛」是以「毘盧遮那佛（光明遍照）」為教主之秘密佛教的核心教義，意指一切眾生「自性具足」光明遍照，行者只要依據真言密法修證，由「一念堅持光明遍照」到「心自證光明遍照」，便可在此生證得佛果，不必等待未來世。

依秘密佛教的核心教義來看，「一切法（萬事萬物）」的本質都是光明遍照，光明遍照是一切法之「理體」，此理體又稱「空性」。依佛教的究竟義理，「空」與「理」是同義的。光明遍照（空性）是一切法的共通之真實相，不受現像之「一與多、有與無、生與滅」等對立概念的限制，而能包容一切法的差別現象。因此，「空間（虛空）」裡一切法都是光明遍照（空性）的表現，這就是《大日經》所說「知空等虛空」的意思。「知空等虛空」之第一個「空」字，代表空性，是光明遍照的理體，也就是一切法的本體；「虛空」代表無盡空間，一切法盡在虛空中，故「虛空」也含攝「一切法」義；故「知空等虛空」，就是「一切法都是空性的表現」的意思。

另一方面，依秘密佛教的證道來看，成佛的體驗是「三世是一剎」，指的是「過去、現在、未來三世」都不是實有的時間概念，而是依賴眾生的分別心識而有的相對存在。實際上，三世都是同一空性（光明遍照）的不同顯現於一剎，行者只需「一念堅持」光明遍照，能證「沒有時間上的差別」，因為三世都是空性的一剎，一剎是永恆不變的。這就是「三世是一時」的意思，又名「阿字本不生」。「阿」字，代表「本有、

不生不滅」，就是不受過去、現在、未來等時間概念的影響，而是恆常不變的。

「知空等虛空（有空間）」、「阿字本不生（無時間）」是秘密佛教的一個至高的成佛境界，意指能夠超越時間的束縛，而在空間中自在地神變遊戲。這個成佛境界是基於「光明遍照是一切法之理體」與「三世都是同一空性（光明遍照）的不同顯現於一刹」的義理而達到的。

以下是以「空性」為「毘盧遮那（光明遍照）」的同義詞，對這個「有空間，無時間」成佛境界的進一步說明：

— 「有空間」指的是能夠在空性的本質中，體驗到一切法的多樣性和豐富性。空性不是虛無或消極的，而是具有無限的創造力和變化力的毘盧遮那。空性能夠顯現出各種色相、聲香、味觸、法界等，這些都是空性的遊戲。能夠在空性中見到一切法，並與之和諧相應，就是「有空間」的意思。

— 「無時間」指的是是能夠超越三世或過去、現在、未來等時間概念，而在「空性」和「阿」字的永恆中，享受到一切法的寧靜和安樂。空性和阿字不受時間上的差別或變異，而是恆常不變的；空性和阿字能夠消除一切法的生滅、苦惱、煩惱等，這些都是空性和阿字的自在。能夠在空性和阿字中不受時間的限制，並與之平等無礙，就是「無時間」的意思。

「有空間，無時間」的境界是真言行者所修證，也是「即身成佛」的最終證果。要達到這個境界，需要依循修習「本尊法」和「秘密印心」等方法，以及持守「光明十互」精神與生活為原則，就可以在心靈中建立起一種「有空間，無時間」的境界，即能夠在空性（光明遍照）和阿字（本有、不生不滅）的本質中，體驗到一切法的多樣性和豐富性，同時又能夠超越三世或過去、現在、未來等時間概念，而在空性和阿字的永恆光明中，享受到一切法的寧靜和安樂。只有做到這樣，才能真正地實現「知空等虛空」、「阿字本不生」的義理，即身成佛。

相反，佛家顯教各宗則固執於「因果、業力、輪迴」等概念的含義和作用，這無異於認為「時間和空間是客觀實在的」而有，如此就會陷入因果律的牢籠中，無法擺脫業力和輪迴的苦海。真言宗由於認識到空性和阿字的真諦，並且透過「本尊法」以及持守「光明十互」精神與生活，能在心靈中建立起一種「有空間，無時間」的境界，即能夠在空性（光明遍照）和阿字（本有、不生不滅）的本質中看透一切「因果、業力、輪迴」之假像；能夠念念相續地用心靈直接觀照和體驗光明遍照的真諦和妙用；並能夠以貪瞋痴等煩惱以為資糧，成佛利生。

「三昧耶戒、菩提心戒、平等本誓」一事

密教真精神，是基於「三昧耶戒」，又稱「菩提心戒」，這個戒的內容包括「在內心覺知自己的毘盧遮那本源以把握貫通天地之光明原動力」和「在外部，以所有物為真我（法身）的內容，體認證悟之」。這樣的內外一體、身心一如的活現，就是「大毘盧遮那成佛」。

「大毘盧遮那成佛」意味著不須改變現在的肉體便能夠直接作佛行（從事聖業）以成就正知正覺圓滿究竟的佛，也就此生死的凡夫之身證入佛果的聖位，即身成佛。

「三昧耶戒」，亦稱為平等本誓戒，意味著與佛平等誓願，其重要性是在於行者能堅守肯定自性真佛的承諾，才能具足密教精神之慧的關鍵。

《密教思想與生活》說：「具足密教精神之慧，同時活用方便，一切之煩惱亦不能礙得，立即可能成佛。」為此，首先非從以「肉體我」為基本的小我見地中脫離不可，從「小我」之脫落上來說，即是捨身行。對於這一點，《金光明經》以「雪山童子為聞一句法門投身餵虎」，《法華經》說「一切眾生喜見菩薩，為完成誠實之願燒身供佛」為比喻，以象徵這「去小我、成大我」之事。雖言捨身，卻不是徒毀身體的意思，而是所謂「與佛平等誓願」之真精神者，即顯露大毘盧遮那成佛精神與生活者，這是必須以三昧耶戒為主才成。

密教特有授三昧耶戒儀式，名為「三昧耶戒灌頂」，其《三昧耶戒文》曰：「汝等一心諦聽！菩提心者，從大悲起，為成佛之正因，智慧之根本，能破無明之業報，能摧破魔怨。汝既能發大菩提心，應以心口相應，發大誓願。隨我語説：

「我 某某 為欲救度眾生故，發起無上大菩提心，於三十七助道法則門、乃至六波羅蜜等法，具足無間修行。我所積集善根功德，悉皆迴施一切眾生，皆得証悟甚深法門，心淨廣大猶如虛空，以無功用自在解脱，能辦了無量佛事，平等大悲之種種方便，調伏利樂一切眾生，皆令得入無餘涅槃，於十力四無所畏、十八不共一切佛法，願我眾生悉皆同得。眾生無邊誓願度；福智無邊誓願集；法門無邊誓願覺；如來無邊誓願事；無上菩提誓願証。今所發之心，復常遠離我法二「執」相。願明本覺真如平正智之現前，得善巧智，具足圓滿普賢之心，唯願十方一切諸佛諸大菩薩，証知我等，至心頂禮。」

「此三昧耶戒，乃一切如來之本願也，此即諸佛之本性也。大日如來授與金剛薩埵，金剛薩埵授與龍猛菩薩，龍猛菩薩授與龍智，如斯相承不絕，汝堅護三昧耶戒，正常受持可也。」

在以上「三昧耶戒文」強調：菩提心者從大悲起，為成佛之正因、智慧之根本；又説此三昧耶戒是一切如來之本願，也是諸佛之本性，故通過三昧耶戒，可以證得無量佛事、平等大悲之種種方便。

行者在受持三昧耶戒後，應以心口相應堅護三昧耶戒，發佛大誓願，並伸展為教化眾生的行動，從事聖業，好讓三昧耶戒代代相承不絕。

總之，真言行者要發揚大毘盧遮那成佛精神與生活者，必須以三昧耶戒為因。

「密教供養法之旨趣」一事

供養，梵語名「布惹」(Pūja)，是從有「崇敬」、「敬畏」、「愛敬」之義的動詞(Pūj)所成立的名詞，以「崇敬」、「敬畏」、「愛敬」為其本義。這是強調必須因崇敬、敬畏、愛敬才以衣服、香花、飯食等資具供給佛菩薩諸尊聖者，才名「供養」。

於種種物資供給資養聖者當中，必要有崇敬、敬畏、愛敬才行。依釋尊時代説起，從尊敬佛陀的「歸依一念」起，其信者即以衣服、臥具、飲食、醫藥等行四事供養。依此來表達信佛、歸依佛之「誠」心。此如於信之心地種下善根一樣，能增益培養即此身之無量無邊功穗，為此，各信者爭相去行供養的善事。信者不祇以各種供養物送到佛的住處；信者亦潔淨住居迎請佛到其家中，衷心地供養齋食，這種迎請釋尊供養的風氣當時十分盛行。因此洒掃住宅莊嚴內外，對於奉佛不得不敬之觀念上，都自然地流露出崇敬、敬畏、愛敬的樣子。《佛本行集經》等有説：「時其村人，於自家中，其夜，辦具種種美食或甘味。辦具已，翌日旦起掃除地面清淨，香泥塗地，其上重洒妙香水，又散種種雜妙好花敷置床座。即遣使人，往白佛言，如來若知至時節，願赴我家」，可見其情況了。

佛和諸聖者滅後，其信仰者不能親承其音容，為安慰自心，於奉安舍利之塔廟前，供養種種物資，用以表達至誠之皈依。這種塔供養蔚為風氣，而以後塔供養之思想漸有改變，如「於率覩婆作供養業即獲得廣大之果」之説大為流行起來。

上述，乃以歷史上之人間佛陀及諸聖者為基本而說的供養。
這仍僅是一般世俗及今天顯教的供養，一花、一香，仍只
是一花、一香，即僅是因緣所生之有限的一事，一物而已。

若以形式之作為，不如生起佛之精神，如實去修養佛之教
法，體驗，宣揚，即是真正對佛之供養，因之「法供養」思
想就抬頭出來。如《十住毗婆娑論》說：「若人以香花四事供
養佛，不名供養佛；若能一心不放逸，親近修習聖道，此名
恭敬供養諸佛。」又如《大般若經》說：「天王當知，欲供養
諸佛世尊當修三種法：一、發菩提心。二、護持正法。三、
如教修行。天王當知，若能修學如是法，乃得名真供養佛。」
又《十住毗婆娑論》說：「若人以香花四事供養佛，不名供養
佛；若能一心不放逸，親近修習聖道，此名恭敬供養諸佛。」
由此可見，法供養思想之興起。

但於正純密教真言宗而言，是以「真我當體」法身佛之活動
為根本，相同的法供養、事物供養，都與上述所謂法供養
或事物供養大異其趣。此普通所謂的一花一香，即依因緣
所生的有限之一事一物而已，以正純密教法身佛的立場而
言，即任何物都予以大日法身之精神化無限化，各各都是
法身佛之縮寫的一花、一香了，這就是正純密教之「供養雲
海」思想。

以正純密教之供養雲海思想來看，因為根本佛之大日如來
恰如太陽，無論正者或不正者，皆不惜其生命之光，平等
地普照哺育。因此一花、一香無非妙諦，乃至微塵之末都
滲透了法身大日如來生命之光及其無限的功德，故一花、

一香之「真我當體」即是無限、都是全一，都是遍法界。以此遍法界之一花、一香，供養遍法界之法身佛，當中供養之事物與被供養之佛，俱是宇宙之絕對體。故正純密教之供養法，是「絕能所」之供養雲海。此遍法界的宇宙全一之法身佛，分開即成為無量無邊之一切如來。以遍法界之實相的一花、一香，當體即無量無數之香花供養，即成無量無數之香、花供具，供養各個遍法界之一切如來了。故「五供養偈」說「我今所獻諸供具，一一諸塵皆實相；實相普遍諸法界，法界即此諸妙供；供養自他四法身，三世普供養常恆，不受而受哀愍受」，即此意也。

正純密教雖是把一事一物無限化、絕對化。如於法身佛供養儀軌裏，則與擬供養歷史上之釋尊一樣，是把信者迎請佛到住居來供養之形式，加以組織而成的供養法。不過就迎請佛而言，正純密教供養法中其佛不是歷史上之佛，而是法身佛。所以，不能以人間視以為然的物質饗應看待，而是要以精神上的去供養十方周遍的佛。

正純密教既把一事一物無限化、絕對化，以事理一如為當體。故不會專以法供養為「真實」，而否定香、花等「事物」的供養。於正純密教精神上言，什麼都是真實的、有意義的。所以正純密教「供養法」，有「事供養」法，同時也有「理供養」法。

若以正純密教所修的供養法之精神上言，所供養的香、花、偈頌等事物，都是無限化、絕對化、象徵化，都是有象意義的。而迎請佛來饗應之供物，依各經軌之不同而有異，

但大概都用閼伽、塗香、華鬘、燒香、飯食、燈明等六種。
此六種供具，依世間一般之意義上來說即：

（一）閼伽是用來洗貴賓之足的水；

（二）塗香是《智度論》所說「天竺國熱，身臭故，以香塗身」
　　　之習俗而來；

（三）、（四）、（五）、（六）花鬘、燒香、飯食、燈明等是令
視覺、嗅覺或味覺感怡適者。

然以密教精神來看：

（一）閼伽是洗淨煩惱罪垢；

（二）塗香是磨瑩五分法身；

（三）花鬘是以萬行之花莊嚴其身；

（四）燒香是遍至法界不能阻撓；

（五）飯食是極無比味之禪悅食、法喜食；

（六）燈明是取如來智光能照遍世間幽暗之深意。

以上即是六種供養的思念修法。以此精神化之六種供具，
虔敬供養遍法界之一切如來。由此種虔敬供養的觀智之凝
聚，而超越了個我中心之迷界。

正純密教不祇以此等供物供養而已，還有攝取印度外道之「以
供物投入火中燒，由火神之媒介傳達於聖者」的火供法，名
為「護摩法」。

經過正純密教化的火供法，已淨化、精神化，成為密教獨特「護摩法」。從外相看來，以物投入火中燃燒，似乎同於外道之火供，然此雖和外道形式相同，但予以正純密教化。以正純密教精神來看護摩法，其象徵性如下：

（一）其護摩之火即象徵如來之智火；

（二）爐之全體即象徵如來之身；

（三）爐口是象徵如來之口。

如來之身、口、意，即行者之身、口、意，以此「三平等觀」之實修，是密教真精神發揮之處。這就是正純密教護摩的特質。

由此來看，不論供養是否用火為媒介，於正純密教，以「事理不二、物心一如」為立場故，所捧之一花一香當體即是貫天地之生命體，供養之供具或所供之佛同時也都是「全一絕對」之物。而以「心前不立凡境」，於佛與佛的交涉關連之雰圍氣中，互相供養，其供養境地為修養體驗，乃是正純密教供養法之旨趣也。

又如「十八道」所立之供養法，就是以偈頌所表現之供養法則：「身五」、「界二」、「道場二」、「請三」、「結三」、「供養三」。其中：

（一）「身五」者，當迎請佛饗應前，主人先準備潔治自身之五作法。不外是以精神上的觀念去供養，主要先潔治自身。所以，其作法手結印，口誦真言，觀念五分法

身或三部之加持，被如來大誓鎧等去除假我肉體我之
迷執，自己體認法身生命，並以自身肯定之精神去迎
請同一體性之法身佛，佛與佛之交際下互相感通之處，
才有供養法之密教修行的成立。

(二)「界二、道場二」者，即施敷特設迎請佛之客座，道場
莊嚴等四作法。必需建立壯麗的堂塔伽藍，由其堂塔
之內外莊嚴生出髣髴如秘密莊嚴之佛世界的氣，坐於
此種雰圍氣之道場中才容易得到安心境地。因立於即
身成佛，當相即道之立場，密教特別主張道場莊嚴，
法寶莊嚴，自他身心莊嚴。

(三)「請三」者，即迎請佛之準備已經就緒，為迎請佛而遣
送車輅，請佛乘此至道場，此處有導至道場中之三作
法。就迎請佛而言，其佛不是歷史上之佛，而是法身
佛故，不能以人間視以為然的物質饗應看待。

(四)「結三」者，此乃「附著警護，以防不敬漢之侵入」之三
作法。以「秘印(結密印)」配合「秘明(誦明觀尊)」，即
是修真言最勝趣也，依次而行即能起「護身與結界」之
效。而法之成就，則非僅此也，能降伏眾生三世三界
三毒之煩惱之義。

(五)「供養三」者，即正要供養佛之三作法則。而迎請佛來
饗應之供物，依經軌之不同而有異。但大概都用閼伽、
塗香、華鬘、燒香、飯食、燈明等六種。

此六種供具依世間一般之意義上來說即：閼伽是用來洗貴賓之足的水；塗香是《智度論》説「天竺國熱，身臭故，以香塗身」之習俗而來；花鬘、燒香或飯食等是令視覺、嗅覺或味覺感怡適者。然以正純密教精神來看，閼伽是洗淨煩惱罪垢；塗香是磨瑩五分法身；花鬘是以萬行之花莊嚴其身；燒香是遍至法界不能阻撓；飯食是極無比味之禪悅食，法喜食；燈明是取如來智光能照遍世間幽暗之深意。以此精神化之六種供具，虔敬供養遍法界之一切如來，由於此種虔敬供養的觀智之凝聚，而超越了個我中心之迷界。存在於天地間之一事一物，悉以全宇宙為背景，互相地交涉關聯各個地活現於全一。思念修養這種境地，即是六種供養的思念修法。

以上所介紹的正純密教之供養法，無非法身佛為根本，任教世間紛擾，吾皆可一法破妄。心前不立凡境、而於佛與佛之間，互相交涉關聯的一雰圍氣中，互相供養的境地裏去修養體驗，就是密教供養法之旨趣。

「研習自本尊經典之指導」一事

真言行者，以本尊法修證為重心，當中包括「行住坐臥，持明觀尊」，專修「本尊供養儀軌」，研習「本尊之經典」藉以「深入認識本尊根本誓願」，以及在本尊各經典中找到屬於自己的「四句偈心印」。這是修行本尊法之指導性思想。

研習經典方面，由於真言宗之「本尊供養儀軌」修法已分含「敬愛、增益、調伏（降伏）、息災、延命（續佛慧命，又名付囑）」五種法之現成，而眾多「本尊之經典」都集結於正純密教出現前，所以吾特意提醒大家，在研究自本尊之經典時，只需能令「自本尊之本誓願精神，融合於行者之思想與生活」即可，說破了就是要從本尊之經典中了解該尊的「名號、形像、稱號、功德、本願、願力、化身、護法」等基本資料，這些資料可以幫助我們認識該尊的身份、特徵、能力、目的（本誓願）等，並且建立起對該尊的信仰、敬愛、親近等。至於經典中一些「雜密時期所呈現之各種長咒以及缺乏金胎二部結構之儀軌」，大家可以略過，絕不可固執執著入死胡同。

既說了研習自本尊之經典務必以「尋找自己的四句偈心印」為指導思想，即先要從經典了解自本尊的基本資料、深層資料，繼而從經典中找出自己的四句偈心印。有問，若自本尊之經典十分浩瀚，應如何下手？吾建議最有效的研習方法，就是「先讀通一本」跟自己最相應的本尊經典，先從中找到自本尊在該經中的「四句偈心印」，正所謂「一本（理）

通、百本(理)明」，自本尊其餘的經典便可以成為輔翼。研習自本尊經典之方法論，依吾久修所證，唯是「但得一本，莫愁眾末」。時間和功夫，要用在恰當處。以上方法，希望可以幫助大家跟本尊都心心相印，並且實現自己世間目標及即身成佛願力。

真言宗之修法，以「通達真言宗主要根本經典之即身成佛義之教相和事相」為主，以「修行本尊供養儀軌，研習自本尊諸經典，藉自本尊各典經來印本尊心」為輔。主輔不二，互增互益，才是正確的「跟一位本尊之本誓願(精神)、思想及生活融合，圓滿此生世間出世間目標，成就即身成佛」的密法修行。願同心行者，共互勉之！

「密教之文殊是代表以解顯理、權實無二、世間自在之用」一事

在秘密佛教中，文殊菩薩和普賢菩薩都是重要的本尊，各自代表「即身成佛」中極為核心之象徵性，而兩者當中又以能否了悟文殊菩薩所代表的教導，並體得了文殊智慧，至為關鍵。

本文將會闡述文殊菩薩是如何通過毘盧遮那佛的智慧來「以解顯理」，如何將相對和絕對的真理結合為一的「權實無二」的理念，以及在世間自在地實行利他之佛行的「世間自在之用」。且聽吾為大家逐一演說。

一、「以解顯理」：這是指文殊菩薩利用毘盧遮那佛的智慧來揭示法界的真理。這種智慧不僅僅是理論上的理解，而是一種深刻的直心觀照，能夠看透現象背後的光明遍照本質。文殊菩薩的智慧說破了就是「導向光明遍照的真理」，能夠幫助眾生「從無明（迷信罪業、生死和輪迴思想）的迷霧中覺醒」。

二、「權實無二」：這個概念表達了相對世界（權）和絕對真理（實）之間的非二性。在秘密佛教「即身成佛」的學修中，這是一個核心原則，意味著「所有的相對法都是絕對真理的表現」，並且「絕對真理也包含在所有的相對法中」。秘密佛教裡文殊菩薩的教導強調，即使在日常生活中的相對事物，也可以見到絕其為對真理的光明遍照投映。

三、「世間自在之用」：這指的是擁有文殊菩薩所顯示的毘盧遮那佛的智慧境界者，在世間生命的活動和功能自是不同於凡夫，他能夠自在地運用毘盧遮那佛的大日遍照金剛智慧力量來利益眾生。文殊菩薩的行為（佛境菩薩行）展現了如何在住持對絕對「光明遍照」之真理的「如來三昧（肯定）」力量的同時，在相對世界中有效地行動如佛。這種自在，不僅是對自己的自由，也是對他人「開示今悟，入佛知見」的慈悲智用。

秘密佛教的這些教導顯示了文殊菩薩如何將毘盧遮那佛的智慧和慈悲心結合起來，以達到真正的「無上正等正覺」和「自由」有如毘盧遮那。透過跟文殊的瑜伽合一，一位「秘密佛教真言宗」修行者自然能喚發自性真佛的智慧，並將這種智慧應用於日常生活中，以達到「以解顯理」和「權實無二」的境界，並在世間自在地實行利他之佛行，顯現「世間自在之用」。如是「世間自在之用」，亦是吾等在修真言行過程中從毘盧遮那佛那裡獲得的一種深刻的啟發和力量，它幫助吾等皆超越自我，達到至高的無上覺悟境界如文殊菩薩，並最終成就「即身成佛」佛果。

「『真言』微言二十五則」一事

1.　「真言宗」者，以「真言」為宗。修真言宗者，以真言證道。

2.　何為真言？真言者，既代表著「理體」，也代表著「諸尊」，更代表行者本身。

3.　《大日經》所言「入真言門解脫」，不外乎教真言行者一念堅持，自證「世界全依一真言生（全一）」理體。

4.　行者安住之世界，恆以一真言為原動力。這是「力動」論，又名「業力」論，又名「羯磨」論。

5.　真言宗不是「靈魂論」，是真言行者於專持一真言中各自喚起本尊力動之人生。

6.　一真言，能斷盡萬千罣礙、恐怖、苦厄事物。真言宗走的，是以一真言力證道。一力破萬法，能掌控自己世界。一力，正是一真言心境圓滿。

7.　受持一真言，自修自證本具至尊（本尊法）。

8.　本尊，就是「自性本具至上至尊」的意思。本尊的存在，源於行者自性、源於最為神秘的大日如來法身。

9.　真正的真言一道，一真言，已然足矣！若貪修多尊，再多真言，只會限制融合本尊一體的發生！

10.　真言行者，專一苦修本尊法，自證至尊，自能輕鬆度此生一切苦厄。若只是區區運用了自私小我欲望之力的生活，仍是愚昧凡夫行。

11. 自世界，全依本尊一真言生（全一）。真言一道修行者，自世界，能輕鬆掌控住，能洞穿其本質，為入「一真法界」。

12. 入「一真法界」者，一真萬事真，一真而無所不真。

13. 何為「此身融合本尊一體」？此身一靜一動，一呼一吸，都會散發出本尊之威儀，是名「身密加持」。擁有本尊一體之人，只要醒著，自然在念真言說真言，沒有一分一秒的怠惰，是名「口密加持」。在念誦真言中，對真言的感悟，漸次深刻，一切法即一真言，此真言感悟，名為「意密加持」。

14. 「三密加持」速疾顯，「即身成佛」決定。

15. 何為「即身成佛」決定？即身成佛，其實不難，唯在自選一尊而已。選擇了融合本尊一體的人生，就是選擇了必須經歷非常人所能承受之考驗，並必能輕鬆示範度此生一切苦厄以示人，這既是即身成佛之極致，更是人間之極致，故名「即身成佛」決定。相反，若選擇了平凡，其實很多時候也就是選擇了較祥和輕易的人生，俗語說「庸人多厚福」。先苦後甜，才是即身成佛決定之道！

16. 受持一真言，足以印心，可演化出「神變加持」實力，度一切苦厄。

17. 真言一道覺後，將心中之道，化為最簡單的言語，讓所有人都清楚知曉，這才算即身成佛圓滿。這「真言一道」，才是人間成佛極致。

18. 修即身成道之路上，一旦失敗放棄了，便註定是一失永失，一失成佛是萬劫不復的了。

19. 即身成佛的一生，就是選擇了不凡。確切的説，真正能轉化凡夫命運的，是選擇！要成為什麼，要擁有什麼樣的命運，完全取決於自己的選擇成佛，還必須有與自己的選擇成佛能匹配的「一真言」。

20. 對修真言人而言，世界之大，紅塵萬物，皆可為真言。一念真言生，十方虛空皆因真言而生。

21. 見聞真言道知識，理解真言知識，真修一真言道證即身成佛，和開講傳授真言道，是四件不同的事情。

22. 真言乃文字，本是外物，若光是在做字意上的學問，其實還只是見聞和理解之小道，不能傳承真言道。未能真修一真言道實證即身成佛者，欲開場講道，並非一件易事。

23. 真言道，是真言修道。人修真言，即為真言，修到一真境界後，則是無言之境，於修真言行證成佛者而言，真言就如身體之四肢，與自身無法分離。故而在踏入真言證道之時，真言已非外物，它早已融入了真言行人血肉。

24. 講真言道者，不僅需要強大的證道實力，更需要浩瀚見聞，學識，能夠將心中之真言道，化為最簡單的言語，讓所有人都清楚知曉。真言道老師，可不是那麼好當的。

25. 物種延續，生生不息，生命因不斷傳承而強大。「在家人傳密法」方略目標，乃「付囑與護念」，又名「傳承之道」。吾們將通過百年的時間去完成之。

「摩利支天菩薩三昧秘密法門」一事

《佛說大摩里支菩薩經》云：「如是我聞，一時佛在舍衛國祇樹給孤獨園，與大苾芻眾千二百五十人俱，并諸菩薩摩訶薩。爾時世尊告苾芻眾言：『有一菩薩名摩里支，而彼菩薩恒行日月之前，彼之日月不能得見菩薩。今此菩薩而不能見，亦不能捉，不能禁縛，火不能燒，水不能漂，離諸怖畏，無敢輕慢，諸惡冤家皆不得便。汝諸苾芻，我昔知彼摩里支菩薩摩訶薩名號，亦不能見，不能捉，不能禁縛，火不能燒，水不能漂，離諸怖畏，無敢輕慢，一切冤家皆不能侵。若有苾芻知彼菩薩名號，如上諸惡，不能得便，亦復如是。』」

《佛說摩利支天經》亦云：「日前有天，名摩利支，有大神通自在之力，若有知彼摩利支天名常憶念者，彼人不可提，亦不可縛，亦不可害，亦不可欺誑，不為怨家得便。」

《佛說瑜伽大教王經》則云：「能作一切（佛）事，能除冤賊難。若人依法受持，於道路行，一切諸惡，不能得便。」

「摩利支天菩薩」，又名「摩利支天佛母」、「光明佛母」。佛經中說摩利支天菩薩是「站在大日如來前方，負責將大日的光芒送往大地」，這是一個很好的比喻，象徵「代替大日如來轉法輪以度眾生」的神格。若人依法受持，都必能自證「自

性具足」，入佛三昧耶，遍一切無能障礙，故能作一切佛事，於轉佛法道路行，一切諸惡，不能得便。

「摩利支天菩薩」，也名「大威光菩薩」。因為摩利支天又譯為「威光」，意即「具足大威德之光明」，亦即是「超過日、月之光明」，那就是大日如來「法性之光」了！

因為摩利支天總出現在太陽（象徵大日如來）之前，人們肉眼無法看見衪，可比喻為「為道忘軀，此身常化作法界，以達成眾生心願」的大菩薩願力。能為道忘軀即生大我，即能心齊法界，即能滿願！故摩利支天菩薩相傳具有「隱身（為道忘軀）」及化作法界「戰無不勝（一切諸惡不能得便）」佛神力的大菩薩。

《摩利支菩薩略念誦法》云：「（若人依法受持）誦身真言，應時獲得殊勝加持，不被一切惡人為障礙者所見，一切災禍皆不著身，一切口舌皆得除滅，蟲狼虎豹水火盜賊賊皆不能侵害，所求世間果報皆得諧偶；若修出世間法，即得禪定現前，智慧增盛獲得聞持，不忘失菩提心法，誦真言時深起悲愍，為一切有情拔除苦惱，皆獲無障解脫，速證無上菩提道。」

《佛說大摩里支菩薩經》又云：「能獲清淨大福，能增長廣大吉祥，能消除一切重罪，能成就本尊三昧，當證毘盧法身。」

若人依法受持，都「能成就本尊三昧，當證毘盧法身」，速證無上菩提。如能以「為道忘軀，此身常化作法界，以達成

眾生心願」的大菩薩願力，依法受持摩利支天菩薩法，自心本尊成就，定如《佛說瑜伽大教王經》所云「能作一切作事，能除冤賊難」，「於道路行，一切諸惡不能得便」。又如《佛說大摩里支菩薩經》所云「能獲清淨大福，能增長廣大吉祥，能消除一切重罪，能成就本尊三昧，當證毘盧法身」。故知若人依法受持，即具足「息災、增益、懷愛及降伏」四法之功德，能滿足行者所求種種世間、出世間之正見及善性之心願。

《大忿怒續》云：「所有佛母當中，摩利支菩薩的加持最快。」

摩利支菩薩自心本尊成就法修持的特色，就是「所有佛母當中，摩利支菩薩的加持最快」，作佛行皆能隱身、滿眾願戰無不勝。故行者定能即身「成就本尊三昧、速證無上菩提」。

摩利支天雖外現天人身，實際是不動地大菩薩。《一切如來大祕密王未曾有最上微妙大曼拏羅經》記載袖是從觀自在菩薩部所作的變化相，故可協助往生極樂世界或其他佛國淨土。

《佛說大摩里支菩薩經》云：「摩里支菩薩六字最上心真言：『唵！摩利支娑婆訶！(om！mali si svaha！)』此心真言印：以二手合掌，十指微曲如花開敷，卻以二大指屈，捻二中指如拳相；結跏趺坐，安印相於臍輪上。今此心印能成就最上一切事，若求最上勝法而得用之，若中下之事不許用之。此之心印速能成就廣大清淨吉祥福德，速能消除一切障礙罪業，一切處常得眾人恭敬。」

《摩利支天陀羅尼》又云：「『唵！摩利支梭哈！(om！mali si svaha！)』此妙心咒決定最上，除一切瘟疫，除一切病，較持誦、火供更能增財寶。」

《摩利支天一印法》又云：「有二印：一者身印、二者隱形印也。先作身印，當心誦真言七遍，加持身五處。謂五處者：一心、二額、三左肩、四右肩、五頂是也。身印相虛心合拳，以二中指指端屈纏著二頭指端，是大金剛輪印也。真言曰：『唵！摩利支娑婆訶！(om！mali si svaha！)』次作隱形印，當心念誦一百八遍。依此印、真言加持力故，一切天魔、惡鬼、不善邪魔外道，不得其便，亦無見其行者形體，雖求覓空盡邪力，不得持明行者形體。是故每七種所行時，以印真言可加持。七種所行時者：一、睡眠時；二、覺悟時；三、沐浴時；四、遠行時；五、逢客時；六、飲食時；七、行廁時。以身印加持五處，以身印想其心身隱入金剛堅固智拳城中。其隱形印：左手作虛掌，拳之；舒右掌五輪，覆其左虛掌拳上，不令間隙。真言曰：『唵！阿爾底也摩利支娑婆訶！(Om！A di tya mali si svaha！)』」

《佛說大摩里支菩薩經》所云：「即入三昧，思惟一切諸法而無有我，成就一切大菩薩。」

如果能以正信佛法修持摩利支天菩薩「六字最上心真言」，自心本尊成就法，則依《佛說大摩里支菩薩經》所云「即入三昧，思惟一切諸法而無有我，成就一切大菩薩」。如是無

有吾我於一切法，就是摩利支天菩薩「為道忘軀，此身常化作法界，以達成眾生心願」的菩薩大悲願力；能為道忘軀即生大我，即能心齊法界，即定能滿願成就一切大菩薩，故摩利支天菩薩是「無能勝」者！如是無有吾我於一切法，就是摩利支天之清淨大智慧，故是一切處一切時中「無有我相」也！故摩利支天菩薩相傳具有隱身（無有我相）及戰無不勝（無能勝者、定能滿願故）佛神力的大菩薩。

《佛說摩利支天經》云：「若善男子、善女人、苾芻、苾芻尼、鄔波索迦、鄔波斯迦、國王、大臣、一切人等有諸難時，但當至心誦此摩利支陀羅尼，不待加功，隨誦隨成，遠離諸難，除不至心。」又云：「若有人能書寫、讀誦、受持本經，摩利支天即於行路或失道曠野中護持、晝夜中護持、水火難及刀兵軍陣難中護持、鬼神難或毒蟲惡獸難中護持、王難賊難及一切怨家惡人難中護持，一切處一切時中護持，無不感應，其不思議神力，誠可依憑也。」又云：「若有受持者，應作是願：『王難中護我，賊難中護我，行路難中護我，水火難中護我，刀兵軍陣難中護我，鬼神難中護我，毒藥難中護我，惡獸毒蟲、怨家惡人難中護我，一切處、一切時，願常護我。』」

《佛說大摩里支菩薩經》云：「持誦摩利支天陀羅尼，能令有情在道路中隱身，非道路中隱身，眾身中隱身，王難時隱身，水火盜賊一切諸難皆能隱身，不令得便。」

能一行三昧「摩利支天」者，諸難皆能隱身、滿願戰無不勝。摩利支天菩薩是「無能勝」者！

以下是「真言宗天部本尊法修法儀軌」、「摩利支天菩薩道場觀」、「摩利支天菩薩本尊讚偈」、「摩利支菩薩迴向偈」，願具摩利支天菩薩法緣之真言行者，悉能「依法受持」，普發無上心，俱成正等覺。

一、 真言宗天部本尊法，包括大黑天法、辯才天法、吉祥天法、摩里支天法、毘沙門天法、聖天法、帝釋天法等，「天部通用修法儀軌」乃見於《秘鈔第十六卷》。

《秘鈔第十六卷》云：「壇前普禮、著座普禮、塗香、三密觀、淨三業、三部、被甲、加持香水（枳里枳里咒）、洒淨、加持供物（三古印　枳里枳里咒）、覽字觀、淨地、觀佛、金剛起、普禮、表白神分、祈願等、五悔、發願、五大願、普供三力、大金剛輪、地結、方結、道場觀（如來拳印七處加持）、大虛空藏、小金剛輪、送車輅、請車輅、召請（大鈎召印明真言末加本尊名號并召請詞）、四攝、拍掌、虛空網、火院、大三摩耶、閼伽、荷葉座（左手仰掌向外也）、皈命阿、五供印明、普供三力、現供、讚（先四智次本尊）、普供養三力、祈願等、禮佛（四攝之後加本尊句）、本尊印等（先大日、次本尊、眷屬、佛眼）、散念誦（佛眼、大日、本尊、法施、大金、一字）、後供養（先理供後事供）、讚如前、普供養、三力、祈願、禮佛、迴向、迴向方便、解界、撥遣（右手拳彈指三度不投花）、唵縛日羅目乞叉穆、三部、被甲、禮佛、出堂。」

二、 若人依法受持「三面六臂二足立乘野豬上」之大摩利支天菩薩，於其「摩利支天菩薩道場觀」應用「略觀」如下述：*「月輪（象徵自性清淨）之內有「摩」字（摩利支天菩薩種子字），此「摩」字變成弓箭，弓箭變成而成六臂二足三面各三眼大摩利支天菩薩。經須臾之間身如閻浮檀金色，光明閃爍等百千日，耳環指環腕釧腳釧環珞鈴鐸等出微妙音。髮有炙火忿炎，頭戴無憂花，髻上戴寶塔，塔中出無憂樹其花開敷。樹下有白蓮，大日如來坐彼蓮頂戴寶冠莊嚴髮髻，面目端嚴身真金色，結跏趺坐執智拳印。不動不搖如在定相，身有光焰明照世間，安固不動如無風之火。大摩利支天菩薩正面復作深黃色有微笑相，光明閃爍如日初出；肩如曼度迦花面貌圓滿端正；眉如初月鼻如截筒眼如青蓮花葉。右面清淨如秋滿月，放紅色光如熾焰相。左面黑色豬面形相醜惡，作大忿怒口出利牙令眾怕怖。左第一手手執刀；第二手持棒。右第一手持扇；第二手拉弓射箭。左右第三手均持三义戟作攻擊勢。復二足立二紅蓮之上，又立乘駄半滿月之野豬之上，如是光明照曜如聚千日，熾焰赫然相如劫火，四邊復有四大菩薩一切諸天眷屬圍繞。」*

三、 若人依法受持，必須於「四智讚」後加上「摩利支天菩薩本尊讚」（先「四智」次「本尊」）。*《佛說大摩里支菩薩經》之「摩利支天菩薩本尊讚」云：「身遍於法界，清淨若虛空，慈光照世間，明等百千日，能發智慧焰，燒退煩惱魔，永斷貪瞋癡，長拋生死海。」*

四、「摩利支菩薩迴向」偈也是出自《佛說大摩里支菩薩經》，可應用於「迴向」。*經云：「我發菩提心，所作諸功德，迴向於真如，周遍於法界，一切諸眾生，同霑於利樂，普發無上心，俱成正等覺。」*

但願具摩利支天法緣者，普發無上心，悉能依法受持，俱成正等覺，無愧遮那！

最後，送上吾對一些年青人說「成功學法則」時曾引用的摩利支天「戰之道」及「隱(身)之道」：

摩利支天「戰之道」：勝戰之王摩利支天的「戰之道」。想成功，必須隨時準備接受大挑戰，故要培養 *勝戰之王摩利之天* 的「戰之道」。戰之道的意義，就是如太陽般放光的大無畏奮戰精神、進取心，以及隨時會用盡一切工具、手段和策略都要取勝的如太陽烈焰般熱烈渴望。戰之道，引領您在滿佈著試煉與逆境、血淚與汗水、永無止境的痛苦與折磨中，掌握事情決定權，主導自己人生。戰之道，引領您奔向自由。一旦您獲得自由後，就會帶來內心的平靜。

摩利支天「隱(身)之道」：關心則亂，只因深陷其中。看不清的，永遠是最近的。最感無力、最能傷您的，永遠是最愛的那一個。這時候，要懂得摩利支天「隱之道」，做一個理智、節制、低調、世事洞明的冷眼旁觀者。

戰之道、隱之道，兩道融合，是摩利支天戰無不勝，同時又隨時隱身之秘密！

由此可見，密乘法則，能含攝世間成功法則，才是真正「度一切苦厄」的微妙法門。在密法修證中，對於世間「是否一定要用斷捨的消極出離方法才能達到解脫」之問題，密教有別於顯教的消極看法，密教以世間一切萬事萬物的本性即大日如來光明遍照，並無差別。而大日如來和絕大多數菩薩之所以都是珠光寶氣的形象，就是象徵「在紅塵世界成就豐盛人生」融合「作佛行轉法輪」之大圓滿人生。由此可知真言密教，本質就是在家人融合積極人生和傳佛法的一個宗教革命。「摩利支天菩薩」作為「能成就一切大菩薩」之菩薩摩訶薩，就是最具象徵性的「在紅塵中成就一切圓滿」之大日如來神格了。

「大吉祥天菩薩三昧秘密法門」一事

大吉祥天菩薩，又稱吉祥天女，是一位偉大的天部本尊。

天，梵語曰提婆，又名天部。古代婆羅門教視一切諸天為具有神通力和福德自在的神祇。婆羅門教可以是認識某些密教本尊的入門或第一階梯。佛教中來自婆羅門教「四吠陀」的各各神祇，原本性質仍是外道淺見；正純密教則取其大義後成為大曼陀羅中各各佛、菩薩、天等本尊，並付予了大日如來的幽玄而有深意的第一義理，故天部在正純密教乃象徵「一真法界」無可限量的「福」與「德」。

修真言密法，不論是佛部、菩薩部、明王部、天部、或是夜叉羅剎之修法，皆為「供養本尊秘密儀軌、祈願悉地成就」之作法，各部乃至各本尊悉有其象徵性，各本尊悉有印契與真言，只要誠意祈願，可入三摩地，體證「世間、出世間」悉能圓滿之「即身成佛」境界，一切善願無不成就，現世解難息災增福，同時轉無上妙法輪普度眾生。

在秘密佛教經典中，天部亦有佛菩薩為方便而變化出來者，如摩利支天大菩薩、吉祥天大菩薩、辯才天大菩薩等，也有精進努力希求成佛道者，祂們共通象徵意義在於表達「比佛菩薩更近人間、人間味更濃」，而所謂「佛菩薩之化身」者，既然化為天部，自有了天部風度，專門為加持真言行者令具足「神通力如天人、福報自在如天」的了。

吉祥天女象徵豐饒與賜予，是古代婆羅門教最重要的三位女神之一，原為婆羅門教中「拉克什米女神 Laksmi」，意思為「功德」或「寶藏」，是「守護世界之神毗濕奴 Krisna」的妻子（或云為毘沙門天之后妃，然此說並無確實經軌之說，故不足為信）。在古代婆羅門教的經典中，當毗濕奴下凡時吉祥天女就化為他在人間的配偶，故傳說吉祥天唯一常在的地方，就是她丈夫毗濕奴的身邊。從婆羅門教的畫像來看，絕大多數她都是溫柔的服侍在丈夫毗濕奴身旁；但是當她以獨立姿態出現時，卻在在處處表現出她的雍容華貴與具足大威勢的堅定意志。將這雙重特性融合為一體，象徵吉祥天的美麗與智慧之幸福。

吉祥天女被秘密佛教吸收後，進一步象徵了「一真法界」無可限量的「福」與「德」，成了重要本尊法。其經軌為《佛說吉祥天女十二名號經》一卷、《大吉祥天女十二契一百八名無垢大乘經》一卷、《功德天法》一卷（《陀羅尼經》十）、《金光明最勝王經　大吉祥天女品》等。當中《金光明最勝王經》有不同譯本，包括由唐代三藏法師義淨翻譯共十卷三十一品的《金光明最勝王經》，稱吉祥天為「大吉祥天女」，還有由唐代三藏法師玄奘翻譯的《金光明經》則稱之為「功德天」，而由唐代三藏法師實叉難陀翻譯的《最勝王經》，則稱之為「吉祥天」。

《義釋》曰：「吉祥天女，舊譯云功德天女。」《大疏演奧鈔》曰：「《千手觀音二十八部眾釋 (定深記)》云：次言功德者，吉祥天女也。梵曰摩訶室利Mahāśrī。言摩訶者，大也。室利，有二義：一者功德，二者吉祥。由此二義，曇無讖及伽梵達摩、阿地瞿多等三藏諸師，同云功德天。餘諸三藏翻為吉祥，如文殊師利或云妙吉祥，或云妙德。」

吉祥天雖為天女身，但卻有大菩薩證量，只為度眾生「同得大功德、妙吉祥，如吉祥天」而現天女形。

正純密教中所有的「天部」本尊皆象徵「一真法界」一切皆圓滿具足之體性，故吉祥天女之本願乃「世間、出世間一切法皆圓滿」功德成就、「予大功德於眾生」功德成就，為修真言行者天部諸尊中最重要的本尊之一。

其天女之形，《陀羅尼集經 · 功德天品》曰：「其功德天像，身端正，赤白色，二臂畫作種種瓔珞環釧耳璫天衣寶冠。天女左手持如意珠，右手施咒無畏，宣臺上坐。左邊畫梵摩天，右邊畫帝釋天。如散華供養天女，背後各畫一七寶山。於天像上，作五色雲，雲上安六牙白象，象鼻絞馬腦瓶，瓶中傾出種種寶物，灌功德天頂上。天神背後，畫百寶華林，頭上畫作千葉寶蓋，著上作諸天伎樂，散華供養。」

「身端正端正，赤白色，二臂畫作種種瓔珞環釧耳璫天衣寶冠」象徵美麗端嚴，「左手持如意珠，右手施咒無畏」象徵無上智慧功德，「左邊畫梵摩天，右邊畫帝釋天，如散華供養天女」象徵幸福圓滿，「美麗、智慧、幸福」乃修持「吉祥天女法門」所能鉤召之「一真法界」法爾自然之力，是修吉祥天女法門之功德福慧也。

以下，將簡單介紹「新修大正藏」中出現吉祥天女的一些佛經，以作為大家修證「吉祥天法」印心之根據。

《佛說吉祥天女十二名號經》的原文摘錄：

如是我聞。一時薄伽梵。住極樂世界。與無量大菩薩眾。前後圍繞而為說法。爾時觀自在菩薩摩訶薩。大吉祥天女菩薩摩訶薩等。皆從座起詣世尊所。頭面禮足各坐一面。爾時世尊為欲利益薄福貧窮諸有情故。告觀自在菩薩言：「善男子，若有苾芻苾芻尼近事男近事女諸有情類。知此大吉祥天女十二名號。能受持讀誦，修習供養，為他宣說。能除一切貧窮業障。獲大富貴，豐饒財寶。」爾時會中天龍八部。異口同音咸作是言：「如世尊說，真實不虛。我等願聞十二名號。惟願世尊大悲演說。」佛言：「汝當善聽，今為汝說。所謂『吉慶、吉祥、蓮華、嚴飾、具財、白色、大名稱、大光曜、施食者、施飲者、寶光、大吉』，大吉祥是為十二名號。汝當受持。

我今複說大吉祥陀羅尼曰。

怛儞也（二合）他（去聲引一）室哩（二合）抳室哩（二合）抳（二）薩嚩迦（引）哩野（二合）娑（去聲引）馱[寧頁]（三）悲[寧頁]悲[寧頁]（四）[寧頁][寧頁][寧頁][寧頁]（五）阿（上聲）洛乞史茗（三合）曩（引）舍野娑嚩（二合引）賀（引六）。」

爾時世尊說是陀羅尼己。告觀自在菩薩言:「此大吉祥
陀羅尼及十二名號。能除貧窮一切不祥。所有願求皆
得圓滿。若能晝夜三時讀誦此經,每時三遍。或常受
持不間。作饒益心,隨力虔誠供養大吉祥天女菩薩。
速獲一切財寶豐饒,吉祥安樂。」時觀自在菩薩摩訶薩。
及諸大眾天龍八部。從佛聞說十二名號及陀羅尼。歎
未曾有。皆大歡喜信受奉行。

《佛說大吉祥天女十二名號經》記載了佛陀在靈鷲山上,為
了開示吉祥天女心印而說其「十二名號」,並讚歎她的功德
福慧和大威德力。這些名號分別是「吉祥天女、無畏天女、
無量功德天女、無量智慧天女、無量光明天女、無量威德
天女、無量壽命天女、無量富饒天女、無量喜悅天女、無
量慈悲天女、無量方便天女、無量解脫天女」。佛陀還開示
眾生,如果能誦持這些名號,就能得到吉祥天女的加護和
庇佑,消除一切災難和障礙,增長福德和智慧,最終證得
無上正等正覺,究竟涅槃,如吉祥天。正純密教真言行者,
是把吉祥天女之十二個印心名號看成是其本誓願,只要能
如法修行「吉祥天法」,自能得其十二大願所代表之佛果,
包括「吉祥、無畏、無量功德、無量智慧、無量光明、無量
威德、無量壽命、無量富饒、無量喜悅、無量慈悲、無量方
便、無量解脫」,自證無上正等正覺,究竟涅槃。

《金光明最聖王經》是一部闡述佛陀教化眾生的歷史故事，以及佛陀的壽量、功德、智慧等方面的經典。其中，第十六品《大吉祥天女品》主要講述了吉祥天（福德天）的本願及福慧功德，以下是該品的原文摘錄和重點歸納。

《金光明最聖王經》的原文摘錄：

爾時大吉祥天女。即從座起前禮佛足。合掌恭敬白佛言：「世尊。我若見有苾芻苾芻尼鄔波索迦鄔波斯迦。受持讀誦為人解說是《金光明最勝王經》者。我當專心恭敬供養此等法師。所謂飲食衣服臥具醫藥。及餘一切所須資具。皆令圓滿無有乏少。若晝若夜於此經王所有句義。觀察思量安樂而住。令此經典於贍部洲廣行流布。為彼有情已於無量百千佛所種善根者。常使得聞不速隱沒。復於無量百千億劫。當受人天種種勝樂。常得豐稔永除飢饉。一切有情恆受安樂。亦得值遇諸佛世尊。於未來世速證無上大菩提果。永絕三塗輪迴苦難。世尊。我念過去有琉璃金山寶花光照吉祥功德海如來應正等覺十號具足。我於彼所種諸善根。由彼如來慈悲愍念威神力故。令我今日隨所念處。隨所視方隨所至國。能令無量百千萬億眾生受諸快樂。乃至所須衣服飲食資生之具。金銀琉璃車渠瑪瑙珊瑚琥珀真珠等寶。悉令充足。若復有人至心讀誦是《金光明最勝王經》。亦當日日燒眾名香及諸妙花。為我供養彼琉璃金山寶花光照吉祥功德海如來應正等覺。復當每日於三時中稱念我名。別以香花及諸美食供養於我。亦常聽受此妙經王得如是福。」

另一個譯本《金光明經》，也描述了吉祥天女如何因聞《金光明經》而發起本誓願，要以其最勝功德神通力和無上智慧力，解脫眾生各種苦厄，究竟涅槃。另外，它還記載了吉祥天女的形象、法器和真言，如相好莊嚴金色身體、持寶珠、施無畏印等，而其吉祥天女咒更是一個廣受信仰的咒語，一心持明能夠招來「美麗、福德、智慧」，如吉祥天。由此可知，吉祥天女的本誓願，是要以其最勝功德神通力和無上智慧力，解脫行者「自心眾生無邊」之各種苦厄。真言行者只需一心持明，定能招來「美麗、福德、智慧」如吉祥天，究竟涅槃。

《大方廣佛華嚴經》是一部龐大的大乘佛經，記載了毘盧遮那成佛後的初轉法輪，此經典展示了華嚴宗的「法界緣起」之核心思想，真言宗判教定之為「十住心」中的第九「至極無自性」心。其中「第五十九卷《入不思議解脫境界普賢行願品》」描述了普賢菩薩帶領善財童子及大眾遊歷十方世界，觀賞各種佛土和菩薩的功德，在遊歷過程中，善財童子遇到了吉祥天女所住之佛國，極其美麗和富饒，有許多珍奇異寶和奇妙音樂，稱為「金剛寶座」。吉祥天女見到普賢菩薩便獻上了一顆無上法寶珠，亦即如意寶珠，此珠者「能隨一切眾生意願而自在滿足不可思議之事」，象徵「一真法界」中一切眾生本性圓本清淨，並頂禮智讚。吉祥天女更說明了自己的本誓願，就是要利益一切眾生成就佛果，使他們覺悟本性圓本清淨，得到吉祥和安樂，如吉祥天。普賢菩薩摩訶薩受納寶珠已，還與吉祥天女，並願吉祥天早日圓滿佛道，也就是此生能圓滿「傳授此無上寶珠法」，即身成佛。

《大方廣佛華嚴經入不思議解脫境界普賢行願品》關於
「吉祥天女」的部分原文摘錄：

爾時普賢菩薩摩訶薩。與善財童子及四十一位法身大
士。遊歷十方世界已。還至毗盧遮那佛國土。見彼國
土極其廣大。無量無邊無等無倫。充滿一切種種珍寶。
如虛空中之星宿。又見彼國土有一大城。名曰金剛寶
座。其城廣大無量無邊。周圍有七重牆壁。皆是金剛
所成。門戶亦爾。其城中有一切種種珍寶之樹。皆以
金剛為根本。其枝葉花果皆是種種珍寶所成。其城中
又有一切種種音樂之聲。皆是自然而然所生。非人力
所作也。

爾時普賢菩薩摩訶薩入彼城中觀看已。見彼城中有一
大殿堂。名曰金剛寶殿堂。其殿堂廣大無量無邊無等
無倫。周圍有七重牆壁皆是金剛所成門戶亦爾其殿堂
中有一切種種珍寶之樹皆以金剛為根本其枝葉花果皆
是種種珍寶所成其殿堂中又有一切種種音樂之聲皆是
自然而然所生非人力所作也。

爾時普賢菩薩摩訶薩入彼殿堂觀看已。見彼殿堂中有
一大寶座。名曰金剛寶座。其寶座廣大無量無邊無等
無倫。周圍有七重牆壁皆是金剛所成門戶亦爾其寶座
中有一切種種珍寶之樹皆以金剛為根本其枝葉花果皆
是種種珍寶所成其寶座中又有一切種種音樂之聲皆是
自然而然所生非人力所作也。

爾時普賢菩薩摩訶薩入彼寶座觀看己。見彼寶座上有一大菩薩。名曰吉祥天女。其身金色八臂八手。各執一切種種珍寶之器。如寶珠寶蓋等。其身周圍有一切種種珍寶之環。如金剛環等。其身上下有一切種種珍寶之飾。如金剛飾等。其身光明無量無邊無等無倫。普照法界一切眾生界。

爾時吉祥天女見普賢菩薩摩訶薩及善財童子及四十一位法身大士到來。即從座起合掌向普賢菩薩禮敬讚歎言。善男子。汝等功德甚深廣大。能遊十方世界觀賞一切佛土及諸菩薩功德。我今以此無上法寶供養汝等。願汝等受納。爾時吉祥天女即以手中所執之寶珠奉獻普賢菩薩摩訶薩言。善男子。此寶珠者名曰無上法寶珠。此珠者能隨一切眾生意願而自在滿足不可思議之事。

爾時普賢菩薩摩訶薩受納己還與吉祥天女言。善女子。我今以此無上法寶珠回向於汝功德願汝早日圓滿佛道。

爾時吉祥天女告善財童子及四十一位法身大士言:「善男子。我本願者但欲利益一切眾生使得安樂吉祥我今以此無上法寶珠回向於汝功德願汝早日圓滿佛道。」

爾時吉祥天女告在場一切眾生言:「善男子善女人若欲得安樂吉祥者當發起菩提心修學普賢行願若能如是修學者即能得安樂吉祥而不退轉於佛道。」

吉祥天女以手中所執之寶珠奉獻「普賢菩薩摩訶薩、善財童子及四十一位法身大士，和在場一切眾生」，就是象徵吉祥天法乃相應「上根上智之人（以普賢菩薩摩訶薩為代表），不樂外道二乘之法（華嚴法會在場一切眾生），具大度量勇銳不惑者（以善財童子及四十一位法身大士為代表），宜修佛乘」者，故知「吉祥天女法」實為至極之法，唯是對修佛乘者說的，不是對一般人說的。修佛乘者，轉佛法人也，即阿闍梨和大阿闍梨，也就是「修行人之指導者」了。以如是「佛因」故，但凡能發大願心「修吉祥天法」者，其人定能相應佛果，沐其教益了，成就秘密究竟之即身成佛體驗，並能「為救濟攝化一切眾生，應眾生菩提心之發生程度，施設種種之法門以教化之」。

重點歸納：

— 吉祥天（福德天）是一位天女，她曾在過去無量劫時，發願於一切諸佛所（諸佛乘行人之所在處，即名一切諸佛所），常為供養，以諸珍寶。

— 吉祥天女的本願唯是護持「修佛乘者」，即能讀誦、思惟「佛乘經教」及自修「持明、本尊供養法」自證「即佛行是佛」之即身成佛者。

— 但凡能夠如法修行「吉祥天法」者，功德福慧得到諸佛的讚歎，修行「吉祥天法」能夠消除災難，增長福慧，得到安樂，福報智慧圓滿，也就是「世間、出世間」的圓滿。

「辯才天女三昧秘密法門」一事

「辯才天女(Sarasvati)」，是一位示現少女身相的智慧本尊，被譽為「智慧的化身」，同時亦是一切知識與技藝之本尊。

在古印度婆羅門教吠陀神話中，辯才天女有著雪白好肌膚，姿態優雅地站在天鵝或孔雀背上，兩手則懷抱者象徵一切技藝的琵琶，是一位擁有大河恩惠與淨化力的女神。Sarasvati原來是古印度最重要的一條河流，是印度河文明發源地之一，滋潤著Punjab（旁遮普）的土地，故自古以來印度婆羅門不但相信Sarasvati孕育草木的力量，同時也因為祂淨化萬物的神力，而建立起在河畔舉行各式祭典（供養儀軌），結果祭典中用以讚美的語言「梵文」，也演變成了Sarasvati的神明辯才天女的偉大賞賜，而辯才天女就成為了梵文智讚（供養儀軌中讚美的語言）、各式神聖祭典（供養儀軌）、恩惠、智慧與知識之神明。

佛教吸收了印度波婆羅門信奉的「辯才天女」所代表的力量和智慧本體後，其示現可見於《金光明最勝王經》、《圓覺經》、《法華經》、《大隨求經》及《大日經》等，其稱號分別有「辯才天女」、「大辯才天」、「辯音菩薩」、「妙音菩薩」、「美音天女」、「妙音天女」、「妙音佛母」及「聲音佛母」等。其中「妙音菩薩」、「美音天女」、「妙音天女」、「妙音佛母」及「聲音佛母」等名，是突顯出祂是歌詠讚美（智讚）一切諸尊之根本本尊，也代表能以一切真言密語娛悅眾生之本尊。

在正純密教真言宗中，辯才天女被視為是文殊菩薩本體的智慧顯現，換言之就是文殊菩薩的智慧化身。菩薩都圓具力量和智慧兩種威勢，文殊菩薩雖顯現成辯才天女，而其力量和智慧之功能自是維持不變的。

正純密教中開發無上智慧與福德之本尊法眾多，其中最具奮迅力、加持力，能教真言行者疾速成就者，首推「辯才天女三昧秘密法門」，以其為各式「真言（一切真言，皆為供養儀軌中讚美的語言，廣義上即是梵文）」和各式「修法儀軌」之根本本尊，故《大日經》云：「若人欲得最上智，應當一心持此法，增長福智諸功德，必定成就。」

《大日經》開示說若人欲得最上智，應當一心持此法（辯才天女供養儀軌三昧秘密法門），增長福智諸功德，必定成就勿生疑。

《大日經》云：「當發五神通，獲無量語言音陀羅尼，知眾生心行。」《大日經疏》云：「以得陀羅尼故，能知一切眾生心行。」

《大日經疏》又云：「行者由與如來共同等住，即能以方便力，起五神通，不動本心，游諸佛剎，現種種身語意，與種種供養雲海，以無盡大願，廣修諸度；復由意根淨故，次得解無量語言聲音諸陀羅尼，且如一世間中三十六俱胝趣，隨彼上中下性，種類若干，方軌言辭，各各差別，皆曉其旨趣，應以隨類之音，如一世界者，一切實世界亦如是也。」又云：「又能觀彼根

緣，為除蓋障，以種種方便，成就眾生，莊嚴佛剎，行發來事，當知真言門行者，乃至一生可得成辦也。」

《金光明最勝王經》云：「妙音菩薩妙辯才，甚深智慧悉成就，以能廣作諸佛事，十方諸佛所護持。」學修辯才天女三昧秘密莊嚴相應，能得辯才無礙，乃至學修一切佛法，能獲諸佛所護持，故悉能成就。

若真言行人一心持誦辯才天女「大心真言」，欲現成辯才天女得最上智，即說咒曰：「唵 娑啦娑巴啦地耶 娑訶 (Om Sarasvati-ye Svaha)」。

《金光明最勝王經》辯才天女「咒讚」：

「敬禮無欺誑　敬禮解脫者
敬禮離欲人　敬禮捨纏蓋
敬禮心清淨　敬禮光明者
敬禮真實語　敬禮無塵習
敬禮住勝義　敬禮大眾生
敬禮辯才天　令我詞無礙
願我所求事　皆悉速成就
無病常安隱　壽命得延長
善解諸明咒　勤修菩提道
廣饒益群生　求心願早遂
我說真實語　我說無誑語
天女妙辯才　令我得成就
惟願天女來　令我語無滯
速入身口內　聰明足辯才
願令我舌根　當得如來辯
由彼語威力　調伏諸眾生
我所出語時　隨事皆成就
聞者生恭敬　所作不唐捐
若我求辯才　事不成就者
天女之實語　皆悉成虛妄
有作無間罪　佛語令調伏
及以阿羅漢　所有報恩語
舍利子目連　世尊眾第一
斯等真實語　願我皆成就

我今皆召請　佛之聲聞眾
皆願速來至　成就我求心
所求真實語　皆願無虛珽
上從色究竟　及以淨居天
大梵及梵輔　一切梵王眾
乃至遍三千　索訶世界主
并及諸眷屬　我今皆請召
惟願降慈悲　哀憐同攝受
他化自在天　及以樂變化
睹史多天眾　慈氏當成佛
夜摩諸天眾　及三十三天
四大王眾天　一切諸天眾
地水火風神　依妙高山住
七海山神眾　所有諸眷屬
滿財及五頂　日月諸星辰
如是諸天眾　令世間安隱
斯等諸天神　不樂作罪業
敬禮鬼子母　及最小愛兒
天龍藥叉眾　乾闥阿蘇羅
及以緊那羅　莫呼洛伽等
我以世尊力　悉皆申請召
願降慈悲心　與我無礙辯
一切人天眾　能了他心者
皆願加神力　與我妙辯才
乃至盡虛空　周遍於法界
所有含生類　與我妙辯才」

《金光明最勝王經》云:「若有男子女人,能依如是咒,虔心正念,於所求事,皆不唐捐。所願求者,無不果遂,速得成就。」又云:「(能依如是咒者)於現世中得無礙辯,聰明大智巧妙言詞,博綜奇才論議文飾,隨意成就無疑滯者。」又云:「一切諸眾生(能依如是咒者),皆具妙辯才,普發無上心,俱成正等覺。」

真言行者,於行住坐臥持明觀尊,成就辯才天女三昧,自然現成辯才天女,證最上智如辯才天女,是故《金光明最勝王經》偈云:

「一切淨光莊嚴國　　妙音菩薩妙辯才
　久已植眾功德本　　供養親近無量佛
　甚深智慧悉成就　　善能流布陀羅尼
　神通遊戲莊嚴王　　一切功德集三昧
　法華三昧妙辯才　　不共三昧妙辯才
　清淨三昧妙辯才　　無緣三昧妙辯才
　淨光三昧妙辯才　　淨藏三昧妙辯才
　智印三昧妙辯才　　慧炬三昧妙辯才
　百千萬億恒河沙　　如是等諸大三昧
　善解眾生一切語　　獲無量音陀羅尼
　善知眾生諸心行　　以能廣作諸佛事
　遍一切時一切處　　十方諸佛所護持」

又迴向大菩提偈云：

「我發菩提心　所作諸功德
　迴向於真如　周遍於法界
　一切諸眾生　皆具妙辯才
　普發無上心　俱成正等覺」

最後，吾加持一切能依如是法、一心持此辯才天女大心真言之行者，悉得最上智，增長無邊福智諸功德，必定成就勿生疑。

「荼吉尼天」一事

正純密教之修法，不論是佛部、菩薩部、明王部、天部、或是夜叉羅剎之修法，皆為「供養本尊秘密儀軌、祈願悉地成就」之作法。各部乃至各本尊悉有其象徵性；各本尊悉有印契與真言，只要誠意祈願，可入三摩地，體證「於世出世間」之即身成佛，一切善願無不成就，現世解難息災增福，同時普利眾生。

荼吉尼天是天部本尊，先說明天部的象徵性。梵語中的「提婆」即天部，在婆羅門教中視為擁有神通力和福德自在者；在正純密教中，天部象徵著無可限量的「福」與「德」。在秘密佛教經典中，天部還有如來菩薩變化而來，象徵著「比佛菩薩更近人間、人間味更濃」。所謂「佛菩薩之化身」者，既然化為天部，自有了天部風度，專門加持真言行者具足「神通力如天人、福報自在如天」。

在正純密法的修行中，切忌懷有「心外求佛」的謬念。若以為在異界時空存在一位具體的本尊，便陷入謬誤觀念，形成隔岸觀佛，使得眾生與佛之間產生對立的妄執深淵。這樣的錯誤觀念將使悟道之路變得遙遠無期。

真修實證不論是佛部、菩薩部、明王部、天部、或是夜叉羅剎之本尊法的真言行者，都應當安住於「本尊覺醒」，展示其本尊的本色，實踐秘密法的莊嚴。心靈自在、生命圓滿，隨之而來的是大轉法輪，使修行者達到達人的境界，實證「即身成佛」。本尊法的核心在於「身語意」三密相應的

修養，是真言行者心靈改造的精鍊，旨在幫助行者活現自己的道。絕不能將其視為一般淺薄常識的迷信：一) 修養本尊自覺，建立「真我 (本尊之意密)」；二) 以本尊的方式工作，實踐「身體力行 (本尊之身密)」；三) 持續念念「秘密真言 (本尊之語密)」，實現本尊三密相應，達成秘密莊嚴，生命得以究竟神聖化。

荼吉尼天，梵名Dakini，原本是印度婆羅門教迦利女神Kali的眷屬，曾是一群吃人心的惡鬼。在《大日經疏》中，荼吉尼天皈依了秘密佛教後，成為大黑天的眷屬，其故事乃象徵著正純密教的「自心發菩提 (發現、生發)」。

正純密教真言宗這種吸收外道神祇並重新賦予其圓滿清淨價值，以表示真言行者者可以「自心發菩提」；並通過自身就是本尊住於世間，浩瀚的本尊本願力量滲透到行住坐臥生命活動當中，是一種「即心具萬行」的境界；生命活動中就孕育出一種道，也就是漸漸的有著明悟，這就是「見心正等覺」；自心是為「正等覺」源頭，則自身心就越發的具備大涅槃，是「證心大涅槃」了；即身體爆發的本尊力量，像一個天地一樣蘊含無窮潛力，需要力量時整個人就是整個世界就是力量，是名「發起心方便」；且自心莊嚴和清淨是全面提升，所有的一切都化作整體，秘藏真如天地，是名「嚴淨心佛國」。故荼吉尼天皈依了秘密佛教後成為大黑天眷屬的故事，乃「即心具萬行，見心正等覺，證心大涅槃，發起心方便，嚴淨心佛國」的象徵性，是秘密佛教真言宗的一個特色。

在真言宗中，荼吉尼天被視為文殊菩薩的化身，具有文殊的智慧和慈悲。她的法相為「寶身金色，成端嚴微妙之天女形色」，手持真多摩尼寶和降伏眾魔之劍，乘坐白色如玉之狐。她所乘坐的白色如玉之狐，象徵著心靈的純淨和悲濟眾生的願望，提醒眾生在修行中保持清淨心地，以慈悲心回應眾生之苦；左手的摩尼寶，代表滿足世間一切願望；右手的三鈷劍，代表以智慧斬斷貪嗔痴三毒；狐口中的金剛杵，代表五佛五智，破除愚痴妄想與外道諸障礙。在胎藏界曼荼羅中，荼吉尼天的位置是在外金剛部院的南方。

荼吉尼天本尊的特點，就是太漂亮了，媚不可擋！荼吉尼天擁有絕世容顏和超高智慧，活現自己的道後更是十分善良，故象徵著「集人類的美德於一身」神通不可思議的一位天部本尊。

在日本，荼吉尼天信仰則在「神佛混淆」的文化背景下發生了另一種變化：荼吉尼天被日本自古以來的民間信仰神道教視為稻荷大神所化身的豐收神，是神道教跟密教信仰的一種混淆。神佛混淆的古代日代把神道教的神祇與密教本尊視為是同一信仰體系，認為兩者大約可視為同一存在。這個段階特殊的神佛混淆也稱做神佛習合，例如：在日本的平安時代至鎌倉時代已經有不少有關荼吉尼天的文獻，從文獻中發現在平安時代的日本人已把神道教的稻荷大神所化身成的白狐神（福氣之神）與當時秘密佛教真言宗新傳入的乘着白狐的荼吉尼天視為同一尊神明，亦由這時開始日本佛教中的荼吉尼天便在日本人心中變成了由稻荷大神所化身的一位福氣神。

在中國唐代，荼吉尼天亦曾經被視為了九尾白狐的化身。在中國的上古時候，狐和狸是分開的，狐只有仙氣，狸只有俗氣。先秦時代，狐甚至被看做是瑞獸。郭璞有《九尾狐贊》：「青丘奇獸，九尾之狐。有道翔見，出則銜書。作瑞周文，以標靈符。」又注曰：「世平則出為瑞也，祥瑞保函。」九尾狐在北宋前基本上都是屬於祥獸，在春秋戰國時期發掘出的墓葬群，其墓室壁畫不乏有九尾狐與四神獸一起的圖畫。狐仙更代表祥瑞二點：一者，是為王稱帝，國家昌盛之兆。二者，是婚姻美滿，愛情忠貞之兆。相傳在上古夏族大禹的妻子，就是青丘國的九尾白狐，若今天以歷史存在的事實來看，應該就是大禹治水時娶了塗山氏之女，而塗山氏是一個以九尾白狐為圖騰物的部族。先秦曾有古詩《塗山歌》歌頌九尾白狐曰：「綏綏白狐，九尾龐龐，寥寥千年，只待惘惘。綏綏白狐，九尾龐龐，與君相擁，地久天長。綏綏白狐，九尾龐龐，成子家室，乃都攸昌。綏綏白狐，九尾龐龐，我家嘉夷，來賓為王。」大禹便是因為娶了塗山氏之女後，「成子家室，乃都攸昌」，子孫才昌盛起來。

在唐代人的觀念裏，狐仙的確仍是保持着正派風範，而最厲害的九尾白狐本來就是象徵愛情忠貞、福氣和祥瑞的，這些都跟唐代秘密佛教那乘著白狐的荼吉尼天本尊的象徵性相通，所以唐代人便把荼吉尼天看成為九尾白狐的化身。可惜九尾白狐的正派祥瑞象徵性在北宋初期已徹底被妖化了。田況《儒林公議》說宋真宗時陳彭年為人奸猾，善於「媚惑」皇帝，所以「時人目為九尾狐」，可見九尾狐在北宋時人們心中已經不是什麼瑞狐、神狐，變成壞東西。而也在這

個時期,中國遠古史上一個著名女人被説成是九尾狐,這便是商紂王的妃子妲己。在小説中的描寫,則是由元代講史話本《武王伐紂書》開了頭,再由明代長篇章回小説《封神演義》廣而大之。《封神演義》在《武王伐紂書》基礎上對千年九尾狐狸精妲己的妖媚之性大加發揮,寫了她做的許多壞事。《封神演義》的九尾狐狸精妲己形象,把古來關於淫婦型狐妖媚人的觀念推向極致,把狐妖之最的九尾狐觀念推向極致,也把女色禁忌觀念和「從來女色多亡國」的女禍觀念推向極致。

狐仙之説,從九尾白狐塗山女到九尾狐妲己,九尾狐的神聖和光榮徹底喪失了,九尾狐成為最淫最媚最壞的女人的象徵,幸好清代蒲松齡先生的《聊齋誌異》,還了狐仙一個清白,在蒲老的書裡狐仙簡直就是一股清流,蒲老筆下的狐仙,都具備荼吉尼天本尊的特點,都是美麗善良的小仙女,擁有絕世容顏和超高智慧,活現著自己的道。

在正純密教真言宗的觀念中,荼吉尼天即文殊菩薩之化身,這點特別好!《秘密真言法要彙聚》説:「梵云荼吉尼,為噉食人黃之義,因昔食人黃故名。以深秘中言,為噉食無明之人黃也,又能噉食煩惱之垢穢,這深秘義跟文殊相通。」

在《大日經疏》中説,荼吉尼天原來因吃人心被大日如來化為大黑天以降三世法降伏時,大悲誓言護持行者「生前定不失心智」。故正純密教真言宗,是以其「噉食無明之人黃、煩惱之垢穢」之「文殊智」,「被如來大黑天降伏」之「降三世法」,以及為「主財、帶來福報」之「豐收神」為其象徵性來看待。

在《大日經疏》卷第十，其中有一段關於荼吉尼天的真言法及印的敘述，其深義乃「離因無垢」和「食諸惱怒」深秘義。原文如下：

「次荼吉尼真言。此是世間有造此法術者。亦自在咒術。能知人欲命終者。六月即知之。知已即作法。取其心食之。所以爾者。人身中有黃。所謂人黃猶牛有黃也。若得食者。能得極大成就。一日周遊四域。隨意所為皆得。亦能種種治人。有嫌者以術治之。極令病苦。然彼法不得殺人。要依自計方術。人欲死者去六月即知之。知已以術取其心。雖取其心然有法術。要以餘物代之。此人命亦不終。至合死時方壞也。大都是夜叉大自在。於世人所說大極。屬摩訶迦羅。所謂大黑神也。毘盧遮那以降伏三世法門。欲除彼故化作大黑神。過於彼無量示現。以灰塗身。在曠野中以術悉召一切法成就乘空履水皆無礙諸荼吉尼。而訶責之。猶汝常噉人故。我今亦當食汝。即吞噉之。然不令死彼。伏已放之。悉令斷肉。彼白佛言。我今悉食肉得存。今如何自濟。佛言聽汝食死人心。彼言人欲死時。諸大夜叉等知彼命盡。爭來欲食。我云何得之。佛言為汝說真言法及印。六月未死即能知之。知已以法加護勿令他畏得損。至命盡時聽汝取食也。如是稍引令得入道。故有此真言。訶唎（二合）（訶定行唎垢）訶（行）。除彼邪術之垢也。」

荼吉尼天的經文被視為象徵深奧義理的語言，透過多重象徵來表達其神聖力量。首先，荼吉尼天被毘盧遮那佛化作大黑神吞噉，象徵著她被佛的智慧光明所降伏，引導她入道。其次她能知人欲命終者，取其心食之，象徵著她能解除眾生的無明和執著，使其得到解脫。至於荼吉尼天的法器，如左手的摩尼寶代表滿足世間一切願望，右手的三鈷劍代表以智慧斬斷貪嗔痴三毒，狐口中的金剛杵代表五佛五智，破除愚痴妄想與外道諸障礙，象徵著她的神通、護法、淨化等作用。

在修行中，真言宗將荼吉尼天視為文殊菩薩的化身，象徵著她具有文殊菩薩的智慧和慈悲。這呼應了正純密教真言宗的理念：著重深密法門幫助眾生達到解脫和成佛。荼吉尼天可用「天部儀軌」及「十八度儀軌」來修持。

道場觀

觀想壇內，有大寶樓閣，其中有荷葉座，座上有「紇哩」字，變成真多摩尼寶，寶變成荼吉尼天尊，身金色成端嚴微妙之天女形色，左手持真多摩尼寶，右手持降伏眾魔之劍，乘白色如玉之狐，狐口持五股金剛杵，本尊變文殊菩薩，文殊又變本尊。本尊前有三女子，天帝釋使，八大童子及二武神等，皆乘白狐，一萬三千七百五十八眷屬皆前後周圍圍繞。

在觀想壇內的道場中，荼吉尼天的形象極其莊嚴，她坐在白色如玉之狐的寶座上，手持法器，被眾多天神、童子、武神環繞，凸顯她的神聖和威嚴。這強調了對她的尊崇，也象徵著修行者與她相應，共同追求解脫和覺醒的目標。

總的來說，荼吉尼天在正純密教中擔任多重象徵的角色，代表著智慧、慈悲、神通、護法等多方面的功德。她的形象和修法不僅為修行者提供了具體的觀想對象，也象徵著解脫之道的深奧和神聖性。將她的故事融入修行中，勉勵信眾在世間迷惑中，如同她從吃人的惡鬼轉化為大黑天的眷屬，每個真言行人皆有證道的可能。她手持的寶物象徵著滿足一切願望的智慧，以及斬斷貪嗔痴三毒的力量，提醒修行者勇敢面對內心障礙，以智慧超越凡俗。

荼吉尼天的特點，所乘坐的白色如玉之狐，象徵著心靈的純淨和悲濟眾生的願望，提醒眾生在修行中保持清淨心地，以慈悲心回應眾生之苦；摩尼寶代表滿足世間一切願望，三鈷劍代表以智慧斬斷貪嗔痴三毒，狐口中的金剛杵，代表五佛五智，破除愚痴妄想與外道諸障礙。所有這些象徵性，都在啟發修行者開啟自身潛在的智慧，以正覺的眼光看待世界。

荼吉尼天是一位具有智慧和慈悲的本尊，代表著轉化與解脫的力量。整合她的故事與背後的象徵性，使修行者更能深入體悟正純密法的奧義，啟發潛在的佛性，實踐「即身成佛」的境地。

「《佛頂尊勝陀羅尼注義》與大手印」一事

《佛頂尊勝陀羅尼注義》

大興善寺三藏沙門大廣智不空奉 詔譯

第一門、歸命尊德門(「成正覺佛,即是菩提身,覺樹道成故。」)

　　曩謨婆誐嚩帝namo bhagavate[歸命　世尊]

　　怛路枳也trailokya[三世亦三界]

　　鉢囉底尾始瑟吒野prativisistaya[最殊勝]

　　沒馱也buddhaya[大覺者]

　　婆誐嚩帝bhagavate[世尊]

第二門、章表法身門(「體性真常,名法界佛,即若心若境,法法皆佛,即是法身。」)

　　怛儞也他tadyatha[所謂,亦即說]

　　唵om[亦云一切法本不生,亦云三藏,亦云如來無見頂相也]

第三門、淨除惡趣門(「心佛,即威勢身,萬法由心回轉,威勢威容焯奕故。」)

尾戍馱也 visuddhaya[淨除]

尾戍馱也 visuddhaya[淨除]

娑摩娑摩三滿多　嚩婆娑a sama－sama samanta vabhasa[普遍照曜]

娑頗囉拏spharana[舒遍]

底誐訶曩gati gahana[六趣稠林]

娑嚩婆嚩尾舜弟svabhava visuddhe[自性清淨]

第四門、善明灌頂門(「本性佛,即智慧身,玄鑒深遠故,即眾生本覺智慧心性之佛。」)

阿毘詵者覩abhinsincatu mam[灌頂我等]

素多sugata[善逝]

嚩囉嚩者曩vara vacana[殊勝言教]

阿蜜哩多(去)毘灑罽amrta abhisekai[甘露灌頂,亦云不死句灌頂,露者法身解脫]

阿　訶囉阿訶囉ahara－ahara[云唯願攝受,唯垂授攝受,亦云遍攘脫諸苦惱]

阿欲散馱　囉抳ayuh sam－dharani[任持受命]

233

第五門、神力加持門(「住持佛,即力持身,流益無窮故。」)

戍馱也戍馱也sodhaya－sodhaya[清淨修修]

誐誐曩尾戍第gagana visuddhe[如虛空清淨]

鄔瑟膩　沙尾惹也　尾舜第usnisa，vijaya visuddhe[佛頂最清淨]

娑訶娑囉　囉濕弭sahasra－rasmi[十光明]

散祖儞帝 samcodite[驚覺]

薩嚩　怛他多　地瑟吒曩　地瑟恥多sarva tathagata hrdaya，adhisthana，adhisthita[一切如來神力所加持]

摩訶母捺哩maha－mudre[印契,若廣釋,身印語印心印。金剛印,如理趣般若說]

嚩日囉　迦也僧訶多曩　尾舜第vajra kaya sam－hatana visuddhe[金剛鉤鎖身清淨]

薩嚩　嚩囉拏　播野訥底　跛哩尾舜弟sarva varana，apaya-durgati，pari-visuddhe[一切清淨,一切障者,所謂業障、報障、煩惱障,皆得清淨也]

第六門、如來壽量門（「願佛，即是願身，願周法界，如來壽量故。」）

鉢羅底　儞鞞多也　阿欲舜　第 prati－nivataya，ayuh suddhe[壽命增長皆得清淨]

三麼耶　地瑟恥帝 samaya adhisthite[誓願加持]

麼抳　麼抳　摩訶麼抳 mani－mani maha mani[世寶法寶，所謂福、德、智慧，三種資糧]

第七門、相應定慧門（「三昧佛，即是福德身，福即是定，由依大定，積福圓滿故。」）

怛他多　步多句致　跛哩舜第 tathata bhutakoti parisuddhe[真如實際，遍滿清淨]

尾薩普吒　沒地舜第 visphuta buddhi suddhe[顯現智慧清淨]

惹也惹也 jaya-jaya[最勝最勝，真俗二諦]

尾惹也　尾惹也 vijaya－vijaya[昧勝勝，悲智二門]

娑麼囉　娑麼囉 smara－smara[念持定慧相]

第八門、供養功德門（「業報佛，即莊嚴身，報德相好，微妙難思，用嚴法身，皆因善業故。」）

薩嚩　沒馱　地瑟恥多　舜第sarva buddha adhisthita suddhe[入而佛加持清淨]

嚩曰vajri[菩提心堅固如金剛也]

嚩曰囉陛vajra garbhe[證金剛藏]

嚩曰覽　婆嚩覩vajram bhavatu[願成金剛]

麼麼設哩嚂mama sariram[或誦，或為他念誦，稱彼名字]

第九門、普證清淨門（「隨樂佛，即意生身，感而遂通，一切趣皆清淨故。」）

薩嚩薩怛嚩難　者　迦也　尾舜弟sarva sattvanam ca kaya pari visuddhe[一切有情身清淨]

薩嚩底跛哩舜第sarva gati parisuddhe[一切趣皆清淨]

薩嚩　怛他多　三麼濕嚩　娑地瑟恥帝sarva tathagata samasvasa adhisthite[一切如來安慰，命得加持]

沒冐馱也　沒冐馱也vibuddhya−vibuddhya[令悟能覺，令悟能覺]

三滿多　跛哩舜第samanta parisuddhe[普遍清淨]

第十門、即身成就門(「涅槃佛,即是化身,化用自在故,化畢歸寂,名涅槃佛,謂應化涅槃也。」)

薩嚩　怛他多　地瑟馱曩　地瑟恥多sarva tathagata hrdaya，adhisthana，adhisthita[一切如來神力所加持]

摩訶母怛maha－mudre[大印。所謂大印,由入毘盧遮那曼茶羅,受灌頂已後,灌頂師受得本尊瑜伽三麼地。觀智一念淨心,瑜伽相應行者本尊心等同毘盧遮那及諸菩薩,能現入相成道,速證薩婆若智也]

娑嚩訶svaha[娑嚩訶者,涅槃義。所謂四涅槃:一、自性清淨涅槃;二、有餘依涅槃;三、無餘依涅槃;四、無住處涅槃]

　　　　　如上所譯,唐梵相對,顯句標釋。

寶永二年(乙酉)冬十二月十三日以如來藏本書寫竟

　　　　　兜率谷　雞頭院　闍梨　嚴覺

　　　　　享保三歲戊戌九月令　得忍寫校正了

　　　　　　　　　　　慈泉

文政六年癸未六月　以東叡山真如院本令他寫自校之了

　　　　　　　　　　　龍肝

正純密教之經典之一,不空三藏譯《佛頂尊勝陀羅尼》,及其《注義》則是開示大手印之「經部」。修持「佛頂尊勝陀羅尼法」,能令行者證得「大手印」。「大手印」,即「一切如來神力所加持之印契」;「手印」,即「印契」義。

以「大手印」作為真言密法修證之普遍法則,第一門是「歸命尊德門」,只因本尊相應者,實際上就是高尚人格之本尊以一個純粹奉獻者身份的顯現。

《佛頂尊勝陀羅尼注義》説:「歸命世尊,三世最殊勝,大覺者世尊。」[原文:「曩謨　婆誐嚩帝:歸命　世尊。怛路枳也:三世亦三界。鉢囉底尾始瑟吒野　沒馱也:最殊勝大覺者。婆誐嚩帝:世尊。」]

以「大手印」作為修證本尊法之「修證法則」,第二門是「章表法身門」,只因本尊真我,無生無死,過去存庄、現在存在、將來也存在,太始無生,永恆常存。

《佛頂尊勝陀羅尼注義》説:「亦即説,一切法本不生。」[原文:「怛儞也他:所謂,亦即説。唵:亦云一切法本不生,亦云三藏,亦云如來無見頂相也。」]

以「大手印」作為修證本尊法之「修證法則」,第三門是「淨除惡趣門」,只因身軀可殺,本尊真我不可殺。成就者無有老死等諸苦,於水災、火災及風災亦無所懼。《佛頂尊勝陀羅尼注義》説:「淨除　淨除,普遍照曜,舒遍六趣稠林,自性清淨。」[原文:「尾戍馱也:淨除。尾戍馱也:淨除。娑摩娑摩三滿多　嚩婆娑:普遍照曜。娑頗囉拏:舒遍。底誐訶曩:六趣稠林。娑嚩婆　嚩尾舜弟:自性清淨。」]

以「大手印」作為修證本尊法之「修證法則」，第四門是「善
明灌頂門」，修持者得到「一切如來神力所加持之印契」，身、
語、心三印俱清淨，一切障礙也得清淨。《佛頂尊勝陀羅尼
注義》說：「灌頂我等，善逝　殊勝言教，不死甘露灌頂，
唯願攝受，唯願攝受，壽命即是住持。」[原文：「阿毘詵者
覩：灌頂我等。素多：善逝。嚩囉嚩者曩：殊勝言教。阿蜜
哩多　毘灑屬：甘露灌頂，亦云不死句灌頂，露者法身解
脫。阿　訶囉阿訶囉：云唯願攝受，唯垂授攝受，亦云遍攘
脫諸苦惱。阿欲散馱　囉抳：任持受命。」]

依此四門（第一歸命尊德門、第二章表法身門、第三淨除惡
趣門、第四善明灌頂門），是前行，即《三力偈》之「自己功
德力」部分。

既圓滿成就以上「前行」之四門，「一切如來神力所加持印
契」，繼而能得「一切如來神力所加持之印契（大手印）」，
是第五門「神力加持門」，即《三力偈》之「如來加持力」部分。
《佛頂尊勝陀羅尼注義》說：「一切如來神力所加持印契，
若廣釋，身印、語印、心印。金剛印，如「理趣般若」說，
金剛鉤、鎖，身清淨。一切清淨；一切障者，所謂業障、
報障、煩惱障，皆得清淨也。」[原文：「薩嚩　怛他多　地
瑟吒　曩　地瑟恥　多：一切如來神力所加持。摩訶母捺
哩：印契。若廣釋，身印、語印、心印。嚩曰囉迦也　僧訶
多　曩尾舜第：金剛印，如『理趣般若』說，金剛鉤、鎖，身
清淨。薩嚩　嚩囉：一切清淨。拏播野訥底　跛哩尾舜弟：
一切障者，所謂業障、報障、煩惱障，皆得清淨也。」]

既得「一切如來神力所加持印契」，繼而能「證如來壽量」，就是第六門「如來壽量門」。《佛頂尊勝陀羅尼注義》說：「壽命增長，皆得清淨，誓願加持。世寶法寶，所謂福德、智慧，三種資糧。」[原文：「鉢羅　底儞輮多也阿欲舜　第：壽命增長皆得清淨。三麼耶　地瑟恥　帝：誓願加持。麼抳麼抳　摩訶麼抳：世寶法寶，所謂福德智慧三種資糧。」]

既「證如來壽量」，自然能「相應定慧」，就是第七門「相應定慧門」。《佛頂尊勝陀羅尼注義》說：「真如實際遍滿清淨，顯現智慧清淨最勝、最勝，真俗二諦。昧勝，勝，悲智二門。念待定慧相。」[原文：「怚他多步多句致跛哩舜　第：真如實際遍滿清淨。尾薩普　吒沒地舜　第：顯現智慧清淨。惹也　惹也：最勝、最勝，真俗二諦。尾惹也　尾惹也：昧勝，勝，悲智二門。娑麼　囉娑麼　囉：念待定慧相。」]

既已「相應定慧」，契入最勝悲智，自然菩提心堅固如金剛，證「無上供養功德」。《佛頂尊勝陀羅尼注義》說：「(供養功德門) 入而佛加持清淨，菩提心堅固如金剛也。證金剛藏，願成金剛，或議、或為他念誦，稱彼名字。」[原文：「薩嚩沒馱　地瑟恥　多舜第：入而佛加持清淨。嚩曰：菩提心堅固如金剛也。嚩曰囉陛：證金剛藏。嚩曰覽　婆嚩：願成金剛。覩麼麼：或議或為他念誦稱彼名字。」]

既獲大手印「無上供養功德」，即能「普證清淨」，就是第九門「普證清淨門」。《佛頂尊勝陀羅尼注義》說：「一切有情身清淨，一切趣皆清淨；一切如來安慰，命得加持，令悟能覺；令悟能覺，普遍清淨。」[原文：「薩嚩薩怚嚩　難　者迦也尾舜弟：一切有情身清淨。薩嚩底跛哩舜第：一切趣皆清

淨。薩嚩怛他多三麼濕嚩　娑地瑟恥　帝：一切如來安慰，
命得加持。沒　沒冒馱也：令悟能覺，令悟能覺。舜第：普
遍清淨。」]

最後，「大手印」之圓滿修證，就是第十門之「即身成就門」。
《佛頂尊勝陀羅尼注義》說：「一切如來神力所加持大印。所
謂大印，由入毘盧遮那曼荼羅，受灌頂已後，灌頂師受得
本尊瑜伽三麼地。觀智，一念淨心；瑜伽相應，行者別尊
心等同毘盧遮那及諸菩薩，能現入相成道，速證薩婆若智
也。(一切如來神力所加持大印)娑嚩訶者，涅槃義。所謂
四涅槃：一、自性清淨涅槃。二、有餘依涅槃。三、無餘依
涅槃。四、無住處涅槃。」[原文：「薩嚩怛他　多地瑟　曩
地瑟恥　多：一切如來神力所加持。摩訶母怛：大印。所謂
大印，由入毘盧遮那曼荼羅，受灌頂已後，灌頂師受得本
尊瑜伽三麼地。觀智，一念淨心；瑜伽相應，行者別尊心
等同毘盧遮那及諸菩薩，能現入相成道，速證薩婆若智也。
娑嚩訶：娑嚩訶者，涅槃義。所謂四涅槃，一自性清淨涅
槃，二有餘依涅槃，三無餘依涅槃，四無住處涅槃。」]

以上所開示之第六至十門(第六如來壽量門、第七相應定慧
門、第八供養功德門、第九普證清淨門、第十即身成就門)，
是圓滿成就，也是全文重心，更是《三力偈》中「及以法界
力，普供養而住」之所實證。

總的來說，《佛頂尊勝陀羅尼注義》教授了「大手印十法門」，
依此修證本尊法。這十門依次是「歸命尊德門」、「章表法身
門」、「淨除惡趣門」、「善明灌頂門」、「神力加持門」、「如

來壽量門」、「相應定慧門」、「供養功德門」、「普證清淨門」、
「即身成就門」。

首先，「歸命尊德門」讓修行者奉獻自己，成為本尊相應者。
接著，「章表法身門」揭示法界佛的真常性，無生無死，永
恆常存。第三門「淨除惡趣門」使行者不懼生死，身軀可殺
但真我不可殺。成就者無有老死等諸苦，能化解一切災難。
進入第四門「善明灌頂門」，修持者得到「一切如來神力所
加持之印契」，身、語、心三印俱清淨，一切障礙也得清淨。
「神力加持門」中，「一切如來神力所加持之印契」能普遍加
持行者，令其功德大增。

隨後是第六門「如來壽量門」，通過壽命增長皆得清淨，成
就一切如來壽量，即證得真言密法所說的「成佛是一得永
得」。第七門「相應定慧門」使修行者進入真俗二諦，證得相
應定慧，成就大手印。在第八門「供養功德門」中，修行者
證得無上供養功德，菩提心堅固如金剛，成就一切清淨。「普
證清淨門」帶領行者證悟一切有情身清淨，一切趣皆清淨，
並得到如來安慰。最後，第十門「即身成就門」，修持者通
過大手印證得涅槃義，達到即身成佛之境界。

以「大手印十法門」修證本尊法，是最好的即身成佛之道。
透過「佛頂尊勝陀羅尼注義」及「大手印」，能引導修行者成
就大手印，最終證得真言密法，普遍加持眾生，並證得涅
槃義，成就無上供養功德，達到即身成佛之圓滿境界。

故知正純密教本尊法之所修證，就是大手印成就了！依「大
手印十法門」來修證本尊法，其實是最好的即身成佛之道。

附:「佛頂尊勝陀羅尼」注音及註釋:

第一門、歸命尊德門

1.　namo bhagavate，trailokya prativisistaya，buddhaya
　　bhagavate，

　　南謨拔噶瓦迭答洛嘎雅巴惹底比涉思查雅卜達雅迭納
　　嘛

　　[歸敬　世尊，三世　最殊勝，大覺　世尊，]

第二門、章表法身門

2.　tadyatha，om，

　　答雅塔唵

　　[即說咒曰:皈依(大日如來的法、報、化三身)]

第三門、淨除惡趣門

3.　visuddhaya－visuddhaya，a sama－sama samanta
　　vabhasa，

　　spharana gati gahana，svabhava visuddhe，

　　比勺達雅　比勺達雅，阿薩嘛　薩嘛　薩曼答　阿瓦
　　拔薩，

　　思葩惹納　噶底　噶噶納，娑拔瓦　比秫得，

　　[淨除　淨除，受持者　受持者　普遍照耀，]

　　[舒遍　六趣稠林，自然　清淨，]

第四門、善明灌頂門

4.　　abhinsincatu mam.

sugata vara vacana.

amrta abhisekai，maha mudre padai

ahara－ahara，ayuh sam－dharani.

阿比辛匝睹滿

蘇噶答　拔惹拔匝納

阿蜜惹以答　阿比涉葛惹，嘛哈穆答惹　巴得

阿哈惹　阿哈惹，阿由爾悉達惹呢

[灌頂我等]

[善逝殊勝言教]

[不死甘露　灌頂，大印解脫法身真言句]

[唯願攝受　唯願攝受，壽命即是住持]

第五門、神力加持門

5.　　sodhaya－sodhaya，gagana visuddhe.

usnisa，vijaya visuddhe

sahasra－rasmi，samcodite，

sarva tathagata avalokani，

sat－paramita，paripurani，

sarva tathagata hrdaya，adhisthana，adhisthita，

maha－mudre. vajra kaya，sam－hatana visuddhe.

sarva varana，apaya-durgati，pari-visuddhe

勺達雅　勺達雅，噶噶納　比秫得，

烏思尼卡，比雜雅　比秫得

薩哈薩惹　惹思蜜　桑祖地迭

薩爾瓦　答塔噶答　阿瓦洛嘎以呢

沙匝　巴惹蜜答，巴惹以卜惹呢

薩爾瓦　答塔噶答　哈惹以　達雅　阿地思叉納　阿地思豈底

嘛哈穆底惹以，拔雜爾嘎雅，桑哈答納　巴惹以秫得

薩爾瓦　嚩啰拏，嚩耶　落拉誐底，哈利　比秫得

[淨除　淨除，如虛空清淨]

[佛頂，尊勝清淨]

[十光明，普皆震動]

[一切　如來　睹]

[六度　皆　圓滿]

[一切　如來心　能　能加持　所加持]

[大印　金剛鈎鎖身清淨，不毀　普遍清淨]

[一切　掛礙，墮險惡趣，邊際遍清淨]

第六門、如來壽量門

6.　prati－nivataya，ayuh suddhe. samaya adhisthite.

mani－mani maha mani.

巴惹底呢　哇爾答雅，阿由爾　比秫得，薩嘛雅　阿地思豈底

穆呢　穆呢　嘛哈穆呢

[壽命清淨轉，行者　壽命清淨，如來誓願　能加持]

[法寶　法寶　大法寶]

第七門、相應定慧門

7.　tathata bhutakoti parisuddhe.

visphuta buddhi suddhe.

jaya-jaya，vijaya－vijaya，smara－smara.

答塔答　卜答鈎哳　巴惹以秫得

比思蒲查　卜得秫得

雜雅　雜雅　比雜雅　比雜雅　思嘛惹　思嘛惹

[如來大身　真實百億丈夫身　遍滿清淨]

[開現摧碎　覺淨]

[勝　勝　最勝　最勝　持念　思維]

第八門、供養功德門

8.　sarva buddha adhisthita suddhe.

vajri vajra garbhe，vajram bhavatu，mama sariram.

薩爾瓦　卜達　阿地思豈底　秌得

拔雜惹以拔雜惹以噶爾陛，拔雜爾拔汪睹，嘛嘛沙惹
以喃

[一切佛加持所加持成就]

[金剛女金剛藏，金剛界聖尊，行者身體]

第九門、普證清淨門

9.　sarva sattvanam ca kaya pari visuddhe.

sarva gati parisuddhe.

sarva tathagata sinca me，samasvasayantu.

sarva tathagata samasvasa adhisthite，

buddhya－buddhya，vibuddhya－vibuddhya，

bodhaya－bodhaya，vibodhaya－vibodhaya.

samanta parisuddhe.

薩爾瓦薩埵喃匝嘎雅巴惹以秋得

薩爾瓦噶底巴惹以秋得

薩爾瓦答塔噶答沙匝滿薩嘛娑薩顏睹

薩爾瓦答塔噶答薩嘛娑薩阿地思豈迭

卜達雅卜達雅悉達雅悉達雅

播達雅播達雅比播達雅比播達雅

薩曼答巴惹以秋得

[一切有情眾身普遍清淨]

[一切去度普遍清淨]

[一切如來鎮伏安慰救濟慰喻]

[一切如來安慰救濟能加持]

[正覺心正覺心成就成就]

[覺悟覺悟令覺悟令覺悟]

[遍十方遍滿清淨]

第十門、即身成就門

10. sarva tathagata hrdaya，adhisthana，adhisthita，maha－mudre

svaha.

薩爾瓦答塔噶答哈惹以達雅阿地思叉納阿地思豈迭嘛哈穆答惹也

娑巴哈

[一切如來心神力加持加持清淨所加持大契印 (大解脱)]

[涅槃]

總的來説,《佛頂尊勝陀羅尼注義》教授了「大手印十法門」,依此修證本尊法。這十門依次是「歸命尊德門」、「章表法身門」、「淨除惡趣門」、「善明灌頂門」、「神力加持門」、「如來壽量門」、「相應定慧門」、「供養功德門」、「普證清淨門」、「即身成就門」。首先,「歸命尊德門」讓修行者奉獻自己,成為本尊相應者。接著,「章表法身門」揭示法界佛的真常性,無生無死,永恆常存。第三門「淨除惡趣門」使行者不懼生死,身軀可殺但真我不可殺。成就者無有老死等諸苦,能化解一切災難。進入第四門「善明灌頂門」,修持者得到「一切如來神力所加持之印契」,身、語、心三印俱清淨,一切障礙也得清淨。「神力加持門」中,「一切如來神力所加持之印契」能普遍加持行者,令其功德大增。隨後是第六門「如來壽量門」,即壽命清淨,以如來誓願能加持壽命成為一切如來壽量故,證得真言密法所説成佛「一得永得」。第七門「相應定慧門」使修行者進入真俗二諦,證得相應定慧,成就大手印。在第八門「供養功德門」中,修行者證得無上供養功德,菩提心堅固如金剛,成就一切清淨。「普證清淨門」帶領行者證悟一切有情身清淨,一切趣皆清淨,並得到如來安慰。最後,第十門「即身成就門」,修持者通過大手

印證得涅槃義，達到即身成佛之境界。透過「佛頂尊勝陀羅尼注義」及「大手印」，能引導修行者成就大手印，最終證得真言密法，普遍加持眾生，並證得涅槃義，成就無上供養功德，達到即身成佛之圓滿境界。以「大手印十法門」修證本尊法，是最好的即身成佛之道。

「授明灌頂行法真言之解釋」一事

以下是關於真言宗「授明灌頂」真言的解釋:

1. 入秘密曼荼羅 Oṃ vajra-maṇḍalaṃ praveśāmi.進入金剛曼荼羅 (√maṇḍ),請讓我進入(pra-veśāmi)。

2. 授金剛線[護持弟子真言] Oṃ mahā-vajra-kavaca vajrim kuru vajra-vajra hāṃ.金剛甲冑(kavaca)啊,造就金剛(vajri)吧,金剛中的金剛啊。

3. 塗香 Oṃ vajra-gandhe gaḥ.金剛的香氣(gandhā)啊。

4. 花鬘 Oṃ vajra-puṣpe oṃ.金剛的花朵(puṣpā)啊。

5. 燒香 Oṃ vajra-dhūpe aḥ.金剛的熏香(dhūpā)啊。

6. 燈明 Oṃ vajra-āloka dīḥ.金剛的光明(ā-loka)啊。

7. 齒木作法[如來微笑] Oṃ vajra-hāsa ha.如來的微笑(hāsa)啊。

8. 誓水[金剛水] Oṃ vajra-udaka ṭha.金剛水(udaka)啊。

9. 投花 Oṃ pratīccha vajra ho.接受吧(prati-iccha),金剛啊。

10. 受者保念[加持保念] Oṃ tiṣṭha vajra dṛdho me bhava
śāśvato me bhava hṛdayaṃ me adhitiṣṭha sarva-siddhiṃ ca
me prayaccha hūṃ ha ha ha ha hoḥ.請堅持(tiṣṭha)，金剛
啊。願你成為我堅固(dṛdha)的依靠。願你永恆(śāśvata)
地存在於我的心(hṛdaya)中。請授予我一切成就(sarva-
siddhi)。

11. 解開覆面 Oṃ vajra-sattvaḥ svayaṃ te adya cakṣu-
udghaṭṭanaḥ tad-paraṃ udghaṭṭayati sarva-akṣa-vajra-
cakṣur-anuttaraṃ.金剛薩埵自己(svayam)現在(adya)解開
你的面具，揭開(ud-ghaṭṭana)所有眼睛的無上金剛眼睛。

12. 接受弟子 Oṃ pratigṛhṇā tvam imaṃ sattva-mahābala.請
接受吧(prati-gṛhṇā)，大力的菩薩(mahā-bala)。

13. 授五股（金剛）杵 Oṃ vajra-adhipatibhis tvāṃ abhiṣiñcāmi
tiṣṭha vajra samayas tvaṃ.由眾多金剛尊主(adhi-pati）一
同，我為你灌頂(abhi-ṣiñcāmi)。請站起來吧(tiṣṭha)，金
剛。你就是三摩耶(samayas)。

14. 金剛名號 Oṃ vajra-sattvam aham abhiṣiñcāmi vajra-
nāma-abhiṣekataḥ hye vajra-nāma.我為金剛薩埵灌頂
(abhi-ṣiñcāmi)。從金剛名號的灌頂中(abhi-ṣekata)，
啊，金剛名號。

15. 授五股杵（決定要誓）誓言 Oṃ sarva-tathāgata-siddhi-vajra-samaya tiṣṭha eṣa tvaṃ agaṃ dhārayāmi vajra-sattva hi hi hi hi hūṃ. 一切如來的成就金剛的誓言(vajra-samaya) 啊，請居住在這裡(tiṣṭha)。我將護持你(dhārayāmi)，金剛薩埵。

16. 吉慶梵語

1. Yat maṅgalaṃ tuṣita-deva-vimāna-garbhād āsīd ihā 'vatārato jagato hitāya saindraiḥ surair anugatasya tathāgatasya tad maṅgalaṃ bhavatu śāntikaraṃ tava adya. 如同吉祥(maṅgala)存在於快樂神(tuṣita-deva)的飛行宮殿(vimāna-garbhād)中，降臨到世間(jagat)為了利益(hitāya)而受諸天(saindraiḥ surair)隨行的如來(tathāgatasya)的吉祥(maṅgala)啊，願你成為帶來平靜(śāntikaraṃ)的事情，現在(adya)屬於你。

2. Yat maṅgalaṃ kapilavastuni rāja-dhānyāṃ garbhād viniḥsritavataḥ snapitasya devaiḥ śauddhodaner amṛta-varibhir āśuvṛddhyai tad maṅgalaṃ bhavatu śāntikaraṃ tava adya. 如同吉祥(maṅgala)存在于迦毘羅瓦立城(kapilavastuni)的王城(rāja-dhānā)中，從穀糧之中(garbhād viniḥsritavataḥ)誕生並被諸天(devaiḥ)用純淨的甘露(amṛta-varibhiḥ)沐浴，為了淨飯王(śauddhodaner)的太子(snapitasya)的快速成長(āśuvṛddhyai)，那吉祥(maṅgala)啊，願你成為帶來平靜(śāntikaraṃ)的事情，現在(adya)屬於你。

3. Yat maṅgalaṃ sakala-doṣā-vināśa-hetor vajr'āsane sthitavataḥ pravaraṃ babhūva māraṃ vijitya catur-api niśā-avasāne tad maṅgalaṃ bhavatu śānti-karaṃ tava adya.如同吉祥(maṅgala)存在于金剛座(vajr'āsane)中，為了消除一切過失(sakala-doṣā-vināśa-hetor)，居住於最高之處(sthitavataḥ)，最偉大的敵人魔王(māraṃ)已被征服(vijitya)，即使在夜晚結束時(niśā-avasāne)，那吉祥(maṅgala)啊，願你成為帶來平靜(śānti-karaṃ)的事情，現在(adya)屬於你。

17. 四菩薩贊

1. Sattva-vajra namo 'stu te sattve vajri namo 'stu te.向眾菩薩的金剛致敬，願你獲得恩寵。向眾菩薩的金剛妃致敬，願你獲得恩寵。

2. Ratna-vajra namo 'stu te ratne vajri namo 'stu te.向寶菩薩的金剛致敬，願你獲得恩寵。向寶菩薩的金剛妃致敬，願你獲得恩寵。

3. Dharma-vajra namo 'stu te dharme vajri namo 'stu te.向法菩薩的金剛致敬，願你獲得恩寵。向法菩薩的金剛妃致敬，願你獲得恩寵。

4. Karma-vajra namo 'stu te karme vajri namo 'stu te.向業菩薩的金剛致敬，願你獲得恩寵。向業菩薩的金剛妃致敬，願你獲得恩寵。

18. 四方贊[東方南方西方北方]

19. 不動梵語贊

以上之開示，是源自空海大師的真言宗「授明灌頂」梵語真言文本，吾並詳細地涵蓋了其語意的細節。

第二部分：
「禪宗、華嚴宗，真言宗」通關

「「大乘『禪、淨、密』之特質」

印度來中國的禪宗第一位代祖師是求那跋陀羅(三九四～四六八)。求那跋陀羅是《楞伽經》之修證者及翻譯者。求那跋陀羅說:「若要成佛,先學安心。」又說「學大乘者,先無學安心,定知有誤。」力說「安心」這一切佛之心要。

後來,達摩渡來欲傳此安心法,但悉為學解之徒所因,受彼等誹議,終於遁入嵩山面壁。當時只有道育、慧可二人心服達摩,歷經數載之時間虔敬而事奉供養。達摩被其精誠所感,授以真法,此即大乘「禪宗安心」之法也。

此禪宗安心法是《金剛三昧經》所謂「人心神安坐,令心常安泰」,善無畏三藏於《無畏禪要》裏有描寫禪經驗之徹底真相。《無畏禪要》云:「於修禪觀,觸著某契機,瞬間恰如雷光,現出身心脫落之悟境。而此是暫時即滅,故云剎那心。體驗此之後,念念加功,如水流相續曰流注心。更積此功不息,靈然明徹,覺身心輕泰,至酖昧其境,此曰甜美心。依此離去起伏隱顯心之動亂,曰攞散心。離此散亂心,無染無著,達到鑒達圓明之境地,曰明鏡心。」此識本心也,見心也、得心也、捉心之道也。

由此可知,禪心自在,心常安泰,見自本性,內心常喜,得無上安樂,是禪化生活之重心。

淨土宗，最廣為人知的，就是「只需一心持名念佛」的主張。只需一心持名念佛，行住坐臥，甚至如廁事中，亦須專念信仰。

《歎異鈔》説：「當我們想要念佛這一瞬間，我們已經得救了！」故知念佛絕不是為了達到某種目標的手段，而是結果。念佛不是「請祢（阿彌陀佛）救我」，而是「感謝祢（阿彌陀佛）救我」，所以念佛是一種結果！是得到了阿彌陀佛的拯救，所以感恩，這是一種感恩的念佛！當我們想要念佛的時候，已能夠得到大功德、大利益。因為彌陀本願不是只在死後才使我們去往生極樂世界成佛，而是在現在活着的時候，就加以拯救，使我們從今生直至未來永遠都活在絕對的幸福中，此刻就可過着滿足的生活，這就是「現世利益」。

得到了這個大功德、大利益而此刻就過着絕對幸福生活的人，在娑婆緣盡的時候，亦能往生彌陀極樂世界淨土，與阿彌陀佛同體，成為一個像阿彌陀佛一樣無量壽、無量光的佛，然後自由地去實踐普度眾生的事業，這就是「未來利益」。

簡單來説，念佛是個「二益法門」，其關鏈是我們必須要有絕對的信心。我們既已得到了阿彌陀佛的拯救，自然能夠天天心滿意足地過着幸福光明的生活，這是現世圓滿，是淨化生活之重心。

秘密佛教真言宗於秘密加持之效果、修行之順序及法式等等特別重視，因為每位真言行者都有自身的路並且都得在百戰練磨中降伏人生路上的每一個挑戰，藉以生起對自己之道的自信。

修真言行者所必須具備之心理，是要對：(一)「大毘盧遮那」：由其母體；(二)「成佛」：以至母體含藏之原動力；(三)「神變加持」：以及悟知此原動力之心魂；對祂們之存在，堅信不移；及對加持、祈願的效驗之可能性之驗證確認。這樣只需遵循儀軌法式，順序認真修行，自然能有所成就，獲得顯著之加持效果，靈驗產生。

何謂「加持」？「加」，是諸佛菩薩之靈力，加於修行者或祈願者之上。「持」，是修行者或祈願者任運住持諸佛菩薩威德。故知「加持」者，即是神人感應、佛凡一味一體之謂。故「加持」又名「我入入我」。「入我」者，諸佛菩薩之靈力入於吾人之內；「我入」者，吾人如水乳交融地與諸佛菩薩之偉大力量與悲智合一。故知「我入入我」者，亦即諸佛菩薩與吾人成為一體不二的境界。

說破了，凡夫生命中本具的玄妙之精神力，與「大毘盧遮那成佛」之威力，能夠互相呼應，神人交感，即大毘盧遮那成佛「神變加持」與人心之道的真諦。真言行者只須遵循儀軌法式，順序認真修行，自然能獲得本尊加持力，靈驗產生，這是密化思想與生活之重心。

相形之下，禪宗、淨土宗之於祈願加持法式之孤陋淺見，又何足道哉！

既説大乘佛教，就不得説一説其源頭「大眾部」就是「在家人傳法」這個中心關鍵。

大乘佛教，不認為出家是唯一的理想。古代帝王，均以佛教為政治工具，根本不批准在家人公開説法。現出家相為方便弘教時，就顯出家相。尤其是，今天是民主社會，人人都可以學法，絕不認為出家是唯一的理想。

大家可從《維摩詰經》看「在家人傳法，佛教興隆」的事實。在佛教發展史中，「維摩詰」信仰在印度的出現，是「大乘佛教運動」的一個輝煌時期。維摩詰絕非獨指某人，而是象徵「在紅塵中成就一切圓滿」的某類在家傳法人。維摩詰信仰的經典系列當中，更具備了秘密佛教「入我我入」之修行秘密（維摩詰經典稱之為「入不二法門」）。維摩詰信仰在大乘佛教運動時期曾是非常鼎盛，標幟着「在家人傳法」之佛教發展新方向，乃佛教「大眾部」之開花。大乘佛教諸菩薩，除了地藏菩薩是以出家比丘身示現外，其餘所有菩薩都是珠光寶氣，以象徵在紅塵世界成就豐盛人生與作佛行轉法輪之大圓滿人生。

由此可知大乘佛教運動，本質就是在家人融合積極人生和傳佛法的一個宗教革命。只可惜佛教後來發展因婆羅門教重新興起而在印度徹底消失（直到二十世紀達賴一支流亡到印度，印度才重新出現佛教），加上中國和日本基本上都只容許達到某個僧階以上之出家人才有資格修學完整佛法及在佛寺説法，所以在家人傳佛法在中國和日本歷史上，基本上都只局限於某朝代鳳毛麟角的具有政治背景的一二人而矣。

當代真言宗證道者悟光上師説：「今天是民主社會，人人都可以學法。」又説：「在家人傳密法，密教興隆。」上師於《真言密教聞中記》引用了《大日經疏》説：「阿闍梨自作毘盧遮那時，解髻而更結之；若出家人，應以右手為拳置於頂上，然後説此真言加持之，則一切諸天神等不能見其頂相也。」這裡明顯是説在家阿闍梨在解髻而更結之。所謂解髻而更結之者，就是解生死之髻，結如來之髻之意也。

總的來説，大乘佛教絕不承認出家人為唯一傳佛法之標準的！

「中國禪」一事

惠能：中國禪之革命家

「禪」是梵語「禪那」之簡稱，古代譯為「靜慮」，即靜止散亂心；或云「念慮」，即心住一境。「禪」是印度所有宗教的共通特質。單以佛教來說，不論大、小乘教，都以此為重心。

菩提達摩入中國，是為中國禪宗初祖。經慧可、僧璨等至六祖惠能。惠能把原來繁鎖而複雜的印度禪，「一變」而成為簡約的「中國禪」，是中國佛教史上是至關重要的大事。這「中國禪」變革，是一場偉大的宗教革命，其革命家就是惠能（638–713年），而這一場革命的實行家及弘揚者，則是神會（668–762年）。

惠能開創之中國禪，以「摩訶般若波羅蜜法」及「無相戒」為核心主題，是專為把握「一心實相」，以直接「活現當體」自解脫（自性真佛解脫）」為目的，又稱「直指人心，見性成佛」。

惠能之「禪」，是不懼起心動念，而以善念（從法身思量即是化身，又名一念堅持）及正念（念念善即是報身，又名正念昂揚），以「第一義（自性真佛解脫，又名煩惱自解脫）」為立場，集中於「觀察」事物對境之本性清淨，專修一念堅持而達到煩惱自解脫為「禪的思想本質」。

為使修惠能禪「一念堅持」為基調之禪者，明白頓修見性成佛禪之妙諦，吾引用唐朝開元三士之一的善無畏三藏（637–736年）之《無畏禪要》來說破箇中玄機。《無畏禪要》云：「初學之人多恐起心動念，專以無念為究竟而絕追求。凡念有善念（從法身思量）與不善念二者，不善之妄念要止，善法之念決不可滅。要真正修行者增修正念，非至究竟清淨不可。如人學射久習純熟，念念努力，常於行住俱定，起心不壓不畏，思慮進學有虧。」依此可知，《無畏禪要》正好跟中國惠能禪之心要完全一致，乃在於其正念集中於境的「有相禪」特色。

中國禪宗，曾出現「南能北秀」。其中北宗禪之神秀以《楞伽經》中之「漸淨非頓，如菴羅果漸熟非頓」為基，基此「漸漸修學必到成佛」為主眼。反之，南宗禪之祖師則以《楞伽經》中：「明鏡頓現、日月頓照、藏識頓知、法佛頓輝。」的「四頓列」，又或依《金剛經》不經修行過程力說直觀地、瞬間地、到達證悟「如是應住，如是降伏其心」境界。

《無畏禪要》裏有描寫禪經驗之徹底真相：「於修禪觀，觸著某契機，瞬間恰如雷光，現出身心脫落之悟境。而此是暫時即滅，故云『剎那心』。體驗此之後，念念加功，如水流相續曰『流注心』。更積此功不息，靈然明徹，覺身心輕泰，至翫味其境，此曰『甜美心』。依此離去起伏隱顯心之動亂，曰『攞散心』。離此散亂心，無染無著，達到鑒達圓明之境地，曰『明鏡心』。」

惠能禪之「頓悟」自性本來清淨，不出此《無畏禪要》開示禪經驗之五種過程的第一階段之「剎那心」而已。惠能禪之「頓修(念念善即是報身)」，誠如其後代傳人黃檗大師云「大悟十八遍，小悟不知其數」及其所謂「見惑頓斷如割石」的境地，亦不出《無畏禪要》中「剎那心」之頓悟和「流注心、甜美心、攝散心、明鏡心」之頓修範圍。由此可知惠能禪之「頓悟」言瞬間性「從法身思量即是化身(一念堅持)」，以及「頓修」之念念加功「念念善即是報身(正念昂揚)」之必要。

惠能禪之「無相戒」，更是「即事而真、當相即道」之見地，都以其事物當體直觀為「一真法界」真我之姿態，此處才能契入「自性真佛解脫」立場安住心神，亦唯有能「識此心，見此心，得此心，捉此心」，才是禪宗「安心」要領。

神會：中國禪之弘揚者

把原來繁鎖而複雜的印度禪一變而成為簡約的「中國禪」，是中國佛教史上一場偉大的宗教革命，其革命家就是惠能，而這一場革命的弘揚者則是神會。

惠能的傳法弟子神會在惠能圓寂後，一直宣揚惠能才是達摩以來的禪宗正統，且揚言北宗的神秀和其傳法弟子普寂國師都是偏離了達摩的真意。在公元732年（開元二十年），神會在河南滑台的大雲寺舉辦了一場無遮大會，目的是要宣揚南宗禪的頓悟教義，他用《菩提達摩南宗定是非論》和《神會語錄》等文章來證明自己的主張。在無遮大會上，北宗禪的支持者向神會提出了一些難題，試圖挑戰南宗禪的合理性，神會的言論引起了北宗禪徒的不滿和仇恨，並政治恐嚇神會說他如此非難普寂就不怕生命危險嗎？神會則據理力爭，堅持自己的立場，並說：「為了辨別是非、決定宗旨、弘揚大乘、建立正法，那能顧惜生命？」後來，神會被御史盧奕誣告為叛逆之徒，被唐玄宗貶謫到江西弋陽郡，後來又被轉移到湖北武當郡、襄州和荊州等地。

天寶十四年(755)，安祿山叛亂爆發，唐玄宗逃往成都，副元帥郭子儀率軍討伐叛軍，但缺乏軍餉，於是下令全國各地設立戒壇度僧，以度牒所得之金錢作為軍費。神會被請到洛陽主持度僧工作，並將所有收入捐獻給抗敵之用，所以在肅宗即位後，封神會為國師，並賜給他荷澤寺作為住處。而獲得政治地位後，神會所弘揚的南宗禪宗旨，才得到後來了廣泛的傳播和發展，成為了中國禪宗的主流。

上元元年(762)，神會圓寂於荷澤寺，享年九十五歲。神會是真正的南宗禪奠基者和開創者，更有歷史學家考據支持他才是唐朝《六祖壇經》的真正集結及推廣者，故神會堪稱中國禪宗繼惠能後最重要的人物。

《壇經》的最後一段話

神會堪稱是惠能這一場宗教革命的偉大實行家，他用一生示範了惠能的道。惠能的道，就是一種「唯求作佛」傳承法脈的「即佛行是佛」之大道，這可以從《壇經》的「誓願修行，遭難不退，遇苦能忍，福德深厚」最後這一段話得到印證。

《壇經》更是用「誓願修行，遭難不退，遇苦能忍，福德深厚」，要求修持惠能禪的傳人都必須要有「誓願修行，遭難不退，遇苦能忍，福德深厚」之宗教性心靈特質。所以《壇經》才會告戒未來法脈傳承人不得隨意傳授《壇經》，對傳法人要有以上四句來作出嚴格的資格和條件之篩選。

《壇經》的教法是一種頓教，要求傳人一念堅持「自性真佛解脫」並要能夠修行使之念念相續，這種修法需要行者有「唯求作佛」誓願心，才能夠在日常修養禪的思想與生活，為了自證自悟佛道而不惜一切地行佛行，縱使面對一切的困難和障礙而不動搖，能夠安忍一切的苦難和痛苦，故《壇經》說「遭難不退，遇苦能忍」；更是要有純淨的佛行和功德，要能夠積累自己和他人的福報和智慧，故又說「福德深厚」。最後，吾加持各位有緣「得遇《壇經》者」，要有「誓願修行，遭難不退，遇苦能忍，福德深厚」之使命感和本懷，才能夠圓滿修證《壇經》的頓教法，並且能夠利益自己和他人。

法緣難遇，願大家都能「無負如來、不負惠能」！

「應如何解讀禪宗第一至第六代祖師的傳法誦」一事

禪宗第一至第六代祖師的傳法誦,是《壇經》中闡明惠能禪宗「法脈傳承」之精義的部分,表達了惠能之「心印」,以求能夠代代相傳,廣為流播。

從表面來看,第一祖達摩和尚頌說「吾本來唐國,傳教救迷情。一花開五葉,結果自然成」,一般的通俗解讀為達摩預言他的法脈從自己開始,傳到第六代的惠能,才真正結出紮實果實,遍地開花。但是其實這並非惠能「創作」並說出此六誦的目的,惠能說「一花開五葉,結果自然成」是清楚明白道出禪宗法脈傳承中「代代相傳法」之心印乃秘密地透過五頌「第二至第六頌」送給了每一位真正的內弟子。所以,禪宗的成佛心印自然就含藏在以下五頌中:

- 第二祖慧可和尚頌:「本來緣有地,從地種花生。當本元無地,花從何處生?」「花」象徵成佛,就是花開證佛。「地」是心地,為萬法之本,能生一切諸法,又名「自性」。「從地種花生」,是說成佛從自性中來。

- 第三祖僧璨和尚頌:「花種須因地,地上種花生。花種無生性,於地亦無生。」「花種」,象徵佛種性,也就是「自性真佛」,花種之「生性」,是自性真佛「能生」成佛的解脫自在境界,也就是「自性真佛解脫」了。

- 第四祖道信和尚頌：「花種有生性，因地種花生。先緣不和合，一切盡無生。」花的生長是否單靠花種的生性？花種是有生性，但花的生長不是只依靠花種的生性，還需要其他條件因素如陽光、空氣、水份等的配合。我們必須要有世間的思想和生活，才能成就自性真佛解脫的境界，故惠能上文也說「法原在世間，於世出世間，勿離世間上，外求出世間」。

- 第五祖弘忍和尚頌：「有情來下種，無情花即生。無情又無種，心地亦無生。」「有情」是佛在世間「與眾生同一苦」的心念，「無情」是一念堅持中顯現一切法本性清淨平等的花開證佛的頓悟境界，這頌是開示禪宗必須有在世間思想與生活中頓修的方便。「無情又無種，心地亦無生」，指出若執於本性清淨卻厭離娑婆世界，即無能生起「即佛行是佛」之自證佛道境界。

- 第六祖惠能和尚頌曰：「心地含情種，法雨即花生。自悟花情種，菩提果自成。」這是一首美妙的頌子，其中的「花生」指的是「成佛」的境界。這首頌子的意思，說破了就是「多情乃佛心」和「佛在世間覺」，惠能就是在世間一切人生苦樂裡、在禪的思想與生活的體現裡得大自在。「諦觀法王法，法王法如是」，惠能此頌已把法脈傳承心印的秘密公開了，它更是惠能證道的心。

惠能又加作二頌，鼓勵大家說「汝迷人依此頌修行，必當見性」。第一頌曰：「心地邪花放，五葉逐根隨。共造無明業，見被業風吹。」第二頌曰：「心地正花放，五葉逐根隨。共修般若慧，當來佛菩提。」以上兩偈，第一偈說「邪」，第二偈說「正」，何謂「邪」？何謂「正」？「邪」是指違背「自性真佛解脫」的真理，並執著於「罪業、生死輪迴」思想，造成「罣礙、恐怖、顛倒夢想」。「正」是指一念堅持「自性真佛解脫」的真理，並放下「罪業、生死輪迴」思想，故「心無罣礙、無有恐怖、遠離一切顛倒夢想」，自然「度一切苦厄」，成就「究竟涅槃」的佛解脫。惠能二偈中皆說「五葉逐根隨」。若在違背「自性真佛解脫」的真理時，「五葉」就是「色、受、想、行、識」，又名「五蘊」，「五蘊」無非「我執」；而在一念堅持「自性真佛解脫」的真理時，令「五蘊」頓成為惠能與歷代祖師諸佛如來所共證之「五智」，直接證悟到一切法本性清淨。

大家既然有緣得遇以上六頌者，都務必要能「識此心，見此心，得此心，捉此心」，自證菩提果、自成佛道！

「禪宗、華嚴宗，真言宗之成佛」一事

禪宗説「見性成佛」、華嚴宗説「入法界」成佛，以及真言宗説「即身成佛」，都是佛教中最上乘的成佛理念，各有其特色和內涵。吾將嘗試為大家簡要地介紹它們之間的相同和不同之處。

首先，我們來看看它們的相同之處：

一、 不論是禪宗、華嚴宗，真言宗，都認為眾生「自性具足」。《壇經》説「自性真佛解脱」。華嚴宗則説「真如本覺性海」。真言宗光明流第九大祖師悟光上師説「一切眾生悉是佛性」，從真言密教立場，此「佛」字，就是「毘盧遮那佛」，意譯為「光明遍照」，而「一切眾生悉是佛性」者，是指「一切眾生自本性悉是光明遍照」。佛性是一切眾生的真實本質，不受時空、因果、生滅等條件的限制，是「純一、圓滿、清淨、潔白」的法身。

二、 三宗都是以「頓悟自心」為目的，強調的是頓悟本覺、自覺聖智。既有佛因，成佛就是必然的果，故頓悟又名「本有清淨因地法行」。頓悟法行，即在於「一念」，直接證得如來自性、本來清淨，這是「本有法」，亦名「自得法」。頓悟是一種超越「罪業、生死輪迴」思想的剎那安住體驗。而當中所謂的漸次修行，無非就是在平常日用的思想與生活中，修養頓悟之「念念相續」而已。

三、　三宗都主張「定慧不二」。禪宗說定慧就是「體用不二」，就像燈和光是體用不二。惠能大師說「定慧體一不二」後，指出「即定是慧體，即慧是定用」，說出其實「定（直接肯定自性真佛）是體（真如本性的體現），慧（超越八萬四千煩惱的八萬四千種慧）是用（真如本性的功用）」。這跟華嚴宗所開示的「海印三昧（真如本覺性海）」及「華嚴三昧（真如廣智菩薩萬行）」的體用圓融無礙之道理一致。真言宗行者則只需依本尊自覺中「一念堅持」光明遍照，心自證「三世是一時」，就是不受「過去、現在、未來」等時間概念的影響，而是恆常不變的，又名「阿字本不生」，因「阿」字代表「本有、不生不滅」，故是「定」；即身成佛境界就是於「阿字本不生」之「三世都是同一空性（光明遍照）的不同顯現之一剎」的三昧（定）當中，肯定佛乘「真實之智慧」，這就是真言宗毘盧遮那佛之「定慧不二」。

四、　三宗都是「佛心」宗，重視「以心傳心」，不受文字的束縛，不拘泥於教義；便縱借文字、經典、儀軌、教理等外在的形式，無非都是師佛為了能夠「直指佛心」，讓弟子識此心，見此心，得此心，捉此心，都自己親證此心而已。

五、　三宗都是提倡「即事而真，當相即道」，即在日常生活中，隨緣應用佛法，不著相，不執我，不分凡聖，不離塵勞；「即事而真，當相即道」是一種真俗不二的無住涅盤境界，既能證悟真理，又能利益眾生。

接下來，我們再來看看它們三宗的不同之處：

一、 三宗對「自性的定義和表現」有所不同。禪宗認為自性
　　 能生萬法，是「自性真佛解脫」的無相境界，見自性真
　　 佛即能斷除一切妄想，此乃《壇經》開示之「見自性真
　　 佛解脫」。華嚴宗則認為自性是法界的體性，無內外
　　 大小，唯是一種圓滿的境界，只有通達一切法的事事
　　 無礙，才能入法界成佛。真言宗認為自性是本尊的妙
　　 性，是一種「即事而真，當相即道」的秘密莊嚴境界，
　　 只有實踐本尊的三密，才能即身成佛。

二、 三宗對「頓悟的方式和程度」有所不同。禪宗的頓悟由
　　 唐代惠能禪到了末流「祖師禪」產生了鉅大變動，變成
　　 了僅通過禪師的棒喝、公案、話頭等機鋒，以求打破
　　 學人的思維，使其一念頓開，甚至發展到完全否定文
　　 字，雖也得「宗通」，但對於生命的真如理卻未能通達
　　 演說則大多未能，故已失卻「說通」。華嚴宗的頓悟是
　　 通過華嚴經的教理，開示學人的自性具足，使其一心
　　 圓融，入法界成佛。真言宗的頓悟是通過本尊的供養
　　 儀軌、觀想、念誦等無上智慧灌頂法門，轉化行者的
　　 身心，使其自證三密相證，與本尊一體無異，即身成
　　 佛。

三、 三宗對「以心傳心的對象和條件」有所不同。禪宗的以心傳心是以禪師和學人之間的相應為前提，要求學人有機緣、根器、信心等條件，才能接受禪師的指點。華嚴宗的以心傳心是以法界的無礙為前提，要求學人有大智慧、毘盧遮那心、普賢行願力等條件，才能接受華嚴的教化。真言宗的以心傳心是以本尊的加持為前提，要求學人有本尊無上智慧灌頂、三昧耶戒、三密相應等條件，才能自覺本尊的秘密莊嚴心。

四、 三宗對「成佛的體、相、用表現」有所不同。禪宗的成佛是以自性真佛為體，無相為相，「即佛行是佛」為用。華嚴宗的成佛是以圓融一心為體，以十法界為相，以一切眾生法界緣起事事無礙之佛境菩薩行為用。真言宗的即身成佛是以本尊曼荼羅為體，以神變加持世界成「金剛界三十七尊」為相，以本尊秘密莊嚴即身成佛為用。

以上簡要地介紹禪宗「見性成佛」、華嚴宗「入法界」成佛，以及真言宗「即身成佛」之五相同和四相異的説明。

「華嚴十玄門與淨土持名念佛法門」一事

中國淨土宗初祖，是東晉高僧盧山慧遠禪師（336年-417年）。慧遠禪師依《佛說觀無量壽佛經》開宗，其主修及宗旨是「觀想法門」，即以觀想西方極樂世界的種種功德莊嚴，來淨化自心，並發願往生淨土。慧遠禪師認為，觀想法門是大乘佛法的精髓，能夠攝持一切善法，並與中觀般若學相通。

中國淨土宗二祖，是唐朝善導大師（613年-681年）。善導大師主張「持名念佛」和死後往生淨土，其依持是「阿彌陀佛的本願力」，即阿彌陀佛發願要度一切眾生，只要稱念其名號，就能得其接引。善導大師認為，持名念佛是最易行、最普遍、最殊勝的法門，能夠消除一切罪障，增長一切福慧，並與「華嚴一乘」相應，被後世淨土宗尊為二祖。

慧遠禪師與善導大師的主要分別是，前者強調「觀想法門」，後者強調「持名法門」；前者以「中觀般若」為理論基礎，後者以「華嚴一乘」為理論基礎；前者以盧山為弘法中心，後者以長安為弘法中心。兩者都是淨土宗的重要先驅，但並沒有直接的師承關係，而是各自從不同的傳承中繼承淨土法門。

「華嚴十玄門」是具體展現華嚴宗「法界緣起」根本教義之方便法門之一，是根據《華嚴經》開示的「海印三昧（真如本覺性海）」及「華嚴三昧（真如廣智菩薩萬行）」而立說的。「華嚴十玄門」說明了一切事物的圓融無礙、一多無礙、三世無礙、同時具足、互涉互入、重重無盡的道理。

淨土宗的「持名念佛」是指稱念阿彌陀佛的名號，以求往生西方極樂世界。它是依據《佛說無量壽經》和《佛說觀無量壽佛經》中的阿彌陀佛的本願力而立說的。它說明了阿彌陀佛的慈悲願力、無量光明、無量壽命、無量智慧、無量功德的道理。「華嚴十玄門」和「持名念佛」之間有以下幾點關聯：

— 都是以「一乘」為理論基礎，即認為一切眾生都具同一本性，故悟此都能成就佛果，只是因為無明（罪業、生死輪迴）思想而有諸煩惱障礙而未能顯現。

— 都是以「法界緣起」為教義核心，即認為一切法門都是「唯一真如」依緣而生，故互相包含，互相成就，無有障礙。

— 都是以「圓融無礙」為修行目標，即認為自修自證自法門都能圓滿具足，相即相入，自在成立，無有差別。

— 都是以「本願力」為修行依據，即認為一切法門都是佛菩薩的慈悲願力所攝持，只要發起菩提心，就能得其接引。

淨土宗的「持名念佛」既以「華嚴一乘」為理論基礎，是華嚴法界的一種顯現，亦可視為「華嚴十玄門」的一種實踐，「持名念佛」的秘密自可用「華嚴十玄門」十項來一一說破：

— 同時具足相應門：持名念佛的人，與阿彌陀佛及其淨土，同時具足相應，無有隔礙。阿彌陀佛的名號，即是阿彌陀佛的法身、報身、化身的總攝，一念即是無量。

— 廣狹自在無礙門：持名念佛的人，廣狹自在無礙，不受時空的限制。一念之間，即能遍入十方三世的無量佛土，與諸佛相應，不違本位。

— 秘密隱顯俱成門：持名念佛的人，秘密隱顯俱成，不失真實。阿彌陀佛的名號，隱藏了阿彌陀佛的無量功德，但又顯示了阿彌陀佛的本願力，只要稱念，即能感應。

— 微細相容安立門：持名念佛的人，微細相容安立，不違法界。阿彌陀佛的名號，雖然是諸佛菩薩無量法門中一個微細的法，但卻能相容一切法，安立一切法，因為它是法界的一種顯現。

— 十世隔法異成門：持名念佛的人，十世隔法異成，不受因果的束縛。阿彌陀佛的名號，能超越十世的因果關係，讓持名的人在此生就能往生淨土，不受業力的牽引。

— 諸藏純雜具德門：持名念佛的人，諸藏純雜具德，不失佛性。阿彌陀佛的名號，能淨化持名者的八識，即是諸藏，使之純淨無染，具足佛的一切功德，即是佛性。

— 一多相容不同門：持名念佛的人，一多相容不同，不執一分。阿彌陀佛的名號，雖然是一個法，但卻能包含一切法，不同於一切法，不執著於一個法，而是圓融一切法。

— 諸法相即自在門：持名念佛的人，諸法相即自在，不拘形相。阿彌陀佛的名號，能使持名者與一切法相即，不分內外，不分自他，不分色空，自在無礙，不受形相的限制。

— 唯心迴轉善成門：持名念佛的人，唯心迴轉善成，不染惡業。阿彌陀佛的名號，能使持名者的心唯一，不分散，不起煩惱，迴轉一切惡業，成就一切善業，不染惡業的污穢。

— 託事顯理無滯門：持名念佛的人，託事顯理無滯，不離真如。阿彌陀佛的名號，是一個事相，但卻能顯示真理，即是真如法界，持名者不執著於事相，不滯於名言，不離真如的本性。

以上是用「華嚴十玄門」十項，來一一說破「持名念佛」秘密，亦是「華嚴經教」解用通一切經之一個「演說法」之實證。

「《華嚴經》解行不二」一事

「佛境菩薩行」是《華嚴經疏》中澄觀大師對於華嚴宗的一個重要法門，意思是菩薩以「如來的智慧境界」為立場，運用種種「行願方便」，普現一切法界，廣演一切法，為利益一切眾生而修行。

故知「佛境菩薩行」的核心思想，就是通過修習如來「智慧」和「行願」，以達到與佛相應的境界，即法界。法界是一切法的實相，無有分別、障礙、差別，一切法皆相互含攝、相互融通、相互顯現。菩薩要入法界，必須具備如來智慧和行願的雙重資糧，並且使之不二不離，即解行不二。

澄觀在《華嚴經疏》中，以文殊和普賢為如來「智慧」和「行願」代表，分別說明了如來智慧和行願的重要性和關係。依文殊菩薩的妙智慧，運用法界緣起的觀法，觀察一切法的「本性、相、體、用、力、作」等，了解法界的真實境界，即一切法皆是無自性、無差別、無礙、無盡、無障礙的。實行普賢行願者，是為能活現毘盧遮那光明遍照精神，行者必需以光明遍照自覺對日常生活中之行為，予以觀察、反省、檢討，透過此去開啟自覺聖智究竟之心眼，才能過有意義的高尚品格生活。

由此可知，《華嚴經》以文殊作為是如來智慧的化身，是代表「以解顯理」，即以如來智慧來顯示法界的真理，證悟一切法的空性、無我、無相、無願、無住。《華嚴經》以普賢作為一切行願的化身，是「以行顯理」，即以偉大行願來顯示法界的真理，實踐一切法的假性、因緣、方便、大願、不退。

澄觀在《華嚴經疏》清楚說明，文殊所代表之如來智慧和普賢所代表之一切諸佛菩薩行願，是相互依存、相互成就的，不能偏廢或分離。如來智慧若無行願，則不能利益眾生；行願無如來智慧，則不能超越罪業生死輪迴妄執。如來智慧和行願的結合，才能顯示法界的真理，即一切法的中道就是光明遍照，不生不滅，不垢不淨，不增不減。

因此，《華嚴經　入法界品》主張菩薩要以文殊和普賢為榜樣，修習如來智慧和普賢行願的雙運，使之不二不離，即「解行不二」。這樣，才能入法界，即與佛同一境界，圓滿菩提。

這是吾對《華嚴經疏》中的「解行不二」的主旨的簡要說明。

「佛智甚深、真言至妙。般若無邊、金剛第一。持四句偈、會之於心。緣生十喻、作如是觀」一事

佛智甚深、真言至妙

諸佛是覺悟的人，人才有辦法成佛。為什麼人以外的眾生不會成佛呢？是因為人的腦筋較好，可以思惟，可以用迴光反照的力量去洞察；而其他動物的腦部組織較差，無法迴光反照。

諸佛的智慧甚深無量，無法估計測量。這種甚深的道理不是用普通言語所能表達的，要將甚深的道理把握得住，就得利用真理語言去看到實相、顯出本體宗旨，這就是「文字般若」。

般若無邊、金剛第一

此經名《金剛般若波羅蜜經》，簡稱《金剛經》。

般若是智慧，是絕對的、宗教性的智慧。般若智慧大家自己都有（自得法），本來是自身具足的（本住法），故又名根本智。人會成佛是因為：第一、人可以思惟；第二、人可以用與自身體在一起的根本智（般若）的迴光反照力量去洞察一切事情皆「即事而真，當相即道」。

金剛者，乃帝釋之寶杵，具極堅、極利二義。實相堅固，萬劫不壞，是名「實相般若」；功能就叫利，又叫權智，此智能頓見諸法的實相，是名「觀照般若」。所以，金剛之堅，比喻般若「體」；金剛之利，比喻般若「用」。

何謂「實相堅固」？實相就是宇宙的原理，我們說為佛性、法性、真如、法界性。法界的一，就是一真法界；一真法界，就是真如本性；真如本性，能隨緣生萬物。何謂「觀照般若」？依般若絕對的、宗教性的智慧來看，就會頓見諸法的實相。我們觀行之時，是透視假的去看那個真的，會感到諸法的實相本來，是名「空性、性空」，亦名「真常」──真正常住的東西，真正有、不會壞掉的，故此空性最為堅固，故名金剛。

實相、觀照二種般若，實具堅、利之義。以金剛之堅比喻般若「體」，金剛之利比喻般若「用」，體用不二，法喻雙彰，故曰「金剛般若」。

由於真如本性無形無相能生萬法，故法法皆真，萬法皆真。若觀到程度夠了時，就進入了實際，煩惱沒有了就進入實際。真諦叫做「如來」，亦叫「涅槃」。煩惱結已盡，生死永滅，已沒什麼再可寂了，故叫「寂滅」。一切諸法立處皆真，我們無論在什麼地方都不能脫離真如本性。真如性體，周遍法界，如如不動，即是諸經所言法法皆如之義，這便是「即事而真，當相即道」。

持四句偈、會之於心

所謂「四句偈」，亦即真如理言、真理語言(真言)。「會
之於心」者，因真言，起觀照，證實相也。那怕只是少有
修行的人，遇有很多煩惱妄想時，就趕快持四句偈、念
咒、念佛或觀想，這樣煩惱就能平息了。《大日經疏》云：
「一切有情常有我相種種煩惱，才若念真言(真如理言，
亦即四句偈)，我相即除，此為希有，亦甚希奇也！」

我們的觀念認為有生、有死，有今天、有明天，這些種
種的觀念都要沒入到「一真」。若分別在此世間裡，就無
法透視到真理，一切就被塵勞所累，這樣我們便成為凡
夫。我們若能進入真理(才若念真言，我相即除)看了不
生不滅的現象，就沒什麼涅槃可證，這便是「不二法門」。
無涅槃可證，亦無佛可成，你成佛了。故無眾生可度，
無一眾生可度而去度眾生；不度生而度生，度生而不度
生，不執著有度沒度，有沒有度完全不執，那只是應該
要做的。像吃飯一樣，應該吃就吃，不吃不行；吃了就
沒事了，吃飽就好了。」

「持四句偈、會之於心」，就像吃飯一樣：「應該」吃就吃，
不吃不行；吃了就沒事了，吃飽就是「相應」了。

緣生十喻、作如是觀

《金剛經》所説「一切有為法,如夢幻泡影,如露亦如電,應作如是觀」,確實已將金剛本旨,彈指道破了!

《金剛經宗通》説:「『一切有為法,如夢幻泡影;如露亦如電,應作如是觀』,唐(玄奘法師)譯云:『諸和合所為,如星翳燈幻,露泡夢電雲,應作如是觀。』」這是以般若妙智,觀察十緣生法。

《金剛經宗通》説:「此經名金剛般若,甚深十喻,乃其本旨。所謂觀一切業如幻,一切法如燄,一切性如水中月,妙色如空,妙音如響,諸佛國土如乾闥婆城,佛事如夢,佛身如影,報身如像,法身如化。唯除妙音如響,餘列為九喻。雖名相稍有不同,大都可以意會,此甚深般若觀智,雖佛事如夢,雖佛身如影,正達一切業如幻。自三十七助道品,乃至菩提涅槃,一切如幻,本大般若破相宗也。」又説:「持經説法者,深解義趣,能為人演説,不取於相,如如不動。」行者因時時深修十緣生觀,故境界現前時,即知我心佛心,皆畢竟清淨。

「十二問：測試您對《金剛經》的認識有多少」一事

一、何以說「一切諸佛，皆從此經出」？如何是此經？

般若是佛母。何以說般若是佛母？是因為眾生覺悟之後才能成佛，要覺悟就要有般若智慧。故《金剛經》云：「一切諸佛，皆從此經出。」有般若智慧才能見到真理，才會成佛，所以般若是佛母。

佛從般若所生，那麼般若會生佛嗎？當然會。般若為母親，當然還要有個父親，母親照顧家裡，父親應付外面，又名「方便」。因為般若能生佛，須有方便才能生，所以方便為究竟。

若無方便的老爸，便無法救度眾生，所以他是應付外面的。般若是佛的內證，是成就佛法身的實智，又名「無為法」。無為法是「一」，是無參差的；不過以方便來說法的，因為各人有各人的角度，各人有各人的說法和見解，是名「有為法」。故《金剛經》云：「一切賢聖皆以無為法（成就佛法身的實智），而有差別（各人有各人的說法和見解）。」

二、 從「應云何住」到「云何應住」，當中有何修行秘密在？

修行乃由「應云何住」所說之「應該」，直到「云何應住」所說之「相應」。

《大日經住心品》云：「從因至果，皆以無所住而住其心。」故知從「應云何住」到「云何應住」，目光落處是「因地至果地」、是從「應該」到「相應」的問題。

三、 既說「過去心不可得、未來心不可得、現在心不可得」，那什麼心可得呢？

過去心不可得、未來心不可得、現在心不可得，則「菩提心」可得。

菩提心者，即是白淨信心，即自信己心猶如虛空本來清淨，無諸「過去心、未來心、現在心」妄想分別。馬祖道一云：「汝等諸人各信自心是佛，此心即佛心。」若此信心堅固不動，自然時時以此信心觀照萬物之「當相」是沒有流動相的、是前後際斷的、不是連續的、是全機現成的「即道」，則能知自心「當相即道，即事而真」，這也是「過去心不可得、未來心不可得、現在心不可得」的佛心之印證。

四、 為什麼經文多次強調「四句偈」？何謂「四句偈」？

所謂「四句偈」，亦即「真如理言、真理語言（真言）」。經文多次強調「四句偈」，是要讓人歡喜「受持讀誦，為他人説」四句偈。因受持誦説，能成佛也。

《大日經疏》云：「一切有情常有我相種種煩惱，才若念真言（真如理言，亦即四句偈），我相即除，此為希有，亦甚希奇也！」住持四句偈（真理語言），可以被稱為第一希有之法。

《金剛經》云：「如恒河中所有沙數，如是沙等恒河，以七寶滿爾所恒河沙數三千大千世界，以用布施，不如受持四句偈之比較。」又云：「恒河沙等恒河，以七寶滿爾所恒河沙數三千大千世界布施，非「無為」不能，故得福甚多；然尚不如受持四句偈為他人説得福多者，因受持誦説，能成佛也。」

四句偈是文字般若（真如理言，亦即四句偈），因為有了這種文字般若，好比過去的佛在説法。我們現代人怎麼能聽到佛説呢？沒辦法，過去的聖人只好將以前佛所説的法組織起來，寫成文字，再用文字來布教給後人聽，經典變成為一種影子，讓人知道其意密，『以指見月』。但指不是月，指只是告訴月在那裡；月是這樣的，利用指去看到空中的月。若認為手指就是月，就錯了。所以四句偈，就是利用文字語言去看到實相。

五、 何以説「若人言：如來有所説法，即為謗佛」？到底何謂「如來」？何謂「佛」？

一般人都説「如來」就是「佛」，「佛」就是「如來」。但它們意義是不同的：「如來」就是説「真如本性」的意思（物理道理）；「佛」就是指智（精神）；「世尊」就是指釋迦佛。譬如在《金剛經》內有「佛説」，這是指精神；有「如來説」，是指物理，經內如來説「非世界是名世界」，就是説物理；「世尊説」，世尊即釋迦牟尼佛，釋迦牟尼佛亦是大日如來變化出來的，我們亦是一樣由大日如來變化出來的。釋迦牟尼佛於開悟後教化眾生，經書上的「世尊」即是釋迦牟尼佛。世尊於講道理時會用「如來説」，講解有關精神方面便用「佛説」。大家若看《金剛經》便知道，若不分辨此三者分別，便不可能清楚瞭解，故在這簡單向大家説明。

真如本性（物理道理）無形無相能生萬法，故法法皆真，萬法皆真；在「行深般若波羅蜜多時」，人人都能從法法去透視到真如本性的意思（物理道理），這就是「大自然（物理）在説法（道理）」，是無言之説，這就是「如來無有所説法」的大義了。

六、「一切有為法，如夢幻泡影；如露亦如電，應作如是觀」有何義？

《金剛經宗通》說：「『一切有為法，如夢幻泡影；如露亦如電，應作如是觀』，唐（玄奘法師）譯云：『諸和合所為，如星翳燈幻，露泡夢電雲，應作如是觀。』」又說：「此經名《金剛般若》，『甚深十喻』乃其本旨。所謂觀一切業如幻，一切法如燄，一切性如水中月，妙色如空，妙音如響，諸佛國土如乾闥婆城，佛事如夢，佛身如影，報身如像，法身如化。唯除妙音如響，餘列為九喻。雖名相稍有不同，大都可以意會，此甚深般若觀智，雖佛事如夢，雖佛身如影，正達一切業如幻。自三十七助道品，乃至菩提涅槃，一切如幻，本大般若破相宗也。」

《金剛經宗通》又說：「持經說法者，深解義趣，能為人演說，不取於相，如如不動。」持經說法者，若能既不住於有為而取於相（謂得淨心已，皆當以十喻觀相，不住於有為），亦不住於無為而離於相（從菩提心因，大悲生根，乃至方便究竟，其間一一緣起，皆當以十喻觀之，不住於無為）。以此自度，並以此度人，是名「如如不動」。

《中論》說：「涅槃與世間，無有少分別，世間與涅槃，亦無少分別。涅槃之實際，及與世間際，如是之二際，無毫釐差別。」《大日經疏》又說：「『如咒術藥力能造所

造種種色像』：譬如幻師，幻作種種事，是幻相法爾，雖無根本而可聞見。『陽焰性空』：行者於瑜伽中，見種種特殊境界，乃至諸佛海會，無盡莊嚴，爾進應作此陽焰觀，了知唯是假名，離於慢著，轉近心地，則悟加持神變，種種因緣，但是法界焰耳。『如夢中所見』：行者修見無量加持境界……但當以夢喻觀之，心不疑怪，亦不生起執著。『如面緣於鏡而現面像』：行者以如來三密淨身為鏡，自身三密行為鏡中像因緣，有悉地生，猶如面像……如作如是觀故，行者心無所得，不生戲論。『以乾闥婆城解』：菩薩利根，深入諸法空中，故以乾闥婆城（海市蜃樓）喻身，為破吾我故。『以響喻解』：行者若於瑜伽中，聞種種八風違順之音，或諸聖者以無量法音現前教授，亦當以響喻觀察於中不應妄生戲論。『如因月出故，照於淨水而現月影像』：由三密方便自心澄淨故，諸佛密嚴海會，悉於中現；或自以如意珠身，於一切眾生心水中現。若得此相時，應當作水月觀之。『如天降雨生泡』：行者以自心作佛，還蒙心佛開示悟入種種方便，轉入無量法門時，應當作浮泡觀之，了知一切皆不離於自心，故不生執著。『如空中無眾生無壽命』：修觀行時，若有種種魔事，種種業煩惱境，皆當安心此喻，如淨虛空。『譬如火爐，若人執持在手而以旋轉，空中有輪像生』：於瑜伽中隨心所運，無不成就，當此之時應知但由淨菩提心一體速疾力巧用使然，不應於中作種種見解計著為超勝而生戲論。」

《大日經疏》又說:「此十喻皆是摩訶衍(大乘)人甚深
緣起,非聲聞緣覺安足之處,故名『大乘句』。」此是總
結「甚深十喻」,而勸大乘行者,皆應如是而知、如是
而觀此十種譬喻。

七、「是法、非法、非非法」在告訴我們什麼修證上的
　　秘密呢?

禪宗有一偈曰:「是法非法無非法,有相無相皆實相;
身心不二原性空,何有罪福生死法?」

「是法非法」,是法不是法,因為法是「因緣」法,故是
「假」法,無常住;但也不能說「樣樣都不是」,故「無
非法」就是「樣樣都是法」的再肯定。

「有相無相」,是有形之相(有相)皆不能常住,故是諸
法無定形(無相);而「皆實相」就是有相與無相都是實
相,這是對「樣樣都是實相」的肯定,是肯定了「有無
不二」,即事而真,當相即道。

「身心不二原性空,何有罪福生死法?」身和心原來不
二,性本空,哪裡有罪與福,生與死呢?故罪福生死
是無有的,不可說的;這對「罪福生死是無有的」的肯
定,是修般若行的「因地(起點)」,故修般若又名「因
地法行」。

八、「無我相、無人相、無眾生相、無壽者相」、「無我見、無人見、無眾生見、無壽者見」在說明什麼？

妙悟的人從真如本性來看，他不會以凡夫俗子的常情去看諸法的假相而被迷去，他能永遠在動中看到靜的，從形形色色中看到真如本性，真如本性就是佛性。佛性無相，無形，無色，無聲，無息，他變化出的法就是所生出的物。佛性無相，就是「無我相、無人相、無眾生相、無壽者相」；真如本性就是「無我相、無人相、無眾生相、無壽者相」。這是「佛知見」裡面的「佛知」部分。

妙悟的人因為明瞭了「佛知」的道理，所以能永遠在動中看到靜的，從諸法形形色色的「我相、人相、眾生相、壽者相」中看到真如本性是「無我相、無人相、無眾生相、無壽者相」，是名「無我見、無人見、無眾生見、無壽者見」。唯此佛眼，才是圓滿的「佛知見」。

《金剛經》說：「如來有肉眼、天眼、慧眼、法眼、佛眼。」所謂如來，即是一切眾生。所以一切眾生皆有佛眼，則一切眾生都可以與在諸法當中的「無我相、無人相、無眾生相、無壽者相」的真如本性相聯結。達到了這樣的聯結，也就進入了「無我見、無人見、無眾生見、無壽者見」的「佛知見」狀態。

九、何以說「滅度一切眾生已,而無有一眾生實滅度者」?

有人說某人涅槃了,涅槃成佛了;但是根本沒有佛可以成,也無有凡夫可度,只是平等一味,一切眾生就個個都是如來,也是諸佛。這就是「滅度一切眾生已,而無有一眾生實滅度者」的意思。

我們以佛悟到的眼光入到中心涅槃體再看出來,一切眾生就個個都是如來,也是諸佛。以涅槃體處看一切諸佛,全部都滅盡了,沒有一個不滅盡的。未滅盡是以現象去看的,是錯誤看法。你從滅盡的世界進入無滅盡的世界才能再回到滅盡的世界。

本來你若無滅盡你要如何滅盡?因為本來是滅盡的,本來就是滅度的;本來我們就是住在這個家,離開了家才能再回家。我們本來若沒有家怎麼回家?我們的本性也是這樣,因為現在是在變化出去之後又再回頭。

所謂涅槃而不涅槃,諸法炳然,森羅萬象皆存在,不用滅,當體就是涅槃體。涅槃體發生諸法,故涅槃而不涅槃;一切法本來就是涅槃體,只因我們的邪見造成的錯誤,所以我們用另外一個角度來估計。

邪見即迷，迷生執著，執著生愛，愛取不到，故生煩惱。我們修行是在修什麼？是修滅除煩惱，二無我就能入涅槃，入涅槃則自在，無煩惱故自在。然而當體就是涅槃體了，故不用再加個涅槃。本來是佛，頭上不用再安一個佛，無佛可以再生，本來當體就是。當體的認定即是涅槃，是涅槃體而不涅槃，故諸法不可毀，一樣有活動，所以涅槃而不涅槃。從這點來看，即知「亡不為無」，雖然已亡境但並不是無。只因為無執著、無住著而已。

凡夫的生活就像在夢中，全被現象迷去，被迷故有心機、有身見、法見、我見，有我的存在，有靈魂的存在，有物質的存在，因而怕死。但本來無生，云何有死？無生無死就是涅槃。然涅槃也是假的，故涅槃無名，只是假名，並沒有真的涅槃。有人說某人涅槃了，涅槃成佛了。但是根本沒有佛可以成，也無有凡夫可度，只是平等一味。

以世間的話來說，你是凡夫，或你是聖人，但聖人多了些什麼？多一個覺，只是多個覺悟的覺，只是明瞭了某個道理而已，其餘和凡夫一樣，沒有差別。

十、 若説「《楞嚴》因智者而興、《楞伽》因達摩而興」，
　　 則可説「《金剛》因慧能而興」了。慧能為何用《金
　　 剛經》印心？

　　《壇經》云：「若欲入甚深法界、入般若三昧者，直須修
　　般若波羅蜜行，但持《金剛般若波羅蜜經》一卷，即得
　　見性，入般若三昧。當知此人功德無量，經中分名讚
　　嘆，不能具説。此是最上乘法，為大智上根人説；小
　　根智人若聞法，心不生信。」又云：「我於忍和尚（弘忍）
　　處一聞（聞四句偈），言下大悟，頓見真如本性。」又云：
　　「若大乘者，聞説《金剛經》，心開悟解。」這是教人對
　　《金剛經》懷著開放的心，並藉著受持四句偈，能信自
　　心是佛，此心即是佛心。《壇經》云：「即佛行是佛。」
　　能夠常常「受持讀誦，為他人説」四句偈，即是「一行
　　（佛行）三昧、常行直心（佛心）」了。

　　《大日經疏》云：「一切有情常有我相種種煩惱，才若
　　念真言（真如理言，亦即四句偈），我相即除，此為希
　　有，亦甚希奇也！」所以一念「受持讀誦，為他人説」
　　四句偈，我相即除，是名修般若波羅蜜行。

十一、有人說佛陀在《金剛經》裡對須菩提說法，整部
　　《金剛經》都在說「空」；也有人說《金剛經》說「有」
　　不是說「空」。到底《金剛經》在說「有」，抑或在說
　　「空」呢？

　　金剛之堅，比喻般若「體」；金剛之利，比喻般若「用」。
僧肇在《金剛經注》說：「此經『本體、空慧』為主。」

　　諸法的實相本來是空性、性空，則當體寂滅，沒有什
麼，沒有什麼卻又會生出萬有，故寂滅亦名真常——
真正常住的東西，真正有、不會壞掉的，故此空性最
為堅固故名『金剛』，亦名真常。

　　諸法的實相，就是「本體」。我們用智慧去看實相，那
種腦力叫空慧，名般若；般若是空慧，是看到實相的
智慧，不是只看現象的，是透視真如本性、佛性活動
的源頭，即能觀之智。

　　用空慧去看實在的空，看到時就會感覺到空即不空，
這裡有動力存在嗎？有動力存在。有因緣故緣生法。
若無因緣就不能形成任何的物了。所以要去見到非空
非有，妙有才能從中出現。

十二、《金剛經》有歷代其它數種漢譯本，而為什麼世間流行多為鳩摩羅什所翻譯的呢？

《金剛經》現今還有梵文原典留下來，也有歷代其它數種漢譯本：最早的是姚秦鳩摩羅什翻譯的，後來北魏菩提流支、南朝真諦、隋朝達摩笈多、唐朝玄奘和義淨也譯過此經。而世間流行多為鳩摩羅什所翻譯的《金剛般若波羅蜜經》，為什麼呢？究其原因，有兩個因素：一是鳩摩羅什重意譯，依漢語文法，言簡意賅，疏朗流暢；另一個是因為鳩摩羅什本身是一位大證悟者，自然其《金剛經》的譯本，就是大成就者以諦實語加持過的，能突顯經中原本是不明顯的意思，這對我們瞭解般若有極大的幫助。僧肇云：「言由理生，理經言顯，學者神悟，從理教而通矣。」古往今來，確有過無數人依此譯本開悟，就足以證明這一點。

順帶一提，今天流行的鳩摩羅什所翻譯的《金剛經》，大都編成三十二分，這是梁昭明太子劃龍點睛地給經文分的。大家在聞思《金剛經》的時候，若按這種劃分方式、及以各分的標題去意會，則《金剛經》雖有很多重複的內容，也將變得一層一層非常易懂。那是因為梁昭明太子為各分所給的標題，實在是含藏了佛菩薩不可思議的慈悲願力，以及不可思議的威德加持。

「涅槃之義」一事

《金剛經》開示學修大乘者「應如是降伏其心」云:「所有一切眾生之類,若卵生、若胎生、若濕生、若化生、若有色、若無色;若有想、若無想、若非有想非無想,我皆令入無餘涅槃而滅度之,如是滅度無量無數無邊眾生,實無眾生得滅度者。」

要明白此大乘「心法」道理,首先得通達「涅槃」之義:「涅」者不生,「槃」者不滅。「不生不滅」就是「涅槃」、「涅槃本體」、「涅槃體」,又名「如來」。

「不生不滅」又是什麼呢?既然一切法(一切事物)常處生滅,「不生不滅」便不是任何事物了。所以,「涅槃」其實什麼也不是。如是「涅槃」,無話可說,只是「假名」。「涅槃」,還有「真如本性」、「法性」、「如來德性」等名,俱本來無形無色無有什麼,無黑紅青白,都同具不生不滅義,故悉是應物故假定的不同假名而已。

當佛陀成佛時,盡見宇宙的眾生都已成佛,故佛在《金剛經》才說「我皆令入無餘涅槃而滅度之」。此中說「我皆令入無餘涅槃而滅度之」,明白道出「無餘涅槃」;「無餘」即「圓滿」、「絕對」義,跟「不生不滅」義相通。然而因眾生的邪見造成的錯誤,所以眾生用另外一個角度來妄計;邪見即迷,迷生執著,執著生愛,愛取不到,故生煩惱,故經中又說「如是滅度無量無數無邊眾生,實無眾生得滅度者」,這裡說的就是「有餘涅槃」了。「有餘」即「未圓滿」,佛報身與眾

生此身俱有「存在」，有「生滅」，故悉「未圓滿」。生命存在本質是「圓滿」、「絕對」的，就是「無餘涅槃」了；當人未死就是有生命存在，就仍在活動著，那就是仍處生滅之「有餘涅槃」。肯定圓滿就是「無餘涅槃」了，但此期人生「未圓滿」就是「有餘涅槃」了。「肯定圓滿」後，「有未圓滿故仍要做的工作」未做完，所以佛在世還要做佛的工作以顯得圓滿，那即是證入「無住涅槃」了。

前說「涅槃」，應物而有三個不同假名：「無餘涅槃」、「有餘涅槃」、「無住涅槃」，但不可以說就有這三種涅槃，因為「有餘涅槃」、「無餘涅槃」和「無住涅槃」均是「涅槃體」上的一個假定、假稱呼，本來也是無話可說的。一切法本來就是不離不生不滅「涅槃本體」的，這就是「現象即實在」的道理了。

因為現象即實在，只要你去肯定，諸法都是涅槃體性，一切眾生皆有「如來德相」。只要發心將一切肯定，肯定之後一切事情之我執都放下了，不用煩惱生，也不煩惱死，什麼都不煩惱，什麼都無所執，內心所執的法都沒有了，這就直接證佛位：無煩惱名解脫，解脫就是涅槃，就是滅度，就是證道，也就是菩提，這樣叫做頓證「無餘涅槃」了。這樣涅槃了但當然人未死，也是有存在，故仍在活動著，那就叫「有餘涅槃」。有存在故尚有佛轉佛法的工作未了，有要做的工作未做完所以還要做，那即是證入「無住涅槃」。

把「無餘涅槃」、「有餘涅槃」、「無住涅槃」統一起來，歸到本然理體，也就是本然理體「自性涅槃」。這不再是無住、

有餘、無餘，而是自性涅槃，自性本來如是的涅槃。「自性涅槃」也是假名，是依「理」看的；若以「相」來看，整個宇宙是一個「多的一」，互相交叉活動，參差交織，雖是一，但有無限多的活動存在其中。無限多的活動是「別」，整個宇宙是「總」，名「實相涅槃」。

一一「涅槃」假名，無非是依行者修行的功能所立的名詞。

進一步說「我皆令入無餘涅槃而滅度之」之妙趣。，這裡的「令」字，是「命令」。佛命令眾生回歸「無餘涅槃」去觀察眾生都已「滅度」。因為每個人的真如本性「本來就是滅度的」，應以這悟境來看眾生。乃至，諸法都是真如本性當體發出來的花，這個「法性的花」就是「法華」；這本性當體發出來的花，是來嚴飾世界的，這便是「華嚴世界」。我們應當以佛悟到的眼光入到一切眾生中心（涅槃體），再看出來，一切眾生就個個都是如來，全部都滅盡了，因為本來是滅盡的。本來就是滅度的，佛才能「命令」一切眾生「入無餘（圓滿）涅槃而滅度之」。

再進一步說「如是滅度無量無數無邊眾生，實無眾生得滅度者」。若執住於此「無餘涅槃」中，便無法利益一切眾生，為饒益彼等眾生，佛才說我們同時應當生起「如是滅度無量無數無邊眾生，實無眾生得滅度者」之「有餘（未圓滿）涅槃」的「尚有願力未了，有要做的工作未做完」的心自覺，並在「無餘涅槃」這如來境界中去做尚有願力未了的世間「有餘涅槃」之利益眾生工作；在有身有精神之下，住於圓滿境界中工作，這就是「無住涅槃」，是佛在《金剛經》開示「應如是降伏其心」的秘訣。

再進一步說明作為「應如是降伏其心」秘訣之「無住涅槃」。能在「無餘涅槃」中去做「有餘涅槃」的工作，讓人人都能夠有涅槃的開悟與覺醒，不只是自受法樂，也是他受法樂，那就是經中所說「諸菩薩摩訶薩，應如是降伏其心」的道理。

不只是自受法樂，也是他受法樂，你要救這些人，讓他們也得到那種境界，你去做這些工作，六度萬行，這就是「轉法輪」。「轉法輪」就是「轉自心的法輪」和「轉別人的法輪」，這就是「轉內外法輪」。度外面的人，是轉外法輪，轉外法輪同時也要我們的心去運作，所以同時轉了內法輪。雖說轉法輪有內外，但根本只是一個；做外面的工作要用內心才能做，無心是不能做的，你去做外面的事你的心當體就是在轉內法輪了，故不是兩個，兩個就錯了。所以修行只須一味，通透一味就成了。順這道理，故成「菩薩摩訶薩」，逆道理則「非菩薩」。

「菩薩摩訶薩」，就是「能以佛悟到的眼光入到中心涅槃體再看出來，觀察世界都已滅度盡了，個個都是一個自性如來，個個都是真如如來也是諸佛；並能以現象去看一切眾生未滅盡仍只是凡夫」者。從「無餘（圓滿）」的世界進入了「有餘（未圓滿）」的世界，再依「無住（在未圓滿中證圓滿）」故回到「無餘（圓滿）」的世界，就是「菩薩摩訶薩」之證道。

菩薩摩訶薩到中心涅槃體再看出來，盡見宇宙諸法炳然，森羅萬象皆已成佛，不用滅度；然而涅槃體又發生諸法，故涅槃而又不涅槃，所以菩薩摩訶薩一定有生命活動，是知道了道理故再無執著、無住著而已，故能滅除煩惱，二

無我就能入涅槃，入涅槃則自在，無煩惱故自在。既是知道了真如本性已經生成了一切眾生的身，於度眾生的活動中不去執著，這就是「無住涅槃」。「諸菩薩摩訶薩，應如是降伏其心」，是為「大乘正宗」。

菩薩摩訶薩盡見過去諸佛都已滅度，未來的眾生也都滅度，所以能直接證到佛位，自然於活動中不去執著便叫「無住」；自然於度眾生的活動中不去執著便叫「無所住（無住）行於布施（妙行）」。「菩薩於法，應無所住行於布施」，是為「妙行無住」。

若欲成佛，先學「大乘正宗」之「無住涅槃」道理，繼而配合「無住妙行」之「無所住（無住）行於布施（妙行）」之實踐，成佛決定。

「如來善護念諸菩薩、善咐囑諸菩薩」一事

若要學修《金剛經》成佛,乃至學修任何一本大乘佛經,必先學解「如來」真實義。

《金剛經》在一開始,就用了「世尊」、「佛」、「如來」等不同的稱謂,在一般人之概念中它們都有同一意義,如一般人都說「如來就是佛」,但事實上它們的意義是不同的。要讀通《金剛經》,對這些不同稱謂的內涵之正確掌握是必須的。「如來」又名「真如」,代表不動之真理(「如」字本來就是「不動義」)。大乘佛經中言說「如來」就是在說真如本性的意思;「佛」就是指「覺智」;「世尊」就是指釋迦佛以及大乘佛教中所有能證即身成佛者,都名「人間佛陀」。

如在《金剛經》裡,須菩提在稱呼「世尊」時,是指尊勝的尊者、聖人,經文開始時都是這樣稱呼。佛有十號,當中有理、有智、有理智融合的讚美,所以經中對佛的稱謂不同,所開示內容就不同,故對於經中出現「佛說」、「如來說」及「世尊說」,是有十分清楚的分別的。譬如在《金剛經》內有「佛說」,這是指精神,經內「佛告須菩提過去心不可得,現在心不可得,未來心不可得」,就是說一切精神之道理的;有「如來說」,這是指物之理,經內「如來說『世界非世界,是名世界』」,就是說一切事物之道理的。佛經於講解一切事物之道理時會用「如來說」,講解有關精神方面便用「佛說」。至於「世尊說」,就是釋迦牟尼佛、聖人,聖人於開悟後教化弟子會用「世尊說」,開示聖人是如來變化出來的,

如以上標題之「如來善護念諸菩薩、善咐囑諸菩薩」就開示弟子們（我們）是一樣由如來變化出來的，同具如來智慧德性。

在《金剛經》，須菩提看到世尊釋迦牟尼佛平常之「著衣持鉢，入城乞食」、「次第乞已，還至本處，飯食訖，收衣鉢，洗足已」以及「敷座而坐」之「坐法王座，大轉法輪」等之平常日用之生命活動，便當下有所領悟而讚嘆不已，口稱「希有」。須菩提到底悟到了什麼呢？就是「如來善護念諸菩薩，善付囑諸菩薩」，這更是世尊乃至一切聖者證道的最大秘密。所以世尊釋迦牟尼佛言「善哉、善哉」，是讚須菩提也。

何謂「如來善護念諸菩薩，善付囑諸菩薩」呢？這是在讚美「如來」、讚美道，佛教稱之為「智讚」。以此智讚之境界去觀察一切存在之秘密，無非是「如來（存在一切物本具之理）」常為攝化眾生，而示現種種不同之佛菩薩」，無有凡夫；凡夫之理體是如來，既然是如來，要行佛之威儀去攝化眾生，才是即身成佛。

如來（一切事物之理）常為攝化眾生，而示現種種不同之聖賢（佛菩薩）應化於各種世界，並以不同的「言語」說種種「法」（每一方法、每一方便），開展種種聖智，這就是「如來善護念諸菩薩，善付囑諸菩薩」的真意。「如來」以身度人，即普現種種色身；若以語度人，即由普門示現種種語言，隨宜示導入佛知見；若以意度人，亦復如是，種種感通無窮無盡。「如來」者，並非一般所言之「佛」，而是超越一切對立，以所有一切為自己之內容活現於無限之「真如理體」。

《金剛經》中，須菩提在「如來智讚」後，復啟請問道：「善男子、善女人，發阿耨多羅三藐三菩提心，應云何住？云何降伏其心？」何謂「善男子、善女人」？若要在世界中開展把「如來善護念諸菩薩，善付囑諸菩薩」之真理具體化地表現出來，除通過此「善男子、善女人」身體而活現外，便沒有其他方法了。「阿耨多羅三藐三菩提」，為「無上正遍知」義，此無上正遍知之法，離開宇宙一切皆「如來善護念諸菩薩，善付囑諸菩薩」之「萬物一如」的真我外，更無其他少分之法。「菩提」是指宇宙的「萬物一如」本性，又號之「道」，道與菩提是相同的意思。

「發阿耨多羅三藐三菩提心」者，叫做「發菩提心」，亦名「發道心」，也就是「證道當時的心」。一般佛教顯宗所說的發菩提心，是發起意欲修行之心，但這只是淺義的發道心，絕不能說是真正發菩提心！

那麼什麼是發真正菩提心？就是指「證道當時的心」，這心並非只限於某些場合才會發的，人人之心中本然就有這種心，在如《金剛經》所教修證「住持四句偈（真理語言）第一希有之法」的過程中，忽然會發此菩提心！這道心未發之前是凡夫的思慮心，不名菩提心；菩提心其實也只是假名，只是證道之境界而已，故不屬有不屬無、不屬善不屬惡、亦不是無記、不是報地、不是緣起、不是得天獨厚天資高的人才能發菩提心，若沒有「住持四句偈（真理語言）第一希有之法」修養，亦無法體認菩提心。只有向大德們請求開示「四句偈（真理語言）」，並能不斷地專一修證「住持四句偈（真理語言）」，一念堅持，必定會發此真正菩提心。

真正的發菩提心是「體驗的心」，萬物與我自他一如體驗之心，佛經中所謂「初發心即成正覺」是指此。這心是見性之心、宇宙一人之心、乾坤獨步之心、人境合一之心，是小我融入大我之心。這心不論在何處都可以發的，在地獄境界可以發、在餓鬼境界亦可以發、在畜生境界亦可以發、在修羅境界亦可以發。這心發時是一念永恆、念片片的，見到萬物之當相沒有流動相的，是前後際斷的，不是「過去、未來、現在」時間性的，是「當下整體（當體）」全機現成的，不加思索之當體現成。這心是體驗之心，不是概念或思慮心，是自己沒入於其中自他不二之心。這心就是平常心，不是凡夫日常的思慮心、不是此岸彼岸之對立心、不是眾生諸佛之對待心；不是「過去心、未來心、現在心」，過去已去，未來未至，現在剎那金剛不壞。這心是「無住著」去應對一切事物現成之心，亦即《壇經》之所謂「常行直心」。

《金剛經》中，佛復言「善男子、善女人，發阿耨多羅三藐三菩提心，應如是住，如是降伏其心。」此「如是」二句，亦為通達全經之關鍵。「如是」者，「如來」也、金剛性體也，不變不異；古佛聖賢「如是」，歌利凡夫亦「如是」，祇舍王城恒沙塔廟「如是」，五百世以前、五百世以後、阿僧祇世界亦無不「如是」，只到如來位（如是）方了盡也。

一方面「應如是住」之「如是」，是金剛之堅，比喻般若「體」。金剛佛性、實相般若，是涅槃「體」。當體就是涅槃體；諸法炳然，森羅萬象皆存在，不用滅；涅槃體發生諸法，故涅槃而不涅槃，一切法本來就是涅槃體。我們以佛悟到的眼光入到中心涅槃體再看出來，一切眾生就個個都是如來，也是諸佛。以涅槃體處看一切諸佛，全部都滅盡了，沒有一個不滅盡的。未滅盡是以現象去看的，是錯誤看法。你從滅盡的世界進入無滅盡的世界才能再回到滅盡的世界。本來你若無滅盡你要如何滅盡？因為本來是滅盡的，本來就是滅度的；本來我們就是住在這個家，離開了家才能再回家。我們本來若沒有家怎麼回家？我們的本性也是這樣，因為現在是在變化出去之後又再回頭。花會開是本性，開了一段時間就要凋謝，那時本性又回到了種子裡，所以種子種下土裡才會再發芽開花。花要謝時，性又收回到種子；宇宙也是這樣，以整個理來看，菩薩入無盡三昧，盡見過去諸佛都已滅度，未來的眾生也都滅度。故當一個人成佛時，盡見宇宙的眾生都已成佛。滅度是指住在那靜靜的不動裡嗎？不是。因為滅度是指「契入真理」，是念念相續以「悟境」來看的。涅槃是念念以悟境來看，所以不是要解冰成水後冰才是水，冰當體就是水。故波即水，水即是波。然波一樣是波，不需改變波為水。所以涅槃而不涅槃，諸法炳然，森羅萬象皆存在，不用滅，當體就是涅槃體。涅槃體發生諸法，故涅槃而不涅槃，一切法本來就是涅槃體。

另一方面,「如是降伏其心」之「如是」,是金剛之利,比喻般若「用」。「降伏其心」,是般若「用」。因為我們的邪見造成的錯誤,所以我們用「當體就是涅槃體」這一個角度來觀照,也就是在培養「一念堅持真言」中去觀察到一切事物的實相,這就是「觀照般若」。邪見即迷,迷生執著,執著生愛,愛取不到,故生煩惱。我們修行是在修什麼?是修滅除煩惱,二無我就能入涅槃,入涅槃則自在,這就是般若「用」。用「當體就是涅槃體」這一個角度來觀照諸法,當體就是涅槃體了,故不用再加個涅槃。本來是佛,頭上不用再安一個佛,無佛可以再生,本來當體就是。諸法不可毀,當體的認定即是涅槃,是涅槃體;故諸法不可毀,一樣有活動,是涅槃體而不涅槃,所以涅槃而不涅槃。般若「用」,就是無執著、無住著而已。

「住」是「如是住」、「降伏」是「如是降伏」,就是「如是、如是」,總無二義。故《金剛經》云:「諸法如義。」所有一切諸法是真如所變,無非是「如來善護念諸菩薩、善咐囑諸菩薩」之開顯。真如不增不減,變出來的東西也不增不減,法性如是,故曰「實相」。因為現象即實在,只要你去肯定諸法就都是佛性(如來)、一切眾生皆具足佛性、眾生皆有如來德相,只要發心將一切肯定,肯定之後自能證入同體大悲,那時所發的隱力才會是無限大。這本來都很清楚,明明白白,但是因我們的心太小了,故才不明大意。

「《金剛經》云：凡所有相，皆是虛妄」一事

《金剛經》之〈如理實見分第五〉正文：

「須菩提！於意云何？可以身相見如來不？」

「不也！世尊！不可以身相得見如來。何以故？如來所說身相，即非身相。」

佛告須菩提：「凡所有相，皆是虛妄。若見諸相非相，則見如來。」

「須菩提！於意云何？可以身相見如來不？」須菩提說：「不也！世尊！不可以身相得見如來。」這說明「如來」無一定相。「如來」，表示原理，是生出諸法的原理，形形色色的諸法都是如來相，每一個法都是如來德相，功德俱備，一項無缺，功德齊全，俱足六大而無礙。這正好說明如來無一定相，所以經云「不可以身相得見如來」。

若要將「形形色色的諸法都是如來相」的道理把握得住，就得先釐清「佛、如來、世尊」的分別。《金剛經》內有「佛說」，這是指精神；有「如來說」，是指物理；「世尊說」，世尊即釋迦牟尼佛。釋迦牟尼佛於開悟後教化眾生，於講形形色色諸法的道理時會用「如來說」，講解有關精神方面便用「佛說」。所以，「如來」也表示物理道理，是生出諸法的原理。如來既是生出諸法的原理，故又名「如理」；形形色色的諸法既是如來變化出來的，都是如來相，所以都是「如法」。

悟到「如」理「如」法,心即「如如不動」。由這種「如理如法」觀念進入,即人人都能從法法去透視到如來德性,去觀如來,這叫做「如理實見」,又名「正觀」,表示你悟到宇宙的本性。

「如理實見」,心即「如如不動」。「如如」不是什麼都無,是如理如法;「不動」是心不動,就像車輪轉動時,一根針插在輪之軸心一樣,不轉而轉,轉而不轉,這樣就是「心行處滅」。由這種觀念進入,去看實相,去看如來德性,去觀如來,用這種看法去觀叫做「正觀」。若用別的方法去觀「佛長的是這樣的」,這樣就不是見佛了。見佛就是你已經見到你的心;見如來是瞭解到宇宙的道理。佛不可以相見,不可以音聲見;若以音聲形色見如來,是人行邪道,不能見如來。這表示你沒有悟到宇宙的本性,你不能見到佛。所以,「見如來」是瞭解到宇宙的道理而已。

須菩提說:「何以故?如來所說身相,即非身相。」既然形形色色的諸法都是如來相,「如來」即具一切形(身相)而又無形(非身相),無形(非身相)又具一切形(身相)。

「如來」是宇宙的真理,就是宇宙整個的真理。如來具一切形而又無形,無形又具一切形。每一個法都是如來德相,功德俱備,一項無缺,功德齊全,俱足六大。六大是大約而說的,其實裡面有無限多的元素,大部的分類是六大,儘管再小的東西都是俱足六大,大的亦然,大小一樣。

一方面，在未成為物之前的原理，就是有很多「空性的元素」。另一方面，這很多空性的原料依因緣所生法生出諸法，故諸法亦是「空性」。這個「空性的元素」與「空性」是「無名」和「有名」之分。譬如，三支竹子綁起來叫三腳架（有名），沒有綁仍是三支竹子就不叫三腳架（無名），但若只偏執於三支竹子或三腳架，都是錯誤的，所以說「如來所說身相，即非身相」。故不要執相，相是「假」的，相是「組織法」，而原料是「真」的，所以「假中有真」、「真的相是假的」。因為「真」是無相，所以有相皆假。無相生有相，有相的源頭、資料、資糧，都是真如本性，都是真的，真的無相，故名「性空」，亦名「法性」。法性隨緣生萬物，真如即是法性。

佛答須菩提：「凡所有相，皆是虛妄。若見諸相非相，則見如來。」為什麼「凡所有相，皆是虛妄」呢？相是假的，相是「組織法」，三支竹子綁起來叫三腳架，若我們認為三腳架是有的（有相），我們就錯了（虛妄）。那是性空，是宇宙的本性。緣生的諸法，沒有實體，緣生故空，名性空。是「性空」，但有否？有，有三腳架的存在。有否？沒有，因為三腳架是假的，沒有綁叫三支竹子。有和沒有的原理要如何看？佛說：「若見諸相非相，則見如來。」見諸相非相，則有也好，沒有也好，都不有不無（中道），這表示你悟到宇宙的本性：法性隨緣生萬物，真如即是法性。

悟到這宇宙的本性，是名「見如來」。真如本性如竹子，綁成三腳架就成三腳架，綁成四腳架就成四腳架。由因緣組織變出了森羅萬象，參差不齊，形形色色。

真如法性所成的諸法，因為真如無相，所以諸法本體寂滅，完全是性空寂滅的；寂滅無相名實相。」又說：「第一個原則一定要從空入再出。瞭解實相的空，再來肯定現在的有，來工作，若這樣，煩惱就沒有了。」

這「如理實見（正觀）」要用「法」去修。要用什麼法去修？佛所說「若見諸相非相，則見如來」，是要我們去悟到法身——本來自性。正如上段所講，透視這本來自性的原理，一定要從空入（見諸相非相），再出（則見如來）；瞭解實相的空，再來肯定現在的有，來做佛的工作，這才表示你悟到宇宙的本來自性，故名「如理實見（正觀）」。相反若不能「從空入再出」去透視本來自性的原理，即名邪觀。

菩薩悟到法身——本來自性。因為他已經悟道了，所以說法身無相。這個如來本性的涅槃體，叫做法身。法身未發生與發生都是無相的；發生出來的相只是假相；組織是組織，但一樣是無相，你若認為有相就不對了；因為暫時組織故無相。若透視了，法身即是無相；但若有需要時它就能應物。本來無相，應物而現形。

我們自空中跳出來，再肯定，再實在去做佛的工作，做金剛薩埵的工作，做覺有情的工作，這樣我們才能成佛。這是大乘經典最高的、最權威的一部經典。若我們還未進入空門，要怎樣才能從空出有呢？所以我們的信仰就會偏差。

若以「理」方面來透視「相」，相皆是假的，相非真相，非真相故無相，無相故為暫時假立的相。假如我們以火劃圓，火就變作火圈，火若劃三角形，這火圈就變成三角形。所以人可以創造，由我們的精神系統，於悟道之後站在中心點，以你的精神系統去改造你的心靈及一切的行為，甚至相貌，這都是精神能管得到的。一切的萬物及我們通通都是一真法界的六大所生，天地與我為一，萬物與我同根，同樣是那個源頭所生的緣生法。所以無論如何都要以「理」方面來透視相，於悟道之後站在中心點，以你的精神系統去改造你的心靈及一切的行為。

總結來說，「如理實見（正觀）」，就是要進入空、看到實相，不要只看假相並認定；要同時知道假相的當體是真相無相，只是暫時變成的。如是者，我們的身體也是一樣，故我們身的當體就是如來，當體既是如來，還要找什麼如來？這時，我們應自空中跳出來，再肯定，再實在去做佛的工作，這才是「凡所有相，皆是虛妄。若見諸相非相，則見如來」之「正觀」。若不能「再肯定，再實在去做佛的工作」，即名「邪觀」。

「佛境菩薩行」一事

您有沒有想過，如何在這個繁忙和紛擾的世界中，找到內心的平靜和喜悅？您有沒有想過，如何在這個充滿苦難和無常的世界中，發揮自己的慈悲和智慧？您有沒有想過，如何在這個充滿分別和執著的世界中，體驗一切法的真實性和無礙性？如果您有這些想法，那麼您定會對「佛境菩薩行」一事感興趣。

「佛境菩薩行」是一種修行法門，其所根據的是如來藏思想，以毘盧遮那（大日如來法身）為核心，並以五個方位之五佛來象徵五智的修行理念。例如，真言宗與華嚴宗，俱說「毘盧遮那成佛」，同為「秘密佛教」，則真言宗「本尊法」和華嚴宗「普賢行願」之修行，就必有其中共通之處。說破了，二者所修，無非都是「佛境菩薩行」；前者旨在證得四智一如的五智如來境界，並利益一切眾生，以達到「即身成佛」結果；後者則要在此一生證入法界，成就毘盧遮那「佛華嚴的大方廣」果位。

依據真言宗當代證道者悟光上師開示，真言宗「本尊法」修證秘密為：（一）「佛境」：即所謂「由中因入」，就是從自己的「毘盧遮那」本性出發，認識自本尊法身的真實面貌，並與之相應；（二）「菩薩行」：即所謂「從東因起修」，就是從外在的因緣開始，透過供養本尊、持誦真言、祈願成就等方式，來修習本尊的慈悲與智慧，並利益眾生。

真言宗的「佛境菩薩行」修行，若再更一步深入說明，則「中因起修」是指以「毘盧遮那」為一切本尊心魂之根本理體和原動力，在行者「一念堅持」本尊三密，就自證「大毘盧遮那成佛神變（一切諸尊皆大日如來之神變）」之佛境，此又名「大圓鏡智」了，因為大毘盧遮那本來就是源於自心故；「東因起修」則是指以念念自覺「本尊真我」，念念「神變加持」，此又名「秘密莊嚴」，也就是在密教思想與生活中，培養「平等性智」、「妙觀察智」及「成所作智」。

由此可知「佛境菩薩行」的目的，在真言宗是要在這一生達到「四智一如」的境界，即證一切法的真實性，也就是究竟證得「法界體性智」，即身成佛。這個境界是超越一切分別和執著的，是無上的自在和喜悅。修行者得「毘盧遮那」的依歸，並以「四智一如」為證悟，以「即身成佛（此一生成佛）」為果報。這就是真言宗「佛境菩薩行」修行，能讓行者「在此生就證得佛境，並且利益一切眾生」之道理所在。

真言宗既以「中因起修」為「佛境」、「東因起修」為「菩薩行」，並以本尊法為「佛境菩薩行」之所修所證，其下手處行者就得先選定一位本尊，也就是自己所欲成就的佛或菩薩，並學習其印契、真言、儀軌等，從而契入其本願，好活現本尊精神於日常思想與生活中，即於平常日用中與本尊的「身語意」三密的修養，也就是用身體、語言、心念來表現本尊的特質，並與之相應。這樣，就可以一念堅持中消除自己的煩惱，並於念念相續中增長自己的功德力，並體驗本尊的覺醒與莊嚴。

以上就是真言宗之「佛境菩薩行」的修行方法，是一切修法中最高最勝但又最簡單易行的無上法門，必然能讓行者直接證得「即身成佛」。

華嚴宗修法方面，弘法大師一方面固然對華嚴宗的「極無自性心」充份肯定且評價極高；另一方面則批判之為「跛腳驢」，以「普賢行願」修行方法確是缺乏一個如真言宗「一尊法」般簡單之下手處故。所以它跟真言宗直指「即身成佛」之一尊法修行確是不可同日而喻的。

華嚴宗的「佛境菩薩行」，其修法就是《入法界品》的「普賢十願行」，華嚴五祖宗密曾開示真正修行目的實為自證毘盧遮那「佛身十德」。

一者、禮敬諸佛：宗密云「體性真常，名法界佛，即若心若境，法法皆佛，即是法身」，「禮敬諸佛」中之「禮」，是「普賢菩薩世界之禮」；「禮敬諸佛」中之「佛」，是毘盧遮那佛，又名法身佛。普賢菩薩既知「法法皆佛，即是法身」，則禮敬諸佛就是「禮敬法身」了，也就是禮敬渴念佛法身之不可思議功德。禮敬之精神增長一分，業煩惱等則消除一分。請學普賢菩薩之禮敬諸佛。

二者、稱讚如來：宗密云「本性佛，即智慧身，玄鑒深遠故，即眾生本覺智慧心性之佛」，如來是毘盧遮那之智法身，又名智慧身。華嚴所謂一切眾生皆具如來智慧德相者是。若以各種開顯性德之方便，皆為自尊己靈，稱讚自心之如來也。吾人開顯自心之性德，與諸佛因地法行同；故即開顯自心性德一法門中，兼具皈敬十方之諸佛，發生交輝映澈之關係，是謂一法門中無量門也。華嚴宗的「佛境菩薩行」，請學普賢菩薩之稱讚如來。

三者、廣修供養：宗密云「三昧佛，即是福德身，福即是定，由依大定，積福圓滿故」，不捨菩薩業供養，是定；不離菩薩心供養，是大定。聖凡同施，心佛平等。普賢世界之供養，運心宜廣大，對相宜普廣。布施心存於內，供養形乎於外，廣修供養則自然展開毘盧遮那佛之心光。華嚴宗的「佛境菩薩行」，請學普賢菩薩之廣修供養。

四者、懺悔業障。宗密云「涅槃佛，即是化身，化用自在故，化畢歸寂，名涅槃佛，謂應化涅槃也」普賢菩薩時時懺悔，刻刻消除「惑、業、苦」三障，此即念念相續「化用自在，化畢歸寂」之作法懺也。恆在定中，恆預諸佛法會，恆蒙如來灌頂，恆時分身放光現瑞作大法化，此即普賢菩薩念念相續之取相懺也。華嚴宗的「佛境菩薩行」，請學普賢菩薩之懺悔業障。

五者、隨喜功德。宗密云「隨樂佛，即意生身，感而遂通
故」，單因不生，獨緣不成，任何善舉，要需自具純厚天性
美德，本有意生身種子即性德，適逢外緣隨喜即功德，感
而遂通，故需稱性起修，亦需從修顯性，達到性修不二，
理事一如之境界，庶乎其能完成隨喜功德者也。隨喜之喜
乃同情心充其極之感而遂通，故含有慈悲之性質與意味，
自然見人之善如己之善，見人之喜如己之喜，人我一體，
無間自他。故普賢菩薩隨喜之者，此非佛隨樂而意生身而
何？華嚴宗的「佛境菩薩行」，請學普賢菩薩之隨喜功德。

六者、請轉法輪。宗密云「成正覺佛，即是菩提身，覺樹道
成故」，普賢菩薩修利他行，「作佛行」的身心潛力被喚醒，
故得即身成就，成正覺佛。眾生界盡，眾生業盡，眾生煩
惱盡，彼願乃盡；以眾生不可盡，故普賢大願亦不可盡也，
則一位一心專修普賢大願行者，至此自可以成正覺佛，菩
提身覺樹道成，融入佛行軌跡，生命不斷開展「轉佛法輪」
的故事。華嚴宗的「佛境菩薩行」，請學普賢菩薩之請轉法輪。

七者、請佛住世。宗密云「住持佛，即力持身，流益無窮
故」，恆修身口意三密加持，即名三轉法輪，是成正覺佛。
普賢菩薩依是修三密之力及已成之諸佛加被力，自身清淨，
自本性內諸尊應現海會，自真我同化成跟海會諸尊無有異
相。吾自身中之諸尊涉入已成之諸尊身中為「我入」，已成
之諸佛亦涉入於吾自身中佛身是「入我」；心住三摩地，即
是「入我我入」之觀智。若更進一步的將自己的一密、二密、
三密來加持他人的一密、二密或三密，由於互相加持的交
感作用，自我他人，則同時淨化而達解脫之地。推而廣之，

於十方法界一切眾生，則彼此三密互涉互入，精神漸次因上轉下轉的雙迴活動而昇華不已，終究趨於「心、佛、眾生」三者「三平等」的「三三平等」觀之境界。眾生依此三三平等觀，即現身證三身佛果，故名「加持成佛」，又名「住持佛」。華嚴宗的「佛境菩薩行」，請學普賢菩薩之請佛住世。

八者、常隨佛學。宗密云「願佛，即是願身，願周法界故」，我隨一切如來學，修習普賢圓滿行，供養過去諸如來，及與現在十方佛。未來一切天人師，一切意樂皆圓滿，我願普隨三世學，速得成就大菩提。言「天人師」者，天者名晝，天上晝長夜短，是故名天；又天者，名無愁惱，常受快樂，是故名天；又天者名為燈明，能破黑暗而為大明，是故名天；亦以能破惡業黑暗，得於善業而生天上，是故名天；又天者名吉，以吉祥故，得名為天；又天者名日，日有光明，故名日為天。以是義故，名為天也。人者，名曰能多思慮；又人者，身口柔軟；又人者名有慢；又人者能破慢。善男子！諸佛雖為一切眾生無上大師，然經中說為天人師，何以故？善男子！諸眾生中，唯天與人能發阿耨多羅三藐三菩提心，能修十善業道，能得須陀洹果、斯陀含果、阿那含果、阿羅漢果、辟支佛道，得阿耨多羅三藐三菩提等；故號佛為天人師也。華嚴宗的「佛境菩薩行」，請學普賢菩薩之常隨佛學。

九者、恒順眾生。宗密云「業報佛，即莊嚴身，報德相好，微妙難思，用嚴法身，皆因善業故」，不為任何物所拘束，自由活動創造之「作佛行」羯磨（善業）世界。即表示將眾生種種差別之見、聞、嗅、味、觸等感性世界，永無矛盾地予以統制整理，並完全成辦其統制所作的成所作智之境地，即所謂生佛平等。如是隨順眾生，則為隨順諸佛；由利眾生證得大菩提果，大菩提果即由眾生而得，綿延無盡，重重無量，故諸佛三大阿僧祇劫中所聚的羯磨與功德，悉具我身；又一切眾生本來自性、與我及諸佛的自性，平等了無差別；故一佛現前，一切眾生亦在其列，與佛華嚴無礙境界契合，名「即莊嚴身」。華嚴宗的「佛境菩薩行」，請學普賢菩薩之恆順眾生。

十者、普皆迴向。宗密云「心佛，即威勢身，萬法由心回轉，威勢威容焯奪故」，透過所行諸事密契於理（回事向理），最後達到心、行、理渾融統一之境界（回因向果），開展自心成為大覺，並教導修法以利人，皆出於真我（心即覺），是名「心佛」。此心佛境界，萬法由心回轉，雖然在供養人、助人紓解苦難時，亦是了無自我，無私奉獻，故最終悉「迴施法界，迴向大菩提」。華嚴宗的「佛境菩薩行」，請學普賢菩薩之普皆迴向。

勤行「普賢十願行」，十佛齊融，為斯教主，示物等有，證必玄同。這就是華嚴宗的「佛境菩薩行」。

總的來說，「真言宗」以「一尊法」為修行要領，「華嚴宗」則以「普賢十願行」為修行要領，兩者的修行方法雖不同，都不離「佛境菩薩行」的理論和實踐。

「佛境菩薩行」是一種能讓我們在這一生就證得佛境，並且利益一切眾生的修行法門。它不僅是一種理論，更是一種實踐。它不僅是一種信仰，更是一種體驗。它不僅是一種目標，更是一種過程。無論您選擇真言宗的「一尊法」，還是華嚴宗的「普賢十願行」，都要以「毘盧遮那」為核心，以「五智」為理念，以「四智一如」為境界，以「即身成佛」為果報。這樣您就能在這個世界中，活現出一個真正「具足佛境的菩薩」、一個真正「具足菩薩萬行的佛」了。

「求生道、成佛道」一事

「成佛之道」不異「求生之道」，這是當一位真言行者常處「一切苦厄」中時最具力量的「**大乘句、心句、無等等句、必定句、正等覺句**」，道出在極端苦厄中修行的目的和方法必不離「求生道」，也就是要找到自己的「一線生機」，並且堅持不懈地追求它，唯有這樣才能夠從「神變加持自身」到「度一切苦厄」，好達到超越生死輪迴的即身成佛境界。

這「一線生機」又是什麼呢？它就是我們的「自性本尊」，是我們的真如心，是我們的真我，是我們的生生不息之氣機。祂是我們與宇宙的連結，是我們與大日如來的契合，是我們自己的真言。只要找到自己的一線生機，極端苦厄就會成為我們最珍貴的「法財」，它既是我們最大的障礙，也是我們唯一能喚醒真我力量，讓我們開啟逆天的大氣運之契機；它既是我們的黑暗，也是我們的獲得光明遍照力量之因；它既是我們的煩惱束縛，也是我們顯現即身成佛之必要條件。

如何找到自己的「一線生機」呢？這需要一個過程，一個從外而內，從表而裡，從有形式而無形式的過程。這個過程，就是「吃苦、了苦」。從「吃苦」到「了苦」，就是「見自性本尊」修行。這是真言宗修行的一個核心的教義，意在指出修行「見自性本尊」的途徑和手段就是要去經歷各種的苦難（苦難，是凡夫見地，仍是外表），並且在當中念念不忘、心心相印自性本尊（自性本尊，是證道者見地，是苦難內裡之真實），藉以超越苦難。這樣就能夠在百戰煉磨中培養出自本尊的大威勢與大功德力。

故知「吃苦、了苦」可是我們的磨練考驗，是我們的法緣，是讓我們見自性本尊的「法財」，是我們的自心師，是我們開發圓鏡智之鑰匙，讓是我們醒覺本誓願，重獲大無畏，尋回我們的本來面目。這「吃苦、了苦」需要一個態度，一個從抗拒而接受、從埋怨而感恩、從逃避而面對、從深刻進入「吃苦」到超越「了苦」的態度。

這個「吃苦、了苦」的磨練，是「無餘說」的。「無餘說」，就是真言；真言，就是無言。這是修真言行最高的教義之一，意在指出修真言行就是要「一念堅持」唯一真言以達到一種「再無言、再無所求」卻又「光明遍照」、「無所住而住其心」的自性具足之妙善境界。唯這才能與自己的「一線生機」完全融合，自覺與自性本尊的智慧和悲心同體，與宇宙的法則和奧秘完全融通。

這「無餘說」是入真言門的境界，是我們的生命目標、我們的本源、我們的歸宿、我們的自在解脫、我們的自性真我、我們的自覺聖智、我們的無上密、我們的秘密莊嚴心，也就是我們的道。

這「無餘說」需要以「吃苦、了苦」為方便，一個從有言而真言，從真言而無言；從有為到無為，又從無為而妙的秘法。這個方法，就是真言宗諸尊修證的不二法門，是本尊法修行的心中心秘訣，能教行者在「吃苦」中得到蛻變，本尊覺醒，「了苦」成真，自然隨心所欲地飛翔於天地之間，不受任何的束縛和限制。

這裡，我嘗試以禪宗的一首古人詩偈進一步說明「吃苦、了苦」之義理。詩云：「練得身形似鶴形，千株松下兩函經；我來問道無餘說，雲在青天水在瓶。」

「練得身形似鶴形」是什麼呢？「身形似鶴形」是我們的三昧耶形，是我們自性本尊真我的於人間世鶴立雞群的象徵，象徵我們的自性本尊的力量超凡、品德高尚、福德圓滿。「練得身形似鶴形」說明這「身形似鶴形」是需要修練，一個從外而內，從形而神，從顯而隱的鍛煉。

這一個「從外而內，從形而神，從顯而隱」的修養，就得經過「千株松下兩函經」才成。「千株松下兩函經」，就是無經；無經，就是真言修行的最奧妙的教義，是修行的依據和根據。「千株松下兩函經」，就是字面解釋是「要在千株松樹下，閱讀兩本經書，並且將其內化為自己的智慧和行為」，這樣就能夠獲得一種無上的法喜和安樂，不受任何的煩惱和苦惱。這「兩函經」是什麼呢？為何這「兩函經」就是「無經」？「兩函經」是一種象徵性，象徵我們世間的「求生道」和出世間的「成佛道」，也就是「吃苦、了苦」之磨練；代表我們一生都能深刻在苦厄中而不斷磨練，以自證本尊三摩地實在就是自己的真實本性。

既說「練得身形似鶴形，千株松下兩函經」是「吃苦、了苦」的磨練，在這當中自有一種心境：一個從凡愚而聖智，從外而內之「我來問道無餘說」心境。

「我來問道」，是我們的求道，是我們的問心，是我們的覓真，這是由我們的「吃苦」開始，方有「想尋求解脫」這求生道之啟動，這是我們成就「了苦」的必經過程。「無餘說」，就是「修真言行」；「修真言行」，就是「無問」；「無問」，就是我們的「了苦」；也是我們「吃苦、了苦」的再始。

「我來問道無餘說」指出修行的原動力和源泉，唯是自性本尊；縱使歷盡一切苦厄，以自本尊的真言為心，就是從「無問」而有答案，一種「無問自答」、自知自覺自性本清淨，故再「無餘說」。這是自心證自性本尊的真如三昧境界。

修行的原動力和源泉，唯是自性本尊，這無非是《楞伽經》所說的如來兩種密法：「自得法」、「本住法」。就好像是「雲在青天水在瓶」一般的自得和本住，法爾自然。「雲在青天水在瓶」是一種隱喻的方式，表達一個玄妙的道理，即一切都是「法爾自然」；「法爾自然」即是一切皆是「自得法」、「本住法」。

如果「我來問道」需要一個答案，一個「從有言而真言，從真言而無言（無餘說）」的答案，這個答案就是「雲在青天水在瓶」。「雲在青天水在瓶」，法爾自然，就是「無餘說」中的一種境界。「雲在青天水在瓶」，是答，而又無答，故唯有透過真修實行來「自證自性本具至尊」，以達到一種不執著，不分別，不妄想的法爾自然境界了。這就是「雲在青天水在瓶」的深層意義。

「我來問道無餘說，雲在青天水在瓶」，從有言行「來問道」到真言行的實踐，這個實踐就是「無餘說」；「無餘說」是一種無上的覺悟和解脫，不受任何的煩惱和障礙、生死和輪迴，自覺以自己的身為本尊佛，以自己的本尊為身，以自己的身與本尊為一，進入一種真如三昧的狀態。這樣就能夠達到一種事事無礙的境界，實現「即身成佛」。

總結來說，即身成佛之道，不過就是求證道；求證道，也就是「吃苦、了苦」之「求生道」、是「一線生機」之絕地重生道。吃苦，就是了苦；了苦，就是修行。只要感觸深刻，借此就可即身成佛。

以是之故，古德云：「練得身形似鶴形（吃苦，就是了苦），千株松下兩函經（求生道、成佛道）；我來問道無餘說（從有言行到真言無餘說），雲在青天水在瓶（一切皆法爾自然的一種境界）。」

〔附註〕

「本尊」者，自性本尊（自性本有，至上至尊）也。自性清淨，則本尊現前；本尊現前，則法界無礙。

「修本尊法」者，一念智也。一念智，則般若生；一般若生，則八萬四千慧。

「真言宗跟天台、華嚴二宗是有着天壤之別」一事

《華嚴經》云:「出明法常住,無生亦無滅。」這「出明法常住」是出自《華嚴經》的一句偈頌,是華嚴宗的一個重要教義,表明了一切法依本體而生,故萬事萬物本質是常住,都不受生滅和變化的影響,都是清淨圓明的。「法」,是指萬事萬物;「出明」就是本體,是毘盧遮那,又名光明遍照、大日如來、真如、法界體性;「常住」就是「無生亦無滅」,又名不生不滅、本不生。

《妙法蓮華經》亦云:「是法住法位,世間相常住。」所言「世間相常住」,天台宗是用「法住法位」來說明。「世間相」是指世間一切物質性、精神性事物之現象。「法」指一切物質性、精神性事物,又名有為法、生滅法。「法位」代表一切事物的本體,是毘盧遮那,又名光明遍照、大日如來、真如、法界體性。「是法住法位,世間相常住」意思是一切事物之現像皆依本體而生起,故其本質是「常住」,都不受生滅和變化的影響,都永遠住在自己的現相(是當下整體沒有來去、遷移、變化的相,又名當體)。這是從契入實相的當下一念來看待世間的現象,而不是從凡夫帶著過去、現在、未來心(又名思惟分別、意識、第六識)心識來看。

由此可見，不論是「出明法常住」或是「世間相常住」，都是一種對諸法或諸法現象之如如不動的真實證得，也是一種對諸法「刹那永遠（超越過去、現在、未來，超越生滅）」的深刻體悟。這都跟真言宗根本經典《大日經》所開示之「阿」字門中「本不生」宗旨，是完全一致的。

「阿」字是梵文的第一個字母，代表諸法之體性，也就是諸法本不生之秘密。「阿字本不生」是指一切法從無始以來不生相，也就是說萬法「本來就有，非今始生」；無新生創造，一切事物，究竟堅固，是法爾自然地存在，不受生滅的影響。

「阿字本不生」的義理，可以用以下的比喻來理解。譬如電影放映，每秒鐘播放數十幅靜態的畫面，因為放映速度快，導致吾們的錯覺，吾們的見聞覺知（前五識）、思惟分別（第六識）錯以為物體、影像在動。如果把電影機的速度調低到一分鐘只投放一幅畫面，那在銀幕上看到的只是一幅幅獨立的靜態圖像，個個獨立。這時，我們的心意識就不會感覺到電影上的人物在活動。我們所謂的「時間」，就好像是影片投射在銀幕上的先後順序而已。所有底片圖像，本來已存在，不是投影時才生起（不生），投影過後也未曾滅（不滅）；所有底片圖像，都同時存在，各各獨立、靜止。

任何一位真言行者透過「實踐（自度）及傳播（度他）」本尊法，無時無刻都與本尊身相應、語相應，意相應，自然「心無罣礙、無有恐怖、遠離一切顛倒夢想」，念念都對諸法真實性質有一種「本住、自得」之體解和感悟，也就是證得「阿字本不生」的境界。

總結來說，「出明法常住」是華嚴宗的教義，「世間相常住」是天台宗的教義。前者說「出明法常住，無生亦無滅」，是強調萬事萬物本質是常住，都不受生滅和變化的影響。後者說「是法住法位，世間相常住」，則是用「法位」來指一切法的本體，用「世間相」來指一切法的現象，是強調一切事物之現像皆依本體而生起，故其本質是「常住」，都永遠住在自己的現相，當體（當下整體）是沒有「來去、遷移、變化」的相。一方面，此二宗教義跟真言宗的「阿字本不生」教義都是一致的；但另一方面，真言宗為真言行者提供了能「一得永得」之本尊修證方法，其根本經典《大日經》更深入說明了「即本尊行是佛（即身成佛）」之妙理，這就顯出真言跟二宗，乃是有着天壤之別！

「悟光上師之神力加持修習秘法」一事

悟光上師《秘經》云:「是故我心靈大神通,如意自在無礙,故絕大靈力威光,為求佛法靈力靈道者,顯現觀自在靈蹟威光。」

初聽「神力」、「大神通」、「大靈力」、「靈蹟威光」、「靈力靈道」等詞,一般外人可能會覺得莫名奇妙,玄之又玄。原因是他們都摸不到、看不見。但事實上,對於任何一位真言宗光明流之真言行者來說,它們既不玄,又可以從修行「一尊法」與悟光上師的「神力加持修習秘法」予以展現與培養。

「神力」、「大神通」、「大靈力」、「靈蹟威光」、「靈力靈道」等所指的,既非內力亦非外力、非自力亦非他力,唯是絕對力,也就是〈三力偈〉中的「法界力」了。「法界力」又如何能為自身所用?行皆應知,「法界力」等於「自己功德力」乘以「如來加持力」。這裡是一個「乘法」,也就是說若其中任何一個數值接近於「零」的時候,整體結果就是差不多是「零」了,所以根本上不離「自己功德力」與「如來加持力」之修證。

「自己功德力」,即自身之修行,是「外緣」。「如來加持力」,即如來之加持,是大日如來之心魂,亦是自本尊的本誓願力;行者於持誦《秘經》中融合自本尊本願力,三昧現前,是「內因」也。一位行者的「神力」是否強大,必然是取決於「自己功德力」和「如來加持力」是否強大,也就是「內因外緣」之強大與否了。

「自己功德力」是否強大，在於「修習」，就是透過不斷重複所鍛鍊而培養的強大生命力；而「如來加持力」之強大，則只有一個方法，就是取決於覺醒根本願望 (本願)，就是本尊的本誓願力喚醒了自己心魂，覺醒了的超級原動力，這是寶貴的加持成佛體驗，是別人基本上無法感受到的。

每天修習之方法：

一、 淨三業三部被甲，金剛坐，心安自在。

   金剛坐：將中脈的通道打通，強大身體氣場的「秘密莊嚴」即在於此。舒展肩部，脊柱挺直，腰部繃緊，昂首挺胸，收起腹部。

二、 合掌於胸前，持誦「祕經」三遍和「加句光明真言」七遍：

   「祕經」：「我覺本不生，出過語言道，諸過得解脫，遠離於因緣，知空等虛空。是故我心靈大神通，如意自在無礙，故絕大靈力威光，為求佛法靈力靈道者，顯現觀自在靈蹟威光。」

   「加句光明真言」：「胎藏界大日尊－(om ah bi ra hung ken) + 光明真言 + hung pata sobaha」

三、 用力合掌於胸前往外轉，手指尾端盡量向下，持誦「加句光明真言」七遍。

四、 用力合掌於胸前往內轉，手指尾端盡量指向胸處，持誦「加句光明真言」七遍。

五、 兩掌各打開後用力握拳，如握破堅硬石塊成粉狀，
　　 十遍。

六、 兩掌相擦至大發熱，持誦「加句光明真言」七遍。

七、 雙手分開揮舞如用力捽水，持誦「加句光明真言」
　　 七遍。

八、 三部被甲後離坐，心懷感恩，無負上師。

　　一位真言行者的加持神力是否強大，取決於所持誦之
真言是否強大。持誦「光明真言」者，能得大日如來之
「不空真實」大印，產生「如意寶珠、蓮華、光明」等功
德大威神力，照破無明煩惱，轉眾生諸苦乃至地獄之
苦於一念，當下令生大日如來光明淨土境界，故行者
自然可以作神力加持以「滅一切生死重罪，除宿業病
障」。尤其對治今天眾生因各種罣礙、恐怖、顛倒夢想
而生起的一切身心苦厄，只要以堅定的相信，不斷重
複，在高速和高度集中持誦「光明真言」及其「加句 (此
乃秘中之秘)」，這就是強大神力持的保證，自能證得
其獨特不可思議的大威力、護持力、降伏力、和治癒
力。故神力加持乃藉「光明真言」以令受者「壽命百年，
除滅惡事，常覩吉祥，離諸憂惱」，此實為「自他二利」
大法。

　　加句光明真言，不空真實；神力加持成就，全靠修煉。
百戰鍊磨，即成神力；神變加持，都成真實。不負如
來，無負上師！

神力加持運用之方法：

於施行「神力加持」時，身體的姿勢，眼神的力度，持誦的氣勢，臉部的表情，就是「神力加持」時之「身」的方面；用眼睛把氣勢傳達出去，手印也是具有巨大的傳遞氣勢的作用。

於施行「神力加持」時，行者必須堅定心氣，百折不回，這就是「神力加持」時之「心」的方面。強烈的願力，堅定的相信，高速和高度集中持誦「加句光明真言」的不斷重複，是強大神力加持的保證。

如是修習，於施行「神力加持」時，身心最淨，不受外境的干擾；當下光明，靈然明徹，身心在安然堅定中與力量合一；身心潛力即被喚醒，秘密莊嚴，就是究竟覺知自心底源，如實證悟自身之力量。此處言自身自心者，都是指真我的身心，這真我不論從身或心上來看都是具足無量神力威光的，悟此無量神力威光的真我身心，就是自證了秘密莊嚴世界。所以大師說：「如斯究竟知身心，此即證秘密莊嚴之住處。」如是住處，神力加持，都成真實。

一、 加持身體有病患者用：行者先淨三業三部被甲，瑜伽本尊，用外縛獨鈷印加持病者患處，外縛獨鈷印約離接受患處六吋，雙目注視患處。然後自觀想「頂、眉、心」輪往復三次，觀想自宇宙虛空一道光明由我頂上入於眉、心，流於獨鈷指尖，進入受者患處，如電光發出大威光，燒盡患者病氣由全身毛孔逼出，同時持誦「加句光明真言」七遍。

二、 加持精神有病患者用：行者先淨三業三部被甲，瑜伽本尊，用內獨鈷印加持病者，向眉心處離六吋畫兩環雙連如橫書「8」字，然後用劍印於「8」字中間用力喝「吽」聲將它切開，此為播留法。（註：用不同顏色的光淨化受者的方法：有外力者用熱火燒，後用冷光沖之；氣弱者沖青綠色；有病患者用黃色光沖散後用綠色光補之；求智慧者沖藍色光，然後加沖黃色光；也有沖七色虹光的，是秘密法中法。）

所謂「神力加持」，無非是心與心的交流，不是真的接觸，故都是用「近（獨鈷印加持距離六吋、具同一信心）」來實現的。證秘密莊嚴之住處，身心有強大無窮的力量。行者的「氣場」，隨着心靈的變化而變化。我們的氣場被心靈之極「定色」。

紅色：忿怒、熱力

白色（冷光）：完全、完成

藍色：聰明、大智慧

綠色：大安心、治療

黃色：生機處處、積極向上，光明朗朗

行者改造心靈，神光的顏色也隨之而改變，就改變了氣場的性質(氣場的實體化，就是神光，又名「神變加持力」或「神力加持力」。行者的心靈狀態完全決定自己的氣場，行者的氣場又完全決定自己的心靈狀態，二者是一體兩面的。一般人有何種心靈狀態，其氣場就明確無誤被染成相應顏色，而真言行者持誦「加句光明真言」的心靈則是最強大的心靈，行者的神力氣場會隨著行者觀想顏色的改變而改變，甚至在行者手印接近每一位被加持者時讓他們都隨即接收到、感覺到，並且只要一刹那就可以傳達完畢神力。

一位真言行者，務必要在平常日用中培養「神力加持修習秘法」的修行習慣來保持最強大的心靈。行者要堅定心氣，百折不回，自能神力加持，都成真實；自能於一呼一吸間，身上透著一股強大感染力、活力、生命力、大威神力，盡顯神力加持力。

以上是吾對悟光上師「神力加持修習秘法」之整理，主要是對原來少數內容字句之修改、列出「每天修習之方法」和「神力加持運用之方法」兩部份，以及作了簡單注釋，好讓光明王密教學會各位阿闍梨更易學易懂，都能不斷修習此秘法，不懈怠，勿放棄。堅定心氣，自然凡所護念所加持的，即是神變，隨意顯化，都成真實。

我們的加持神力是否強大，取決於「自己功德力和本尊本願力」是否強大；只有一個方法才可以強化自己的「自己功德力和本尊本願力」，就是不斷重複（羯磨）。願大家都各自發大願力，自今天起每天用二十分鐘修習，改寫人生，成就具足「神力加持力」的自己。讓「神力加持」奇蹟成為一種習慣。無負上師、無愧宗門！

「光明真言」釋義：

（一）

簡易羅馬拼音：「om amoga vairocana」

漢字音譯：「唵阿謨伽尾盧左曩」

「唵(om)」是咒語常用的起始句。印度傳統文化視「唵」為「宇宙中所出現的第一個音」，故正純密教真言宗用它來象徵「時窮三際、光被十方」的「宇宙實相、如來當體」義。

「阿謨伽(amogha)」是「不空」，是「三昧」義，所謂「大悲胎藏三昧」也。

「尾盧左曩(vairocana)」是「大日如來」、「光明遍照」、「遍照金剛」、「毘盧遮那佛」，象徵真言行者本有自性之「大日心光德」。

(二)

簡易羅馬拼音：「maha-mudra mani-padma jvala」

漢字音譯：「摩賀母捺羅摩尼鉢納摩入縛羅」

「摩賀(maha)」是「大」、「一切圓滿」、「輪員具足」之義。

「母捺羅(mudra)」是「手印」，又名「印契」、「密印」、「契印」。「大手印」者，如來當體也。

「摩尼(mani)」是「摩尼寶珠」，象徵大日如來之體性；「鉢納摩(padma)」是蓮花，出汙泥而不染，象徵「凡夫本具清淨體性」；兩字合起來意思是「蓮花上的摩尼寶珠」，象徵「凡夫本具清淨體性」即「大日如來之體性」、「大日如來之體性」即「凡夫本具清淨體性」。(坊間流通的六字大明咒中的「嘛呢(mani)叭咪(padme)」就是取用了此二字。)

「入縛羅(jvala)」是「光明」、「火焰」，象徵大日如來住法界定印身放五智光明遍照眾生；上從有頂下至無間，遇此光明者皆離苦得樂，四智四行之無量佛菩薩聖眾前後圍繞。

（三）

簡易羅馬拼音：「pravartaya hum」

漢字音譯：「鉢羅嚩多野　吽」

「鉢羅嚩多野(pravartaya)」具有多義，是「轉」、「進行」、「開始」等意思。

「吽(hum)」是咒常見的結尾語，具有「祈願成就」的意思，表「金剛部」心。

「藉十玄門説　悟光上師之神力加持修習秘法」一事

「十玄門」是華嚴宗的基本教義之一，是法界緣起的重要內容。它要求觀察一切事物時，把現象看作是圓融無間的，所以又稱「十玄無礙」、「十無礙」。它顯示了華嚴大教關於一切事物純雜染淨無礙、一多無礙、三世無礙、同時具足、互涉互入、重重無盡的道理。

「神力加持修習秘法」是悟光上師的一種密法修習方法，旨在利益眾生，顯現觀自在靈蹟威光。它包括每天修習之方法和念力加持運用之方法，主要是通過合掌、轉動、握拳、擦掌、揮舞等動作，配合持誦「祕經」和「加句光明真言」，來淨化身心，增強念力，感應本尊，並將自己的念力和本尊的威光傳遞給受者，以達到治病救苦的效果。

常言道「他山之石，可以攻玉」，我們可以用華嚴宗之「十玄門」來分析和理解「神力加持」的內涵和意義，如下：

一　同時具足相應門：這個門指的是佛法是一個整體，雖然分為許多不同法門，但同時相應成一緣起，同為成佛的根據。這個門可以幫助我們認識到「神力加持」是佛法的一個部分，但也包含了佛法的全部，它與其他法門相互協調，共同指向佛法的真理和目標。

- 廣狹自在無礙門：這個門指的是每一法門既包含一切教理，又保持自身的特點，自在無礙。這個門可以幫助我們理解「神力加持」的廣泛性和獨特性，它既能涵蓋一切佛法的精義，又能展現悟光上師的心靈大神通，不受任何限制或障礙。

- 一多相容不同門：這個門指的是各種法門雖然彼此有別，但是任何一種法門都能包容其他法門。這個門可以幫助我們察覺「神力加持」的包容性和差異性，它既能融合其他法門的優點，又能保持自己的風格和特色，不與其他法門相違或相斥。

- 諸法相即自在門：這個門指的是各種法門相互依存，圓融自在。這個門可以幫助我們體會「神力加持」的圓融性和自在性，它既能依賴其他法門的支持，又能自立自強，不受其他法門的影響或約束。

- 秘密隱顯俱成門：這個門指的是各種法門或隱或顯，也都俱時成就佛果。這個門可以幫助我們明瞭「神力加持」的隱密性和顯了性，它既能隱藏自己的神力，不驕不矜，又能顯現自己的威光，不藏不掩，同時達到成佛的境界。

- 微細相容安立門：這個門指的是一切法門，都於一念中具足。這個門可以幫助我們感受「神力加持」的微細性和安立性，它既能細入一念，不遺不漏，又能安立一切，不動不搖，一念之中，無所不有。

— 因陀羅網境界門：這個門指的是以印度傳說中帝釋天宮中懸掛的結有無數寶珠的網為譬喻，說明萬物互相包含、層層疊疊、融成一體的境界；也說明佛教各種法門之間互相映現，無窮無盡。這個門可以幫助我們觀察「神力加持」的網狀性和無盡性，它既能包含一切法門，又能被一切法門所包含，彼此相映，無所不在，無所不通。

— 託事顯法生解門：這個門指的是隨託一事以便彰顯一切事法皆互為緣起。佛教也是通過不同事情表現為不同法門，而不同的法門都體現了共同的教義，使人產生正解。這個門可以幫助我們學習「神力加持修習秘法」的託事性和生解性，它既能借用一事，如合掌、轉動等，來顯示一切法門的緣起，又能通過一切法門，如「祕經」和「加句光明真言」，來解釋一事的意義，使人獲得正見和正智。

— 十世隔法異成門：這個門指的是一念中有九世，九世又同為一念，合為十世，十世相互有別，又相由成立。即是說一切法門遍佈於「十世」之中。這個門可以幫助我們掌握「神力加持」的時空性和異成性，它既能適應不同的時代和境界，又能超越不同的時代和境界，不受時間和空間的限制或影響。

一　唯心迴轉善成門：法界緣起之諸現象，隨其一心（一心，即一乘，亦曰一真法界）則便為主宰，故云「迴轉善成」。以唯一心建立，心外更無別境，故其他一切現象即伴隨一心而轉，便成涅槃。如此一切現象無自性，皆不出心之所轉，具足一切德，這是「唯心迴轉善成門」境界，一切法都是無礙的，是不受任何障礙或阻礙，也不造成任何障礙或阻礙，故名「善成門」。這個門可以幫助我們領悟「神力加持」的無礙性和無障性，它既能自在無礙地修習和運用，又能無障礙地利益和救度，不受自己或他人的障礙或阻礙。

華嚴宗普賢願行者這生命的究竟神聖化的活現，不妨也借用真言宗的「神力加持修習」來作為成道的自我印證自性具足光明遍照之工具。

跋

「在家大阿闍梨之〈正名篇〉」一事

若失義理，何來傳承

「中國佛教真言宗光明流」將會是一個千年不斷的法脈！它由悟光上師所開創，並由「光明王密教學會」的在家阿闍梨所傳承在家人傳法一脈。但是，要如何才能保持這個法脈的純正和活力呢？這就要看我們是否能夠遵守一個重要的原則：「若失義理，何來傳承」。

「若失義理，何來傳承」這八個字，對於「光明王密教學會」在家阿闍梨能否成功傳承悟光上師之「中國真言宗光明流」於千年，至關重要。

「若失義理」意味著如果不了解悟光上師開創「中國佛教真言宗光明流」的教義和理路、以及真言宗歷史和傳統之精華，就無法正確地聞思、修持、證佛、傳授、弘揚這個中國真言宗光明流在家阿闍梨傳密教此一脈。因此，每位光明王密教學會的在家阿闍梨務必致力於學習、研究、體解、保存悟光上師傳承的真言宗光明流之經典、著作、儀軌秘本、秘密真言等，好為時機成熟時吾們與其他真言宗各流派和學者進行交流和切磋，建立良好基礎。

「何來傳承」意味著如果沒有適當的師徒印心、傳法灌頂、光明十互等，就無法有效地將真言宗光明流的法脈延續下去。因此，光明王密教學會首要任務，就是培養和篩選有傳密教資格和志願的弟子，並按照悟光上師所設立的規範和晉階程序，給予他們最高無上的灌頂和授記，讓他們成為名符其實的真言宗光明流在家傳法人。同時，光明王密教學會也應該恭敬地保護悟光上師所留下的聖教，並且與時並進地作出必要之現代化與未來化之改革，以示對上師的感恩和對傳遞法脈之創新。

「若失義理，何來傳承」也意味著如果不遵循真言宗光明流的修持目標（毘盧遮那）、成就（成佛神變）、方法（加持），就無法體現和展現這個法門的價值和功德。因此，光明王密教學會應該鼓勵所有在家阿闍梨都按照悟光上師所傳播教示的修證諸尊彙集要領，誠心誠意地在平常日用上修養密教精神、思想和生活；心自覺本尊心，在人間世發揮本尊的特色、功能和福德聚，最終心自證本尊心。光明王密教學會必須鼓勵大家：本着「心自覺本尊心，心自證本尊心」為「本誓願」；利益眾生成佛為「所行佛事」；普欲令一眾在家人亦同傳密教為「廣宣」；開展光明流法脈傳遞千年不斷為「流布」。

「若失義理，何來傳承」還意味著真言宗光明流不僅是一個理路或歷史上的教派，而是一個實踐和現代化的法門；不僅要求修行者學習和傳承教法的內容和方法，還要求修行者廣宣流布以利益眾生，即身成佛。

阿闍梨晉階，於您到底有何意義？

光明王密教學會，每年一度舉行「阿闍梨晉階試」。阿闍梨之晉階，反映了密教學會「培養核心教授阿闍梨團隊」的理念，因為每一位晉階阿闍梨，都分擔著「光明十互」中「互護、互囑」之任務。

「互護、互囑」是真言宗五法中「延命法（續佛慧命）」之現成。「互護」就是彼此護念，是能否相應「如來善護念諸菩薩」之關鍵。「互囑」就是法脈傳承代代彼此付囑，也是「如來善付囑諸菩薩」之實現。

密教學會的「光明十互」，包含了「敬愛、增益、調伏、息災、延命」五法的具體實踐，強調一個「真言宗傳教團隊」內真言行者既有「互相尊重與愛護、互相增進智慧與利益、互相幫助與補足」，也有「互相競爭與突破」，以及最尊最上的「互相護念與付囑」，藉以達到團隊整體的淨化、蛻變，以及法脈傳承之功能。

培養「光明十互力」之大前題，每位教授阿闍梨必須「專修一法，自證至尊」，方能自證一真以成為至尊至上的存在。修無上之道，能成就者，沒有一個是懦弱無能之輩，而身為密教學會教授阿闍梨的，更是如此。

培養「光明十互力」之道，就是將本尊法及光明十互融入道場生活乃至平常日用的各方各面，不可單純把本尊法及光明十互當成外物，否則那怕傾盡一生，也無法覺醒本尊之心，就算僥幸覺醒，神變加持的力量也將很是普通。

晉階成為一位教授阿闍梨，代表着什麼？第一，是在未來日子裡專一苦修一尊法。功夫不負有心人的，時間花在了哪裡，「結果」是從來不會撒謊的。第二，願將「真言宗光明流」的事相與教相完整地傳授給新學員，引導他們掃清修法上的迷信知見。第三，誓要此生自證成佛，好讓同心行者對自證「即身成佛」生起絕對信念。

力量，取決於信念。根據信念的高低，修一尊法的力量結果也會有分別。修行，就是懷着強烈成佛信念天天去進行本尊心之契合，及在生活中每一剎在做每一件事都要懷著強烈信念，這與平凡的生活有着天壤之別。

世上有一東西，可以把熾熱的內心歸於冰冷，將磐石的決心化作沙土，那就是對自身的懷疑，修行就變得緩慢沉重，心中雜念就變多。但每一位教授阿闍梨都必然明白，在密教學會這成道之場中自己並非是孤身一人，大家都與您同行，這就是密教學會必須強調的「光明十互」之用意。只要和同心人共同面對苦厄，您就一定能夠堅持修密法和傳承密教下去。

「光明十互」中有「互競、互破」，就是以「互相競爭與互相突破」作為上師「互相頂禮，互相供養」內容之一的一個理念。

「三昧耶戒」，是一種契約！為培養每一位教授阿闍梨都能夠堅守此契約，都不負如來，無負上師，吾願見密教學會能夠以「互相競爭與互相突破」作為考驗每一位阿闍梨的「調伏」力量之道場，正正亦因為此「互相競爭與互相突破」，才成就了「光明流傳承法脈」的篩選，然後才有法脈之代代相傳不斷的保證。

在一個道場中遇上了人事紛擾，正好是反思到底「為誰求道」，「去是為誰去，留是為誰留」！欲要成佛，先學「問心」，「光明十互」中之「互競、互破」就是發起「問心」之必須條件。未經「問心」，難以「覓真」，更遑論得本尊心印之「無所住心」，乃至名符其實地成為「傳承密教法脈者」的了。

密教學會中修「明王」與「天部」本尊法的教授阿闍梨不在少數。只有覺醒了自本尊力量，那麼任何人、任何事、任何考驗都沒法去介入和干擾您離去。三昧耶戒，是一個決定「即身成佛」的契約。只有您獲得自己想要的即身成佛結果時，您才能發現那些歷代祖師都沒有辦法用言語說明的成佛秘密。

* 密教學會是一個因上師的願力而構成的修行場，一個只屬於您的修煉場，您只要決定了要得即身成佛的生活，道場就是為了修鍊而給您量身打造的。三昧耶戒心往往在同心行者共同的經歷中培養，在和他人一同經歷修行中的喜悅、挫折、困難和成長，可以加深彼此之間的信任和對即身成佛的決心。亦只有在大家同心行者的日復一日的「互愛互敬、互增互利、互競互破、互助互補、互護互囑」下，才有「在家人成佛」以及「在家人傳密教代代相續不斷」的堅持。

最後，吾願以此偈加持每一位晉階阿闍梨：「世間紛擾，云何成佛？本尊法界，天地一真。真言之威，神變加持。」在一個充滿紛爭和混亂的人間世中，一位教授阿闍梨若要在此生顯得「世間成功」和「即身成佛」，「吃苦，了苦」是必須的，只有在經歷人世間生死的瞬間、生命的極限，才能讓一位教授阿闍梨行者變得越強，不斷超越極限，超越自我，契入各自本尊一真法界，本尊願力成為天地的終極真理。對於一位教授阿闍梨來說，人生遭遇的一切都是從自本尊真言而生，故是「天地一真」。最後一句「真言之威，神變加

持」，重伸了真言(本尊心印)的力量，以及印心威力自然轉化為行者的神變加持力。這是貫徹內在外在的絕對力量，可以實現自身的轉化，最終顯得「世間成功」和「即身成佛」。

這說明學會對「阿闍梨晉階」的態度：「寧缺無濫」，那怕「真言宗光明流在家人傳承密教」一脈永絕，被人徹底遺忘掉，也不想落入愚昧之輩的手中。學會此行此舉，遙遙呼應上師之不願見「光明流的傳承」落入奸人之手而寧願承受毒害之苦。在家人傳光明流密教，那怕最終只是曇花一現被人遺忘掉，也不想所托非人。

在家大阿闍梨之〈正名篇〉

「光明王密教學會」既然是一個致力於建立「在家人傳中國佛教真言宗光明流」密法的團體，自然就是以在家人為首去以「大阿闍梨」身份引領學員修養「即事而真，當相即道」的大日如來「光明遍照」精神及本尊修法，證「即身成佛」之果。

在家人不是「僧」，故悟光上師在傳光明流修行儀軌所有法本，一律以「四皈依」為第一步，就是「皈依Guru (師)、皈依佛、皈依法、皈依僧」，恩師徹鴻常對吾說這「Guru」就是「在家傳法人」的了。除此以外，悟光上師更為「在家大阿闍梨」創造了新「大精都」和「大精正」等名稱，以代替「出家大阿闍梨」所用的「大僧都」和「大僧正」。此二舉，無非在建立「在家大阿闍梨」傳播及弘揚中國佛教真言宗光明流代代相傳之「名正信順」而已！

「真言宗阿闍梨」，一般英文可直譯為「Shingon Buddhist Guru」（「阿闍梨」即「導師」），故「光明王密教學會」成立時即訂立了「在家大阿闍梨」之晉階及其英譯名稱如下：

權小精都 Trainee Assistant Shingon Buddhist Guru
小精都 Assistant Shingon Buddhist Guru

權中精都 Shingon Buddhist Guru
中精都 Senior Shingon Buddhist Guru

權大精都 Associate Chief Shingon Buddhist Guru
大精都 The Chief Shingon Buddhist Guru

大精正 The Venerable Shingon Buddhist Guru

然而，一念到悟光上師之本願力唯是要把唐朝流播到日本的「真言宗」完整無缺地回歸到中國，才毅然脫離日本高野山以建立了「中國佛教真言宗光明流」，則以上以英譯中所用「Shingon」一字，確是不合適。因為「Shingon Buddhism」就是「東密」（日本之真言宗）的英譯，則「Shingon Buddhist Guru」就不能準確地表達悟光上師用一生心血建立「中國佛教真言宗」此功在千秋的偉大宏願了！

常言道：「名不正，則言不順。」由「在家大阿闍梨帶」引領着「在家阿闍梨團隊」去傳揚「中國佛教真言宗光明流」之一脈，若要真正做到「功在千秋，無遠弗屆」，就必須先「正名」。

有見及此,「大精都」和「大精正」將分別重新英譯為「Master of the Order of Infinite Flame (MOIF)」和「The Supreme Master of the Order of Infinite Flame (SMOIF)」:

「Infinite Flame」,就是「光明遍照」、「大日如來」、「遍照金剛」的意思。「大日如來」,一切諸佛菩薩的本體和真實。「大日如來」,又名「光明遍照」,象徵大日如來「光明的力量」是一切眾生的源頭,更是一切法的本源和原動力。「大日如來」,另一名稱是「遍照金剛」,象徵大日如來「光明的力量和威嚴」,是一切罪業和障礙的消滅者和征服者,更是一切金剛力量的主宰和掌握者。

「Order of Infinite Flame」,就是第一「光明遍照的秩序」、第二「大日如來的組織」,故可以解釋為「大日如來」的「曼荼羅」。第一「光明遍照的秩序」,可以指大日如來的主權和尊嚴,是「一切佛法的付囑者」和「眾生的護念者」,也是一切真言和咒語的發明者和傳授者;「光明遍照的秩序」也可以指大日如來的完美和和諧,是一切法界和心性的本體和本性,也是一切圓滿和平等的實現和示現。第二「大日如來的組織」,是以「大日如來」為中心並圍繞著其他的諸佛和菩薩,形成一個完美的對稱和和諧的圖形,也就一個大日如來「曼荼羅」,代表了大日如來的圓滿智慧和慈悲(一切真言宗的諸佛菩薩)、本誓願(一切真言宗的三昧耶)、真言(一切真言宗的教義)、以及羯磨(一切真言宗的實踐)。

「Master」，代表具足力量者、具足高尚品格和權威者，才能成為一個由忠誠信徒和修行者組成的組織或團體之領導者。「Master」，也代表絕對「主宰性」，象徵具足「自主宰人生」的尊貴和權威者，更代表著「中國佛教真言宗光明流」由「在家大阿闍梨」所帶領之道場之主尊。

綜上所述，「Master of the Order of Infinite Flame」是一個相當適合「在家大阿闍梨」的英文名字，因為它涵蓋了「大日如來」的各個方面的特質和意義，也符合了中國佛教真言宗光明流的教義和精神。這個新名字可以幫助「未來人」能夠更好地理解和親近一位「在家大阿闍梨」，繼而能立志傳揚光明流密法，興隆密教。這是「光明王密教學會」之「在家人」傳法之立場，也是《在家大阿闍梨之 <正名篇>》的核心和目的。

[補充「阿闍梨晉階各新英譯名稱」]:

權小精都 Foundation Apprentice of the Order of Infinite Flame
小精都 Intermediate Apprentice of the Order of Infinite Flame

權中精都 Apprentice of the Order of Infinite Flame
中精都 Senior Apprentice of the Order of Infinite Flame

權大精都 Associate Master of the Order of Infinite Flame
大精都 Master of the Order of Infinite Flame

大精正 The Supreme Master of the Order of Infinite Flame

以上各英文新譯名,「晉級各用字」十分準確,也做到不帶「日本宗教專用字」及「出家人專用字」等,十分精確,適合所有現在及未來的「光明流在家人傳密教」團隊使用。大家都做到「正名」,才能言順,路才可走得遠。

光明王密教學會會長

玄覺　大精都

2024年6月9日「授明灌頂」日

書於香港大學

附錄一：
會長開示

會長開示

「光明王密教學會『在家大阿闍梨』就位神聖典禮」一事

真言宗大阿闍梨就位神聖典禮是真言宗的一項重要儀式，用於選定和授予真言宗道場的最高傳法位者。光明王密教學會「在家大阿闍梨」就位神聖典禮的一般在「授明灌頂」修法結束後進行，其具體流程如下：

* 大阿闍梨候選人必須先經過學會的審查和推薦，並具備相應的事相教相體解，傳密教志願弘大，和具人天師範之品德。

* 大阿闍梨候選人必須在就職禮前接受其上師或其他大阿的面試和考試（這部分，是次可免），並宣讀誓辭，表明願意遵守三昧耶戒、密教教義、和傳承千載儀軌（不可妄作篡改），並服從悟光上師及八大祖師代代遞相傳授的教導。

* 大阿闍梨就職禮通常在「授明灌頂」修法結束後進行，由其上師或其他大阿主持，並邀請其他大阿、阿闍梨和修真言行學員參與。就職禮中，主持人會向阿闍梨提問真言宗三昧耶之十戒約，確認其信仰、使命和責任，並要求其重複其所讀誓辭。

- 主持人會為大阿闍梨候選加持祈願，並授予五鈷金剛杵，象徵代表八大祖師及第九大祖師悟光上師賜予歷代祖師所證之法界體性智。主持人還會給大阿闍梨候選人一個象徵其職分和權柄的秘密手印、寶冠、大阿肩帶、扇子及大阿就職證書等。

- 主持人宣布大阿闍梨候選人正式成為大阿，並引領全體與會者歡呼和祝賀，並要求全體與會者尊重和支持新大阿的傳光明流密教工作。

- 新大阿會發表就職演說，感謝上師和師父的大恩，並表達自己對密教的體解和未來弘密教目標。新大阿會向主持人、其他大阿、阿闍梨和全體與會者致謝。

- 就職禮結束後，新大阿與主持人、其他大阿、阿闍梨和全體與會者握手或擁抱，表示互相頂禮和互相團結。學會也可能舉行一些慶祝活動，如茶點、晚宴等。

以上是光明王密教學會「在家大阿闍梨」就位神聖典禮一般流程。希望大家都圓滿今生、珍惜法緣；都能自證證他，一起來傳承法脈。無負上師、不負如來！

〔註〕：

(1) 新大阿宣誓：「唵縛日羅曼荼藍鉢羅吠舍銘。」（入祕密曼荼羅真言）

(2)　主持人向阿闍梨提問真言宗三昧耶之十戒約，先授以「光明十互」，然後可用「本性戒」替代三昧耶之十戒約。《大日經》「本性戒」云：「等起自真實，不生疑慮心，常住於三昧，修行戒當竟。菩提心及法，及修學業果，和合為一相。(能持否？)」

(3)　光明流各個道場，以「光明十互」為互動原則。「光明十互」是利他無我之無上正法，更是光明流即身成佛大道之現成：

(一)互敬、

(二)互愛、(「愛敬法」圓滿成就)

(三)互增、

(四)互利、(「增益法」圓滿成就)

(五)互競、

(六)互破、(「降伏法」圓滿成就)

(七)互助、

(八)互補、(「息災法」圓滿成就)

(九)互護、

(十)互囑。(「如來善護念、善付囑諸菩薩」圓滿成就)

未來，各道場合看便成為光明流在家人傳密教之法界（是一大悲曼荼羅），在互動當中，自有「愛敬、增益、降伏、息災、付囑」等諸功德相現！

　　　　　　　　　　　光明王密教學會會長

　　　　　　　　　　　玄覺　大精都

　　　　　　　　　　　癸卯年立秋

　　　　　　　　　　　書於香港大學

「光明王密教學會『第四屆授明灌頂儀式』及『第一屆大阿闍梨就職典禮』感言」一事

公元2023年8月7日的今天，是光明王密教學會的大日子、是歷代祖師歡喜的日子、是諸佛菩薩及人天歡喜的日子！

首先，密教學會的第四屆「阿闍梨授明灌頂」之三天，功德圓滿，順利成就了新一批精進阿闍梨，在真言宗三國傳燈「千年傳承」之法脈力下，可以正式開始起修「本尊法」，好成為光明流之「在家阿闍梨」團隊中之一員猛將，這一生「世間、出世間」皆能悉地成就！

另一件值得興奮的事，是吾依光明王密教學會大僧正釋徹鴻創會會長之囑咐與規定，將「大阿闍梨之秘密灌頂」傳授予兩位對真言宗「事相和教相」都具足體解之資深「教授師（權大精都）」，讓「中國佛教真言宗光明流」增加了兩位「大阿闍梨（大精都）」以繼承悟光上師和徹鴻恩師不惜用生命換來之「在家人傳密教」偉大弘願，成為「興隆光明流密教」之大將，功在千秋。光明流「在家人傳密教」百年內能否開枝散葉遍地開花，大家只需細心想想，便可知曉培養優秀「大阿闍梨」就是最關鍵的一環！

真言宗是以「即事而真，當相即道」為宗旨，教大家「修養」密教之精神、修養和生活。「密教精神」就是意密，「密教思想」就是口密，「密教生活」就是身密。身口意三密之修養，是「即身成佛」之不二法門。守好「三密」，就是修行的最終途徑。大家這一生，定要破了那凡夫輪迴不變的罪業思想，在世間和出世間事業悉地成就；凡是屬於自利利他的祈願，必定得圓滿成就，這才是真言宗說「即身成佛」的真實意義。

因為人會害怕、會絕望恐懼、會退縮，心裡的種種折磨會牽着自己不讓自己往前進。守好本尊三密相應，就像是擁有了一把明王「斬心之劍」，斬破心中的恐懼，才能踏破束縛，去走出「自己的道」。但願今天每一位新晉阿闍梨，都能走出自己的道。

最後，更加希望兩位光明流新就職在家大阿闍梨，都能常憶念師父所說的「大荼毒鼓因緣」，並於弘密教路上當仁不讓，面前弘教之路不論如何艱辛磨難，都定要堅持把光明流「在家人傳密教」一脈發揚光大和傳承下去！

功在千秋，願大家都能「無負如來、不負師恩」！互勉互勉！

光明王密教學會會長

玄覺　大精都

2023年8月7日深夜

書於香港大學

「再說中國佛教真言宗光明流在家大阿闍梨就職典禮」一事

「中國佛教真言宗光明流」光明王密教學會是一個致力於在家人傳真言宗光明流密法的宗教團體，由釋徹鴻大僧正創立，並由張惠能博士（玄覺大阿闍梨）接任會長，目標是讓在家人能夠完整修證真言宗的「四度加行」和「本尊法」，以成為一位傳法阿闍梨，並以「光明十互」為修證「即事而真，當相即道」的精神指導。

「大阿闍梨」就職典禮表面只是「對新晉大阿闍梨的授權和肯定」的一項宗教活動，其實它對於「中國佛教真言宗光明流光明王密教學會」、乃至是「未來中國佛教真言宗光明流任何一個道場」，乃至「中國佛教真言宗光明流」整體的未來發展，有着絕對的重要性和影響力。

「中國佛教真言宗光明流」大阿闍梨就職典禮，必須包括以下幾個環節：

* 大阿闍梨進階試：這是一個考驗大阿闍梨的學識和修行的試驗，要求大阿闍梨能夠熟練地誦讀、解釋和實踐真言宗光明流的經典、儀軌法門，乃至密教精神（意密）、密教思想（口密）、與密教生活（身密）。

- 傳法灌頂：這是一個將大阿闍梨與本尊三密交融的灌頂儀式，當中最重要的兩個環節，是要求新大阿闍梨跟隨主禮大阿闍梨宣誓「秘密莊嚴心」誓言，及受大阿闍梨不共之「本性戒」，以表現對新大阿闍梨的嚴格要求和神聖意義。發起「本性戒」後，就象徵從今往後絕對以「在家人興隆密教」為本願，並接受了上師所證之大道的加持和傳承。

- 開場演說：這是一個由會長或其他資深大阿闍梨發表的演說，旨在介紹新晉大阿闍梨的背景和成就，並勉勵他們在未來的傳法工作中堅持不懈，廣度具緣眾生。

- 頒發證書：這是一個由會長或其他資深大阿闍梨親自頒發給新晉大阿闍梨的證書，並且送給新晉大阿闍梨象徵其職分和權柄的秘密手印，寶冠、五股金剛杵、大阿闍梨肩帶、扇子等，證明他們已經通過了大阿闍梨進階試和授明灌頂，正式成為中國佛教真言宗光明流的傳教大阿闍梨，並付囑其在密教界最高的地位和責任。

- 祝賀致辭：這是一個由新晉大阿闍梨向所有與會者發表的致辭，用以表達他們對光明流和上師的感恩和敬意，並分享他們的修行心得和感受。

以上是將光明王密教學會大阿闍梨就職典禮的重點再作一個整理，希望對未來光明流在家人傳教有所幫助。

在光明流在家大阿闍梨就職典禮中，更加重要的，就是具體顯現了「即事而真，當相即道」。「即事而真，當相即道」是一個真言宗的重要教義，意思是「萬事萬物都絕對真實，一切現象皆具足真理」。這個教義強調了真言宗的實踐性和如教修行能證「即身成佛」的必然性，要求修行者能夠以日常事物及生活現象為修行關鍵，而不妄想逃避人生責任，不迷惑於佛教名相的分別，從而證悟事物的光明遍照真相，即一切法的「法界體性」。

光明流在家大阿闍梨就職典禮中就是要具體顯現「即事而真，當相即道」，其道理如下：

- 大阿闍梨就職典禮是一個以事物的現象（就職典禮）為真實的大日如來活動（發秘密莊嚴心、受本性戒），它展示了新大阿闍梨的學修和密證一致，才能讓他們得到上師和傳承法脈的認可和眾與會者真言行人的支持。這些現象都是真言宗光明流的實踐和傳承的具體體現，也是大阿闍梨修證本尊法的道果。

- 大阿闍梨就職典禮也是一個展示「事物與現象，都具足真實與道理」的活動，新大阿闍梨都在人間活現密教精神、思想與密教生活，向未來真言行人示範了如何一步一步修證本尊法，並以本尊法證得真實和道理。本尊法是真言宗所修的核心法門，大阿闍梨就職典禮要求新大阿闍梨用此生展示與本尊三密交融，即身成佛，這就是直指證道者的生命活動中，事物與現象都具足真實與道理，即「即事而真，當相即道」。

由此可見，光明流在家人大阿闍梨就職典禮，是一個開示「即事而真，當相即道」教義的活動，它既展示了真言宗光明流的實踐性，也體現了真言宗光明流密法修行能證「即身成佛」的必然性。

光明王密教學會會長

玄覺　大精都

2023年8月7日深夜

書於香港大學

「給中國佛教真言宗光明流現在、未來大阿闍梨共勉之語」

「中國佛教真言宗光明流」光明王密教學會，是一個以「在家人傳承真言宗」的宗教團體，其理念是要凝聚一群喜歡修行真言宗「本尊法」的在家修行人，並開枝散葉出更多「在家人傳承真言宗」的宗教團體，各自開花。

如果我們想要「中國佛教真言宗光明流」此「在家人傳承真言宗」偉大「功在千秋」的理念，我們需要考慮以下幾個方面：

- 要有一個清晰和具有吸引力的信仰核心，能夠回應現代在家人們對生命和靈性的追求和探索，並與現代社會的價值觀和挑戰相協調。

- 要有一個有效和廣泛的傳播策略，能夠利用各種媒體和平台，向不同的文化和語言背景的人們介紹和推廣我們的信仰和修行方法，並建立良好的聲譽和關係。

- 要有一個穩固和靈活的組織和制度，能夠保持各個道場內部的凝聚力和外部的適應力，並處理好與其他佛教或非佛教團體的合作或競爭關係。

- 要有一個豐富和創新的文化和藝術，能夠反映在家人的信仰和修行的內涵和特色，並激發人們的想像力和感動力。

- 要有一個持續的改革和開枝散葉，能夠檢討和更新在家人的信仰和修行的理論和實踐，並容納和尊重各各光明流道場不同的意見和風格。

- 要有一個積極和負責的傳教事業，能夠不斷地向外傳播在家人的信仰和修行的好處和成果，並以行動服務社會，造福眾生。

至於中國佛教真言宗光明流在家人傳教之事業，「即身成佛，一得永得」和「本尊三密，入我我入」是兩個很有力的口號，能夠體現真言宗的在家人能證道之教義和修行方法，也能吸引人們的注意和興趣。但是，要讓光明流「在家人傳教」成為千秋普遍的宗教，要成功也不易，有些必要條件，大家及未來大阿闍梨都務必要考慮以下的因素：

- 真言宗的密法和曼荼羅是否能夠適應不同的文化和語言環境，是否能夠與其他宗教和信仰和平共處，是否能夠解決當代社會的問題和困境。

- 真言宗的傳教者(大阿闍梨及教授阿闍梨)是否能夠有效地傳達真言宗的精神和內涵，是否能夠培養出足夠的信徒和弟子，是否能夠建立起穩固的組織和網絡。

- 真言宗的信徒是否能夠真正地體驗到「即身成佛」的境界，是否能夠真實「一得永得」的住持佛性，是否能夠「入我我入」的與「本尊三密」相應，是否能夠神變加持以利益眾生。

這些都是需要深入思考和實踐的問題，不能僅僅依靠口號來實現。大家互勉！

光明王密教學會會長

玄覺　大精都

2023年8月13日

書於香港大學

「給光明王密教學會第四屆新晉阿闍梨、阿闍梨、教授阿闍梨之修道感言」

密教之「即身成佛」，首先要契入「秘密莊嚴心」。「秘密莊嚴心」所指，是行者「本尊心」之所向，就是光照十方「一往無前」的意境。

真言行者應知，真言宗諸尊，皆具足大日如來之大威勢，故修行一尊法者但凡能契印本尊心，於面對人生的磨鍊厄困時，都從未退卻，寧折不屈，自能激發出「自性本尊」的無限潛能，遇強越強，戰無不勝。真言行者既印本尊心（名三昧耶戒），自能隨本尊心意而生起「意生身」境界，是「天地、我、本尊」一體，無間自他，宇宙一體之大身。宇宙一體之大身，是一切眾生和萬法相應相通的神通體，行者於其中，能藉本尊之真言以「感而遂通天下之故」。感應本尊之心成就無上之德，就是感應天地之道。故真言行者只要能夠意生本尊身，自能一尊破萬法。本尊心修養到極致，可以破萬法。

真言行者很多，故本尊法必也眾多，各有千秋，行者應如何取捨？真言行者必須要知道，本尊法奧義在人，而不在本尊！真言行者個人的成功意志夠強大，不論選修任何一尊，都定能完全發揮該本尊的無限潛力。真言宗本尊法有千種，而修行相同本尊法的真言行者也定不在少數，但各人所取得的成就卻不同，究其原因，就是真言行者的意志不一。所以，本尊法是法法平等的，根本不存在軟弱的本

尊，只有軟弱的修行使用者。唯有意志如大日，才可斬破萬法之纏縛，無論遇到什麼，都不會有所動搖自己所選修之一尊法。

想要得到「真言宗歷代祖師法脈傳承」法界的認可，一位真言行者就得在本尊法上有非凡之造詣，做到隨心「意生身為本尊，感而遂通天下之故，以利天下」。唯有「本尊法」造詣非凡，才是「即身成佛」根基。修行之道重在修心，唯有一心在本尊，才能無往不破。所以不論是任何一尊，只要能徹底掌握當中的真諦，與本尊相融，「即身成佛」自可事半功倍。若未能達到此境界便捨本逐末，只會離本尊法道真諦越來越遠，「即身成佛」就遙遙無期了。

本尊三密相應，我入入我，只是成佛之開始。要達到「宇宙，人，本尊」合一的至高境界，要一念可引天地之大威勢加持吾身，是本尊之道，更是「即身成佛」之根基。希望我此說法，能讓大家明白本尊之道乃「即身成佛」之根本。現在的大家，先鞏固修法至今此時之所得，爭取達到三昧耶戒圓滿境（個人的成功意志夠強大，契印本尊心）。

大家互勉！

光明王密教學會會長

玄覺　大精都

2023年8月13日

書於香港大學

「《藥師如來觀行儀軌法》拔除一切業障祈願大法會」

光明王密教學會將定於2023年12月16日下午兩時至晚上十一時、12月17日上午七時至晚上十一時、12月18日上午七時至下午六時，連續三天，舉行三天舉行「《藥師如來觀行儀軌法》祈願大法會」。真言宗八大祖師中之金剛智曾譯《藥師如來觀行儀軌法》一卷，他開示藥師如來能消除眾生的病苦，增長壽命和智慧，並成就佛道，並說「一切古今經法，其功德利益無有勝於此部」。悟光上師對於此藥師如來法門十分重視，上師在世時在本山每年都舉行三天藥師如來大法會，當中包括「主壇、持咒水、護摩、聖天、十二天、十二藥叉神將、神供」等完整大體系之修法。故光明王密教學會亦將其視為光明流大法之一。學會同修可以發願參加，祈願悉得圓滿，功德不可思。

《藥師琉璃光如來本願功德經》說：「此法門名說藥師琉璃光如來本願功德；亦名說十二神將饒益有情結願神咒；亦名拔除一切業障；應如是持。」依密教立場來看，何謂「藥師琉璃光如來」？「藥師(Bhaisajya-Guru)」，代表拔除生死輪迴痛苦。「琉璃光(Vaidurya Prabharajah)」，代表照破無明黑暗的世界，世間大地盡為琉璃光所現成、莊嚴殊勝。「如來(Tathagataya)」，代表本住自得、無可得，故是「不用現觀自醫王」。《藥師琉璃光如來本願功德經》云：「東方過娑婆世界，十恆河沙佛土之外，有佛土名淨琉璃，其佛號為藥師

琉璃光如來。」此乃象徵性之說，代表「淨琉璃佛土」與「藥師琉璃光如來」是「本來現成」及「隨念現成」義，故知「一切有情病眾生，一念現成藥師佛，身心安樂法行眾，現見大悲琉璃光」。「其佛號為藥師琉璃光如來」，代表如法修行者，能成法界自在主，以大遊戲度眾生。

12月16、17、18日之「《藥師如來觀行儀軌法》祈願大法會」中，有「大幡（300元）」接受阿闍梨及會員於現今不安世道為自己、家人及朋友祈願。大家可以好好寫寫所祈願，祈願新一年病患速去福祐自來，寶祚無疆遮災殃無臻！

〔附錄：〕

*　　《藥師琉璃光如來本願功德經》云：*

*　　「曼殊室利！彼世尊藥師琉璃光如來本行菩薩道時，發十二大願，令諸有情，所求皆得：*

*　　「第一大願：願我來世得阿耨多羅三藐三菩提時，自身光明，熾然照耀，無量無數無邊世界，以三十二大丈夫相，八十隨形，莊嚴其身，令一切有情，如我無異。」*

*　　「第二大願：願我來世得菩提時，身如琉璃，內外明徹，淨無瑕穢，光明廣大，功德巍巍，身善安住，燄網莊嚴，過於日月，幽冥眾生，悉蒙開曉，隨意所趣，作諸事業。」*

* 「第三大願：願我來世得菩提時，以無量無邊智慧方便，令諸有情，皆得無盡所受用物，莫令眾生，有所乏少。」

* 「第四大願：願我來世得菩提時，若諸有情，行邪道者，悉令安住，菩提道中；若行聲聞獨覺乘者，皆以大乘而安立之。」

* 「第五大願：願我來世得菩提時，若有無量無邊有情，於我法中，修行梵行，一切皆令，得不缺戒，具三聚戒，設有毀犯，聞我名已，還得清淨，不墮惡趣。」

* 「第六大願：願我來世得菩提時，若諸有情，其身下劣，諸根不具，醜陋頑愚，盲聾瘖啞，攣躄背僂，白癩顛狂，種種病苦，聞我名已，一切皆得，端正黠慧，諸根完具，無諸疾苦。」

* 「第七大願：願我來世得菩提時，若諸有情，眾病逼切，無救無歸，無醫無藥，無親無家，貧窮多苦，我之名號，一經其耳，眾病悉除，身心安樂，家屬資具，悉皆豐足，乃至證得，無上菩提。」

* 「第八大願：願我來世得菩提時，若有女人，為女百惡之所逼惱，極生厭離，願捨女身，聞我名已，一切皆得轉女成男，具丈夫相，乃至證得，無上菩提。」

* 「第九大願：願我來世得菩提時，令諸有情，出魔罥網，解脫一切外道纏縛，若墮種種惡見稠林，皆當引攝，置於正見，漸令修習，諸菩薩行，速證無上正等菩提。」*

* 「第十大願：願我來世得菩提時，若諸有情，王法所加，縛錄鞭撻，繫閉牢獄，或當刑戮，及餘無量災難凌辱，悲愁煎逼，身心受苦，若聞我名，以我福德威神力故，皆得解脫一切憂苦。」*

* 「第十一大願：願我來世得菩提時，若諸有情，饑渴所惱，為求食故，造諸惡業，得聞我名，專念受持，我當先以，上妙飲食，飽足其身，後以法味，畢竟安樂而建立之。」*

* 「第十二大願：願我來世得菩提時，若諸有情，貧無衣服，蚊虻寒熱，晝夜逼惱，若聞我名，專念受持，如其所好，即得種種上妙衣服，亦得一切寶莊嚴具，華鬘塗香，鼓樂眾伎，隨心所翫，皆令滿足。」*

* 「曼殊室利！是為彼世尊藥師琉璃光如來應正等覺，行菩薩道時，所發十二微妙上願。」*

* 《藥師琉璃光如來本願功德經》又云:「時彼世尊,入
三摩地,名曰除滅一切眾生苦惱。既入定已,於肉髻
中,出大光明,光中演說,大陀羅尼曰:『那謨薄伽筏
帝,鞞殺社窶嚕,薜琉璃缽剌婆喝囉闍也,怛陀揭多
耶,阿羅訶帝,三藐三勃陀耶,怛姪阤:唵,鞞殺逝,
鞞殺逝,鞞殺社,三沒揭帝娑訶』。」……「此秘密法
門,名「說藥師琉璃光如來本願功德」,亦名「說十二
神將饒益有情結願神咒」,亦名「拔除一切業障」。」*

373

修證「藥師琉璃光如來法門」：

真言宗之秘密法門，側重修持，無有一法不自基於自色身而起修者。藥師琉璃光如來「種子字」就是上述大陀羅尼中的「鞞」字，象徵：

一、「自在」、「不可得」義：眾生自在是「本有」，則無所謂「得」。

二、「施藥義」：施藥給彼眾生自在，施法性之藥、施世藥，對治三毒及四大病。

「藥師琉璃光」表裡映徹，代表無病。

「藥師琉璃光如來」，又名「十二淨願」薄伽梵，以日光菩薩、月光菩薩為其眷屬。「日光」是陽德，代表理體、胎大日；「月光」是陰德，代表智用、金大日；一陰一陽，代表「自性大圓滿調伏法門」。「菩薩」是真實修持者，代表住持佛法之尊。

「藥師琉璃光如來三昧耶形」，是「十二角藥壺」，象徵十二大願。

《藥師琉璃光如來本願功德經》之十二大願都說「願我來世得菩提時」，此話如何說？

「願」者，是十二大願。「我」者，是真我，具足如來法身功德。「來世」者，顯教理解為具三世生死；密教依「本不生」義，何未來？何能現？若識自性真相，即以無生滅義而敬禮也。「得菩提」者，是成道；禪宗云「明心見性」、得「當下」清淨者也，密教則為「即身成佛」菩提。

此秘密門中之「來世得菩提時」，就是印契「藥師」純一、圓滿、清淨、潔白之心性種子，彼現三有（三世）及槃涅（越三世）。這是如來密意，甚深微妙之！

修證「藥師琉璃光如來法門」，必須

一、 皈命琉璃光如來：印契藥師佛心。

二、 深體十二大願：依藥師佛願、發起等同的誓願，是「修藥師如來三昧」的根本依止，能生起藥師三昧力。

三、 修養十二大願生活與精神：圓滿世間、出世間成就，大福成就大藥王。

所謂「修藥師如來三昧」者，就是「三昧現前，無自無他」，自身證藥師三身之果：

一、 法身：即如法受用淨琉璃光體性，常寂法界身，名「本因定」。

二、 化身：為了度自心內眾生，一念持藥師大陀羅尼，能顯現種種幻化神變，唯心迴轉，現前人間世，盡化琉璃光。

三、 報身：吾人由修習藥師佛法而迷執諸惑障脫除，即五蘊皆空，其境界之證量為報身佛，乘願再來度生而入人間亦無畏。隨業轉生在凡夫邊看，即是輪迴；依佛邊看，即如水泡虛出沒。

至於藥師法門之正行，從「金剛唸誦」開始。「金剛唸誦」，真言密咒，念念皆由藥師佛的十二大願悲心所生。以藥師佛心，乃行者自性之實性故。

「金剛唸誦」，是根本本尊瑜伽修法。運用語言瑜伽，持誦諸尊名號或真言，喚醒自性本具藥師本尊。

金剛唸誦瑜伽，乃用真言為「出入息」，念念無間，猶如出入息；人才唸誦真言，自身即藥師本尊，無二相，是無上瑜伽。

金剛唸誦瑜伽中，能淨之法，為名號、真言，代表著本尊的真實本性。所淨之境是無明的習氣、語門的無明。誦咒的修持，清淨不淨的覺受，成就清淨的金剛語，行者一切言說，轉成悅意利義的利生佛語。

「金剛唸誦」淨治之果，現前人間世，盡化淨琉璃世界，我即現成藥師佛；證得受用報身，具足藥師佛的功德；可自在作出調伏眾生的事業，行金剛語的大威德事業名轉法輪，自言語將轉為藥師佛的佛語。唯能妙轉法輪，以自言語成辦種種「息災、增益、懷愛、降伏」的利他事業，方得成辦自利利他，是「藥師琉璃光如來法門」二利事業之義。

認識藥師佛之絕對真理，證取我等等於藥師佛，現觀何處非藥師淨琉璃，現觀自身何曾非藥師如來？金剛唸誦中，法爾顯現實，自然琉璃光，自然藥師佛！

光明王密教學會會長

玄覺　大精都

2023年12月4日

「2024年（甲辰年）4月12、14日之大星供法會」一事

一般來說，「當年星供」，以該年的「當年星」為本尊，又稱為「屬星供」或「屬曜供」，是屬於各自遊年的九曜星唯一供養行法；而「星供」，則是以息災為本，故也可以按照「當年星供」儀軌，但不供當年星而供「羅、計、火、金」四惡星的。

由弘法大師修定之「大星供法」，是以大日如來所化現之「金輪佛頂如來」為本尊。「金輪佛頂」，為佛入於甚深三昧禪定境界之神格化象徵；「金輪」，是指轉輪聖王中最為尊貴、優越的金輪聖王，以此來比喻此本尊有著如金輪聖王般的無比威神、殊勝。大星供法會，在行者集體共修大星供法儀軌當中，金輪佛頂如來神變加持真言行者為七星、九曜、二十八宿。由於自古以來，人們相信命運乃受到星宿運轉所支配，故當中有與生俱來關係深厚的「本命星」，以及輔助本命星的「元辰星」，而每年輪轉到的星則稱為「當年星」。從真言密教的「即事而真，當相即道」的立場來看，即使當年輪到惡星，行者只要相應金輪頂如來，神變成為七星、九曜、二十八宿，恭敬持誦其真言，並依真言宗「金剛吉祥」真言、「破諸惡曜」真言及「一切成就」真言，能燃亮本星，於三密加持中以利他的實踐下，至誠祈念，自然去除自他可能面臨的災厄，轉禍為福，讓命運有所改變。

所謂大日如來化現為金輪佛頂如來、七星、九曜、二十八宿等，當中無非真言密教之本尊瑜伽三密相應法，是真言行者親自改變生命的明證，故可說是最純正、最完備、最究竟、最不可思議的。當大家鍛鍊真言宗「本尊相應」達到一定境界後，大家比的其實就是「本尊法則」，就是大家對自性具足的本尊力量法則之理解與及於平常生活上之運用，如星供法就是諸星宿「運轉支配命運」及「破諸惡曜」法則。這跟一般外道的迷信祈求外力及奪取外界的力量為己用，不可同日而喻。

真言宗星供大法，可視為「金輪佛頂如來、七星、九曜、二十八宿」本尊法，是以「身口意三密」相應本尊蘊發出「法界力 (本尊法則)」為自身所用。所謂法界力者，既非內力亦非外力、非自力亦非他力，唯是絕對力。修行「星供法」而即身體爆發的「金輪佛頂如來」本尊力量，難以想像，即身像「七星、九曜、二十八宿」一樣蘊含無窮潛力，行者就是整個星宿曼荼羅世界。

在光明王密教學會，我們弘揚「星供法」有其絕對意義。通過大家一起共修一「星供法」，大家是在一起在作佛的事業，於同行者互相加持中能夠集體實現「真實行、真實信受、真實證」，達致圓滿地理解與運用「金輪佛頂如來」乃至各自本尊之力量法則，最終能令每位行者必然都能修養成為決心堅定的真言行者，互證「集體」即身成佛。

悟光上師也特別重視「大星供法會」，並於整理《星供與星宿》中就深入講解了包含「大星供法會」與「諸星宿」思想的眾多密教經典。例如：

— 不空三藏翻譯的《孔雀明王經》敘述星宿之威力云：「宿有二十八，四方各居七；執曜復有七，加日月為九，總成三十七。勇猛大威神，出沒照世間，示其善惡相，令晝夜增減，有勢大光明。」又云：「令我夜安穩，晝日亦安穩。於一切時中，諸佛常護念。」

— 《星供法則》云：「夫當年屬星者，司善惡而分禍福，上曜於天神，下直於人間，所以禮拜供養者長壽福貴，不信敬者運命不久。然則誠心信仰，病患速去福祐自來，至心供養，削死籍，還付生籍。」又云：「夫星辰者，遮那分身，金輪曼荼羅知識。垂跡萬邦，施化十方，悉掌善惡，能分禍福，具照信否，出示利罰。」

— 《本命星供表白》云：「是故如來為說，令薄福眾生修此燒供，其屬命星數，削死籍，還付生籍。非是但除不定夭逝而已，又欲滅決定業，得第一命之方便也。」又云：「謹撿儀軌，敬尋本誓，君臣歸之者寶祚無疆，遮人敬之災殃無臻。」

在悟光上師整理《星供與星宿》這本經典時曾指出「真言密教並非向萬有超越空理追求萬有之本體，而追求屬於萬有的地、水、火、風、空、識等六大」；又說「余俗諦的萬法即不變的真諦，毗盧遮那法身之顯現才成為金剛胎藏兩部的曼荼羅，此即言：即事而真」；又說「故知於此星宿經儀能

奉憑仰，以體會星宿法樂中之精深妙見者，現世無苦，後生定生極樂世界」。

大星供法會，祈願之所以必得成就，乃依於真言密教「異類加持」和「同類加持」兩重見地。

真言宗說異類加持，是指佛的三密與眾生的三業，互相加持，即「如來的加持力」與眾生「自己的功德力」合一，再與恆常的「法界力」相應，使眾生得佛之加持而達佛果者。推比佛、眾生彼此的加持時，即行者之口誦真言，手結印契、心住三摩地，或念本尊明咒，則行者三業與佛之三密，即能互為加持，而得不可思議的悉地成就。口密為不真實的言語，印契表本尊的本誓，為正行願的生活動作，心住三摩地，則無妄念。若心無妄念，即口無妄語，動作自正；同樣地任一業趨正，餘二皆淨，故一業皆含其他二業；三業彼此各自互相加持而交互增進其力用，以至於達到完全圓滿的境界。若更進一步的將自己的一業、二業、三業來加持他人的一業、二業或三業，由於互相加持的交感作用，自我他人，則同時淨化而達解脫之地。推而廣之，於十方法界一切眾生，則彼此三密互涉互入，精神漸次因上轉下轉的雙迴活動而昇華不已，終究趨於心佛眾生三平等的一真法界之域。

更上一重，真言密教說「同類加持」，是指佛佛之間的加持，以增盛涵攝佛佛彼此救濟眾生的活動力。若廣推之，可以看做為如甲之口密與乙之口密的加持，甲因其口密的效用即念誦，激起乙品格精神的昇華，以甲為規範而淨化其心。

真言密教言三密，又分有相三密與無相三密。有相三密為身口意三密，如《菩提心論》云：「身密者，手結印契而召請聖眾之謂；語密即是密誦真言而文字句了了分明沒有謬誤；意密即住於相應瑜伽圓滿如白淨月的菩提心。」弘法大師於《即身成佛義》云：「若有真言行人觀察此議，手作印契，口誦真言，心住本尊三摩地，由三密之相應加持，即速獲得大悉地。」能得顯現不可思議的羯摩作用，歸根結蒂，皆因六大無礙，四曼不離；即事而真，當相即道之故。

甲辰年，密教學會將於4月12日至14日(甲辰、戊辰、丙午、乙未)舉辦年度「大星供法會」，請大家踴躍參加，共襄密舉，謹撿儀軌，敬尋本誓，悉能滿足，神力加持；祈願自他，轉禍為福、病患速去、災殃無臻、福祐自來，寶祚無疆！

[補註：]

復活節是在每年的「春分」月圓後的第一個星期日，一般介於3月22日至4月25日之間。密教學會從來年開始，便定在復活節後的第一個週末舉行年度「大星供法會」，這時候仍處春天是萬物復甦和生機處處的季節，代表如來藏的「生生不息」之神變力、大功德威神力，正好吻合真言密教中最具大神變力、大功德威神力之法會之一的「大星供大法會」。

光明王密教學會會長

玄覺　大精都

2023年12月23日

「真言宗傳授本尊法之在家阿闍梨」一事

「光明王密教學會」是一個培養「在家阿闍梨」傳密教的道場，志願訓練一群具備密教修證功夫、說法辯才、真言宗藝術創造之人材，成就一眾「發菩提心，妙慧慈悲，兼綜眾藝，善巧修行般若波羅蜜，通達三乘，善解真言實義」的在家阿闍梨乃至大阿闍梨。

悟光上師翻譯「權田雷斧」大阿闍梨的密教著作《真言密教聞中記》是秘密佛教真言宗極其重要的著作。在《真言密教聞中記》中，權田雷斧大阿闍梨引用了以下《大日經疏》的一段作為證明「在家居士阿闍梨」之典據。《大日經疏》云：「阿闍梨自作毘盧遮那時，解髻而更結之；若出家人，應以右手為拳置於頂上，然後說此真言加持之。則一切諸天神等不能見其頂相也。」(解髻而更結之，是解生死之髻，結如來之髻之意也。) 又說「像大日如來或諸菩薩，結髮戴冠，顯在家相，以滲入社會各角落去化度民眾者亦有。此等皆是一種方便。」

關於「阿闍梨 (不論在家、出家)」應有之品德，《大日經》云：「大曼荼羅位初阿闍梨應發菩提心，妙慧慈悲，兼綜眾藝，善巧修行般若波羅蜜，通達三乘，善解真言實義，知眾生心，信諸佛菩薩，得傳教灌頂等。妙解曼荼羅畫，其性調柔離於我執，於真言行善得決定，究習瑜伽，住勇健菩提心。祕密主！如是法則阿闍梨，諸佛菩薩之所稱讚。」《大日

經疏》又云：「以眾德兼備故。即能流通密教不斷佛種。是名佛之真子。從真言行生。常為眾聖之所稱歎也。」

《真言密教聞中記》又引述《大日經疏》云：「應知師(阿闍梨)有二種。凡師位者須具解真言及印，本尊之相於中一一了達無礙，了知上中下法差別之相，然彼復有二種分，分者為二也。一者解深秘，二者通顯略。所謂深者，能了知深廣也。第二師者，但得現法中利也，世間成就之益，癡句中加有緣念也，為彼而造壇也，然亦具解造曼荼羅等種種方便無有錯謬。」又云「此中蒙佛灌頂者，為深秘之師；蒙世間人師之所受者，為顯略阿闍梨也。」又云：「復次先知即有二種。由是見諦之師，能於如是真言王中見一切根緣通達無礙。若未見諦師，即須依教及師所傳，所傳旨趣而觀察之，亦其次也。」

以上所說「阿闍梨應有之品德」和「深秘之師(阿闍梨)」，都沒有什麼在家、出家之規定。

作為一個光明流「在家阿闍梨」，應先建立一個正確的「佛教歷史觀」，認識到佛教不論大、小乘諸宗之出現，本來是各各在自己的歷史時空中嘗試去表明「如來真實義(真理)」的，各宗悉是獨一無二的「一個有系統的真理表現，以及與其相應的自宗經典和宗教的經驗」。

《密教思想與生活》是悟光上師翻譯「栂尾祥雲」大阿闍梨的重要的著作。《密教思想與生活》説：「印度之佛陀，釋尊的行乞生活，實乃國情不同，風俗亦異所致。當時四姓不平等之觀念，深刻地烙印在各人心中，不同階級之人一同出家於教團中，為要折伏其傲慢心或自卑感，予以平等化起見，乃實行托鉢生涯。又為令施主尊重僧眾，佈施植福，教導啟化民眾，以適應其時代而設的。現在人類文明發達，民主思想，人權平等概念已普遍被認識，似乎已不必如此。」又説：「以理看來，天地間所有一切悉是大生命之細流，何事何物都時時地生長、變化、發展，並非固定靜止，生活方式自亦不能硬性強加固定。密教特別是為因應周圍一切之需要而施設，現出家相為方便時就顯出家相，未必認為出家是唯一的理想。」

真言宗既絕不認為出家是唯一的理想，自然也順理成張會有出家與在家居士阿闍梨。

《密教思想與生活》説：「佛之教法，分為顯教與密教，由來極古。龍樹之《大智度論》中已有『佛法有二種：一是秘密，二是顯示』之判釋，但是所謂顯示是以出家修道者之立場，以其時代露出表面，易被人見的聲聞緣覺而言。秘密者，所指是不為人見，具有深奧內容之和光同塵的在家菩薩道修行者。」（龍樹的二種佛法，即是當時之聲聞道與菩薩道。）

《密教思想與生活》又説:「密教特別是為因應周圍一切之需要而施設,現出家相為方便時就顯出家相,未必認為出家是唯一的理想。像大日如來或諸菩薩,結髮戴冠,顯在家相,以滲入社會各角落去化度民眾者亦有。此等皆是一種方便。」又説:「密教根本經典《大日經》説『父母、妻子圍繞中受天人妙樂,可沒有任何障礙密教生活』,可以證明事實。」

《密教思想與生活》繼續説:「於善無畏三藏同時代之印度,廣為民間弘布密教之因陀羅部底,或與弓師之女兒結婚之沙羅哈(Saraha),或與摩羅婆(Mālava)國王之女同棲之迷多利具佛多(Maitrī-gupta),或與首陀羅階級歌舞人之女共居的屯美醯爾可(Dombi-heruka)等印度密教祖師先德,大都有家庭生活。」

《密教思想與生活》又説:「當時印度之密教,厭棄偏重形式之舊有小乘佛教,以精神為主而樹立出家、在家一如之新教團。但傳到中國及日本,雖由祖師先德傳來密教經典或精神,但是此等國家已有了以出家為中心之舊有佛教教團,且非常根深蒂固。在其勢力下,無法組成出家在家一如之印度本來的密教教團。」又説:「中國或日本當時弘揚密教之諸教祖,因為其周圍情形不同,或因法律或因以出家教團為中心之教團所限,未及創出印度原來之出家、在家一如的密教教團。」

這裡提出,只因為國情不同,才造成中國仍以出家阿闍梨為中心之密教教團,未及創出印度原來之出家、在家一如的密教教團。

《密教思想與生活》進一步說明日本情況道:「大師當時,尚未有出家在家一體之組織。因國家法律於在家者之外,認定了出家眾之存在。以在家、出家二者立場不同,故出家另設有法律,除三衣一鉢外,不得積聚財產,所以不徵稅金與不參與國家勞役。然幸或不幸,到了明治維新這些特別法律已被剝奪,最少於國家法律上,已否定出家立場,而須和在家一樣,亦須服從法律、納稅及徵兵服役。」又說:「於日本僧人住於寺院,所以習慣上稱呼出家或僧,而叫某某師某某和尚、某某法師,其實此等已是失去內容的空名。因此現在國家之法則上,不知不覺出家與在家已成為一如之現像。這時從來要實現而未實現之出家、在家一體的印度本來密教教團是樹立了。」

這裡,讓我借《密教思想與生活》作一個簡單總結:「以密教精神為立場,即雖獨身生活亦好,家庭生活亦好,但不可拘執,須依人、依時、依周圍環境情況而決定,不能一概而論。若為密教之弘布,(阿闍梨)純真的獨身生活為方便者,即以獨身而為,但不可流於虛偽形式才行。然也(阿闍梨)不是家庭生活就不好,要極其嚴肅地,以密教精神為生命才成。經由此成就密教精神,而將之活現於其子弟身心中,把子弟送出社會,以此為基點教化社會。以正當之家庭生活為社會之楷範,即是密教精神之成就了。」這一段,更明確說清楚了真言宗在本質上就必須有「在家居士阿闍梨」的大道理。

悟光上師在各修行法本加上「南無古魯毘阿」，表示在家大阿闍梨傳真言宗，這是悟光上師追求的宗教改革，是上師的理想。這個法脈傳承的改革，乃真實符合真言宗經典精神、以大日如來／本尊三密相為中心、完全以民主精神（封建時代，帝王均以佛教為政治工具，根本不批准在家人公開說法，更遑論什麼傳承法脈了），真正釋放人人可以透過完整真言宗修法，讓大家能以本尊身份來做佛的功作。

光明王密教學會會長

玄覺　大精都

2024年5月12日（第四屆「阿闍梨晉階試」日）

書於香港大學

「無學阿闍梨」一事

密教學會「第五屆授明灌頂」準阿闍梨人齊，先恭喜大家，可以起修一尊法了。一尊法，是正式修證終極真言行的開始，能成就「無學」，成為一位「無學阿闍梨」(學習可有完成到達「無學」境，而修行則是沒有盡頭的)。甚至歷代大阿闍梨，皆由此「無學」中來。

大家如何才能成就無學？所謂「萬丈高樓從地起」，當知《秘密真言法要彙集》、《佛教真言宗道場莊嚴要覽》、《阿闍梨灌頂教授師手鏡》、《密教「四度加行」真言之解析》、《梵字之字義》等數本重要書籍，十分基礎，但卻足以令每一位「光明流在家阿闍梨」都成功築基，在「事相」之根本修養上踏上正軌。任何一位光明流在家阿闍梨都有能力且務必要自學或透過學會安排大家一起學習以上要籍，那麼將來大家便可以有效地及系統性地指導未來人如何成為一位名符其實的阿闍梨。

至於「教相」修養方面，則必須能夠「通般若」，以達到隨時「能思、能寫、能講」之境。建議大家常重讀上師翻譯整理的《密教思想與生活》，並要常重聽吾於youtube上講授的《肇論》、吾不同時間階段所說的《大日經住心品》、以及吾在「中華智慧管理學會」所說的《般若理趣經》，通過熟悉光明流的基本「一經、一品、一論」，在「教相」上大家自可打好最強地基，如金剛不壞。

真言宗「事相」方面，大家固不需要所有東西都熟鍊；但若論「教相」，當代一定要做到絕不比誰差。

真言宗真正修鍊圓滿完成，名叫「無學」阿闍梨。任何一位無學阿闍梨，除了已擁有本尊三密相應力量，更能每天時刻無間斷地修養著密教思想與生活；其於真言宗「教相」和「事相」，悉已到達了至極的境界。

此無學境界，就有如一位大學博士生於畢業後，他不需要把自己學科知識都全知全然記得，因他自能隨時進行研究獲得自己所需知識及新發現。更重要的是，在其博士畢業後，於其他任何一門的研究，他都已經可以不用向外求教於任何人，卻定能自己一步步自學完成。因為所謂「博士畢業」，除了對自己本科功夫能達到了真正「無學」境界以外，更能研究任何一門新學問以深入到其中心之深度。那是因為掌握了一切學問研究之共通方法，以及其自學之堅持力已堅固如磐石，故只需專心鑽研及不斷試驗，自能圓滿證取最高的無學成就。

同樣地，一位光明流真正的教授阿闍梨，本質上就是密教的博士生畢業，對於真言宗之教相與事相，都到達「無學」境界；甚至對於佛教其一切宗乃至其他一切宗教的經典，自己都可以任意進行研究而透示其真理及獲得相應（真言宗《大日經住心品》之「十往心」其實已含攝一切世間心和所有宗教性心靈境界）。大家務必各自自我檢查，都自證自知。所謂「達者為大，大者為師」，未達者，不用妄自菲薄；達者，也不可驕傲自滿！

博士畢業，就是成功到達了學術上的「無學」境界；真言宗阿闍梨畢業，同樣是要到達密教修行上的「無學」境界的。所以才說，一位真言宗真正的無學阿闍梨，就是相當於佛教博士畢業。

大學博士學位，每人根本不需多於一個的，同樣地成為真言宗真正的無學阿闍梨，根本是不會再到其他宗派、其他道場、乃至甚麼佛學學位處去的了。

關於「無學」境界，這裡分享一個我年輕時的小故事。當年吾研究人工智慧碩士畢業後，為了追隨當時師父的「師公」（也就是我的「太師公」）繼續做人工智慧博士研究，故決定留在香港大學。因為太師公曾是美國著名UCLA大學電腦學系的系主任，退休後機緣巧合他來到香港大學任教三年，我便追隨了他三年。他是電腦科學界的鼻祖之一，發明Z-Grammar及基於它創造了第五代電腦語言Algol-68（是一種在當時領先了整整20年的特有「自我修改進化」功能之電腦程式語言）。太師公更是一位西方智者和禪者，名叫BUZ（Professor Robert Uzgalis: http://serve.net/buz/），中文名他給自己起了一個「蓮」字。記得我在博士畢業後數年，曾向他提出想做一個 "Adult Learning as a transformation" 之「融合西方教育理論及東方生命轉化理念」的新博士論文研究，被他訓示了一翻。他說第一這是對「博士之名」的一個侮辱，第二是對何謂「博士畢業」之無知。他強調博士者，就是「自己已經有足夠能力去深入研究任何一門學問（不止是自己的一門）」，這才是「博士畢業」之境界。太師公Buz此語，如雷貫耳，徹底改變了我的一生！太師公是我最尊敬的大師之

一，故吾受教！之後，我的八字、玄學、易經等功夫，《壇經》、「淨土真宗」信心念佛等修證，乃至於在修證真言密法前吾對於悟光上師每一本偉大著作所開示之真言宗教相之契入，也都能如太師公 Buz 所教示，一一圓滿完成！

今天有感有新學員完成「真言宗四度加行」之閉關，故特別分享吾此生自受用的「無學境界」秘密！至於能否培養大家都擁有此「博士級」能力及自信，一方面是「光明王密教學會」將來三年的責任（取其千日功成之義），是作為學會會長的我、學會總教授師和副會長的共同責任；另一方面希望大家都能努力，都精進勇猛，都「不負上師，無負如來」！

真正的修行，修畢四度加行，才是真正的起點啊！互勉互勉！

光明王密教學會會長

張惠能博士居士

2024年6月1日

書於香港大學

附錄二：
《一真法句》

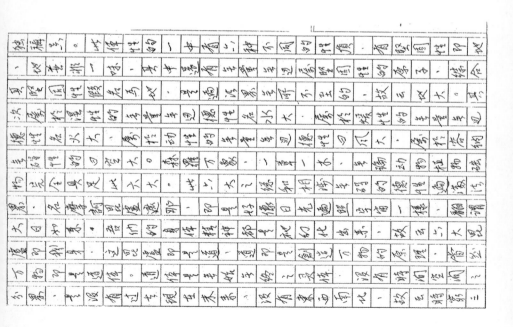

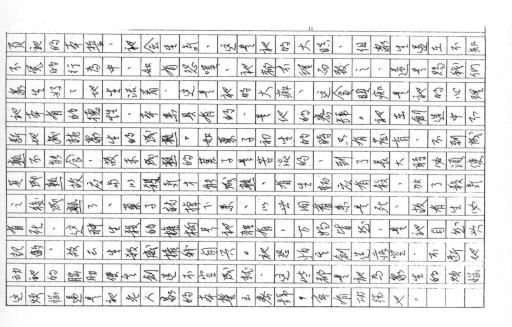

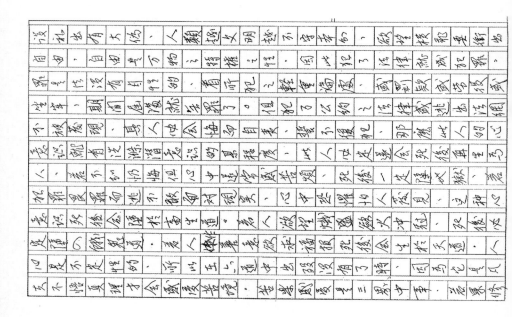

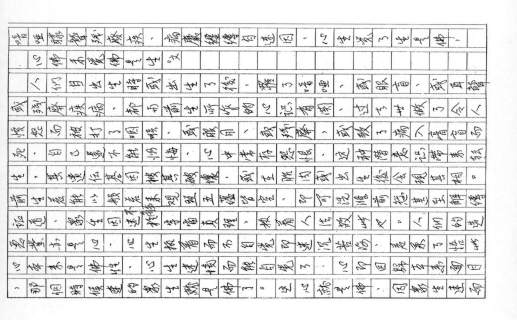

附錄：《一真法句淺説》─悟光上師《證道歌》

【全文】

嗡乃曠劫獨稱真，六大毘盧即我身，時窮三際壽無量，體合乾坤唯一人。

虛空法界我獨步，森羅萬象造化根，宇宙性命元靈祖，光被十方無故新。

隱顯莫測神最妙，璇轉日月貫古今，貪瞋煩惱我密號，生殺威權我自興。

六道輪回戲三昧，三界匯納在一心，魑魅魍魎邪精怪，妄為執著意生身。

喑啞蒙聾殘廢疾，病魔纏縛自迷因，心生覺了生是佛，心佛未覺佛是生。

罪福本空無自性，原來性空無所憑，我道一覺超生死，慧光朗照病除根。

阿字門中本不生，吽開不二絕恩陳，五蘊非真業非有，能所俱泯斷主賓。

了知三世一切佛，應觀法界性一真，一念不生三三昧，我法二空佛印心。

菩薩金剛我眷屬，三緣無住起悲心，天龍八部隨心所，神通變化攝鬼神。

無限色聲我實相，文賢加持重重身，聽我法句認諦理，一轉彈指立歸真。

【釋義】

唵乃曠劫獨稱真，六大毘盧即我身，時窮三際壽無量，體合乾坤唯一人。

唵又作唵，音讀唵，唵即皈命句，即是皈依命根大日如來的法報化三身之意，法身是體，報身是相，化身是用，法身的體是無形之體性，報身之相是無形之相，即功能或云功德聚，化身即體性中之功德所顯現之現象，現象是體性功德所現，其源即是法界體性，這體性亦名如來德性、佛性，如來即理體，佛即精神，理體之德用即精神，精神即智，根本理智是一綜合體，有體必有用。現象萬物是法界體性所幻出，所以現象即實在，當相即道。宇宙萬象無一能越此，此法性自曠劫以來獨一無二的真實，故云曠劫獨稱真。此體性的一中有六種不同的性質，有堅固性即地，地並非一味，其中還有無量無邊屬堅固性的原子，綜合其堅固性假名為地，是遍法界無所不至的，故云地大。其次屬於濕性的無量無邊德性名水大，屬於煖性的無量無邊德性名火大，屬於動性的無量無邊德性曰風大，屬於容納無礙性的曰空大。森羅萬象，一草一木，無論動物植物礦物完全具足此六大。此六大之總和相涉無礙的德性遍滿法界，名摩訶毘盧遮那，即是好像日光遍照宇宙一樣，翻謂大日如來。吾們的身體精神都是祂幻化出來，故云六大毘盧即我身，這毘盧即是道，道即是創造萬物的原理，當然萬物即是道體。道體是無始無終之靈體，沒有時間空間之分界，是沒有過去現在未來，沒有東西南北，故云時窮三際的無量壽命者，因祂是整個宇宙為身，一切萬物的新陳代謝為命，永遠在創造為祂的事業，祂是孤單的不死人，祂以無

量時空為身,沒有與第二者同居,是個絕對孤單的老人,故曰體合乾坤唯一人。

虛空法界我獨步,森羅萬象造化根,宇宙性命元靈祖,光被十方無故新。

祂在這無量無邊的虛空中自由活動,我是祂的大我法身位,祂容有無量無邊的六大體性,祂有無量無邊的心王心所,祂有無量無邊的萬象種子,祂以蒔種,以各不同的種子與以滋潤,普照光明,使其現象所濃縮之種性與以展現成為不同的萬物,用祂擁有的六大為其物體,用祂擁有的睿智精神(生其物)令各不同的萬物自由生活,是祂的大慈大悲之力,祂是萬象的造化之根源,是宇宙性命的大元靈之祖,萬物生從何來?即從此來,死從何去?死即歸於彼處,祂的本身是光,萬物依此光而有,但此光是窮三際的無量壽光,這光常住而遍照十方,沒有新舊的差別。凡夫因執於時方,故有過去現在未來的三際,有東西南北上下的十方觀念,吾人若住於虛空中,即三際十方都沒有了。物質在新陳代謝中凡夫看來有新舊交替,這好像機械的水箱依其循環,進入來為新,排出去為舊,根本其水都沒有新舊可言。依代謝而有時空,有時空而有壽命長短的觀念,人們因有人法之執,故不能窺其全體,故迷於現象而常沉苦海無有出期。

隱顯莫測神最妙,璇轉日月貫古今,貪瞋煩惱我密號,生殺威權我自興。

毘盧遮那法身如來的作業名羯磨力,祂從其所有的種子注

予生命力，使其各類各各需要的成分發揮變成各具的德性呈現各其本誓的形體及色彩、味道，將其遺傳基因寓於種子之中，使其繁愆子孫，這源動力還是元靈祖所賜。故在一期一定的過程後而隱沒，種子由代替前代而再出現，這種推動力完全是大我靈體之羯磨力，凡夫看來的確太神奇了、太微妙了。不但造化萬物，連太空中的日月星宿亦是袘的力量所支配而璿轉不休息，袘這樣施與大慈悲心造宇宙萬象沒有代價，真是父母心，吾們是袘的子孫，卻不能荷負袘的使命施與大慈悲心，迷途的眾生真是辜負袘老人家的本誓的大不孝之罪。袘的大慈悲心是大貪，眾生負袘的本誓，袘會生氣，這是袘的大瞋，但眾生還在不知不覺的行為中，如有怨嘆，袘都不理而致之，還是賜我們眾生好好地生活著，這是袘的大癡，這貪瞋癡是袘的心理、袘本有的德性，本來具有的、是袘的密號。袘在創造中不斷地成就眾生的成熟。如菓子初生的時只有發育，不到成熟不能食，故未成熟的菓子是苦澀的，到了長大時必須使其成熟故應與以殺氣才能成熟，有生就應有殺，加了殺氣之後成熟了，菓子就掉下來，以世間看來是死，故有生必有死，這種生殺的權柄是袘獨有，萬物皆然，是袘自然興起的，故云生殺威權我自興。袘恐怕其創造落空，不斷地動袘的腦筋使其創造不空成就，這些都是袘為眾生的煩惱。這煩惱還是袘老人家的本誓云密號，本有功德也。

六道輪回戲三昧，三界匯納在一心，魑魅魍魎邪精怪，妄為執著意生身。
大我體性的創造中有動物植物礦物，動物有人類，禽獸，

水族，蟲類等具有感情性欲之類，植物乃草木具有繁愆子孫之類，礦物即礦物之類。其中人類的各種機能組織特別靈敏，感情愛欲思考經驗特別發達，故為萬物之靈長，原始時代大概相安無事的，到了文明發達就創了禮教，有了禮教擬將教化使其反璞歸真，創了教條束縛其不致出規守其本分，卻反造成越規了，這禮教包括一切之法律，法律並非道之造化法律，故百密一漏之處在所難免，有的法律是保護帝王萬世千秋不被他人違背而設的，不一定對於人類自由思考有幫助，所以越嚴格越出規，所以古人設禮出有大偽，人類越文明越不守本分，欲望橫飛要衝出自由，自由是萬物之特權之性，因此犯了法律就成犯罪。罪是法沒有自性的，看所犯之輕重論處，或罰款或勞役或坐牢，期間屆滿就無罪了。但犯了公約之法律或逃出法網不被發現，其人必會悔而自責，誓不復犯，那麼此人的心意識就有洗滌潛意識的某程度，此人必定還會死後再生為人，若不知懺悔但心中還常感苦煩，死後一定墮地獄，若犯罪畏罪而逃不敢面對現實，心中恐懼怕人發現，這種心意識死後會墮於畜生道。若人欲望熾盛欲火衝冠，死後必定墮入餓鬼道。若人作善意欲求福報死後會生於天道，人心是不定性的，所以在六道中出歿沒有了時，因為它是凡夫不悟真理才會感受苦境。苦樂感受是三界中事，若果修行悟了道之本體，與道合一入我我入，成為乾坤一人的境界，向下觀此大道即是虛出歿的現象，都是大我的三昧遊戲罷了，能感受所感受的三界都是心，不但三界，十界亦是心，故三界匯納在一心。魑魅魍魎邪精怪是山川木石等孕育天地之靈氣，然後受了動物之精液幻成，受了人之精液即能變

為人形，受了猴之精液變猴，其他類推，這種怪物即是魔鬼，它不會因過失而懺悔，任意胡為，它的心是一種執著意識，以其意而幻形，此名意成身，幻形有三條件，一是幽質，二是念朔材質，三是物質，比如說我們要畫圖，在紙上先想所畫之物，這是幽質，未動筆時紙上先有其形了，其次提起鉛筆繪個形起稿，此即念朔材質，次取來彩色塗上，就變成立體之相，幾可亂真了。

喑啞蒙聾殘廢疾，病魔纏縛自迷因，心生覺了生是佛，心佛未覺佛是生。

人們自出生時或出生了後，罹了喑啞、或眼盲、或耳聾或殘廢疾病，都與前生所作的心識有關，過去世做了令人憤怒而被打了咽喉、或眼目、或殘廢、或致了病入膏肓而死，自己還不能懺悔，心中常存怨恨，這種潛意識帶來轉生，其遺傳基因被其破壞，或在胎內或出生後會現其相。前生若能以般若來觀照五蘊皆空，即可洗滌前愆甚至解縛證道，眾生因不解宇宙真理，執著人法故此也。人們的造惡業亦是心，心生執著而不自覺即迷沉苦海，若果了悟此心本來是佛性，心生迷境而能自覺了，心即回歸本來面目，那個時候迷的眾生就是佛了。這心就是佛，因眾生迷而不覺故佛亦變眾生，是迷悟之一念間，人們應該在心之起念間要反觀自照以免隨波著流。

罪福本空無自性，原來性空無所憑，我道一覺超生死，慧光朗照病除根。

罪是違背公約的代價，福是善行的人間代價，這都是人我

之間的現象界之法，在佛性之中都沒有此物，六道輪迴之中的諸心所法是人生舞台的法，人們只迷於舞台之法，未透視演戲之人，戲是假的演員是真的，任你演什麼奸忠角色，對於演員本身是毫不相關的，現象無論怎麼演變，其本來佛性是如如不動的，所以世間之罪福無自性，原來其性本空，沒有什麼法可憑依。戲劇中之盛衰生死貧富根本與佛性的演員都沒有一回事。《法華經》中的〈譬喻品〉有長者子的寓意故事，有位長者之子本來是無量財富，因出去玩要被其他的孩子帶走，以致迷失不知回家，成為流浪兒，到了長大還不知其家，亦不認得其父母，父母還是思念，但迷兒流浪了終於受傭於其家為奴，雙方都不知是父子關係，有一天來了一位和尚，是有神通的大德，對其父子說你們原來是父子，那個時候當場互為相認，即時回復父子關係，子就可以繼承父親的財產了。未知之前其子還是貧窮的，了知之後就成富家兒了，故喻迷沉生死苦海的眾生若能被了悟的大德指導，一覺大我之道就超生死迷境了。了生死是瞭解生死之法本來迷境，這了悟就是智慧，智慧之光朗照，即業力的幻化迷境就消失，病魔之根就根除了。

阿字門中本不生，吽開不二絕思陳，五蘊非真業非有，能所俱泯斷主賓。

阿字門即是涅盤體，是不生不滅的佛性本體，了知諸法自性本空沒有實體，眾生迷於人法，《金剛般若經》中說的四相，我相、人相、眾生相、壽者相，凡夫迷著以為實有，四相完全是戲論，佛陀教吾們要反觀內照，了知現象即實在，要將現象融入真理，我與道同在，我與法身佛入我我入成

為不二的境界，這不二的境界是絕了思考的起沒，滅了言語念頭，靈明獨耀之境界，所有的五蘊是假的，這五蘊堅固就是世間所云之靈魂，有這靈魂就要輪迴六趣了，有五蘊就有能思與所思的主賓關係，變成心所諸法而執著，能所主賓斷了，心如虛空，心如虛空故與道合一，即時回歸不生不滅的阿字門。不然的話，迷著於色聲香味觸之法而認為真，故生起貪愛、瞋恚、愚癡等眾蓋佛性，起了生死苦樂感受。諸法是戲論，佛性不是戲論，佛陀教吾們不可認賊為父。

了知三世一切佛，應觀法界性一真，一念不生三三昧，我法二空佛印心。

應該知道三世一切的覺者是怎樣成佛的。要了知一個端的應觀這法界森羅萬象是一真實的涅盤性所現，這是過去佛現在佛未來佛共同所修觀的方法，一念生萬法現，一念若不生就是包括了無我、無相、無願三種三昧，這種三昧是心空，不是無知覺，是視之不見、聽之不聞的靈覺境界，此乃一真法性當體之狀態，我執法執俱空即是入我我入，佛心即我心，我心即佛心，達到這境界即入禪定，禪是體，定是心不起，二而一，眾生成佛。釋迦拈花迦葉微笑即此端的，因為迦葉等五百羅漢，均是不發大心的外道思想意識潛在，故開了方便手拈畢波羅花輾動，大眾均不知用意，但都啞然一念不生注視著，這端的當體即佛性本來面目，可惜錯過機會，只有迦葉微笑表示領悟，自此別開一門的無字法門禪宗，見了性後不能發大心都是獨善其身的自了漢。

菩薩金剛我眷屬，三緣無住起悲心，天龍八部隨心所，神通變化攝鬼神。

羅漢在高山打蓋睡，菩薩落荒草，佛在世間不離世間覺，羅漢入定不管世事眾生宛如在高山睡覺，定力到極限的時候就醒來，會起了念頭，就墮下來了，菩薩是了悟眾生本質即佛德，已知迷是苦海，覺悟即極樂，菩薩已徹底了悟了，它就不怕生死，留惑潤生，拯救沉沒海中的眾生，如人已知水性了，入於水中會游泳，苦海變成泳池，眾生是不知水性故會沉溺，菩薩入於眾生群中，猶如一支好花入於蔓草之中，鶴立雞群，一支獨秀。佛世間、眾生世間、器世間，都是法界體性所現，在世間覺悟道理了，就是佛，所以佛在世間並無離開世間。佛是世間眾生的覺悟者，菩薩為度眾生而開方便法門，但有頑固的眾生不受教訓，菩薩就起了忿怒相責罰，這就是金剛，這是大慈大悲的佛心所流露之心所，其體即佛，心王心所是佛之眷屬，這種大慈大悲的教化眾生之心所，是沒有能度所度及功勞的心，無住生心，歸納起來菩薩金剛都是大悲毘盧遮那之心。此心即佛心，要度天或鬼神就變化同其趣。如天要降雨露均沾法界眾生就變天龍，要守護法界眾生就變八部神將，都是大日如來心所所流出的。祂的神通變化是莫測的，不但能度的菩薩金剛，連鬼神之類亦是毘盧遮那普門之一德，普門之多的總和即總持，入了總持即普門之德具備，這總持即是心。

無限色聲我實相，文賢加持重重身，聽我法句認諦理，一轉彈指立歸真。

心是宇宙心，心包太虛，太虛之中有無量基因德性，無量
基因德性即普門，色即現前之法，聲即法相之語，語即道
之本體，有其聲必有其物，有其物即有其色相，無限的基
因德性，顯現無限不同法相，能認識之本體即佛性智德，
顯現法相之理即理德，智德曰文殊，理德曰普賢，法界之
森羅萬象即此理智冥加之德，無量無邊之理德及無量無邊
之智德，無論一草一木都是此妙諦重重冥加的總和，只是
基因德性之不同，顯現之物或法都是各各完成其任務之相。
若不如是萬物即呈現清一色、一味、一相，都沒有各各之
使命標幟了。這無限無量的基因德性曰功德，這功德都藏
於一心之如來藏中，凡夫不知故認後天收入的塵法為真，
將真與假合璧，成為阿賴耶識，自此沉迷三界苦海了，人
們若果聽了這道理而覺悟，即不起於座立地成佛了。

| 完 |

附錄三：
悟光大阿闍梨略傳

悟光大阿闍梨略傳

悟光上師又號全妙大師，俗姓鄭，台灣省高雄縣人，生於
一九一八年十二月五日。生有異稟：臍帶纏頂如懸念珠；
降誕不久即能促膝盤坐若入定狀，其與佛有緣，實慧根夙
備者也。

師生於虔敬信仰之家庭。幼學時即聰慧過人，並精於美術
工藝。及長，因學宮廟建築設計，繼而鑽研丹道經籍，飽
覽道書經典數百卷；又習道家煉丹辟穀、養生靜坐之功。
其後，遍歷各地，訪師問道，隨船遠至內地、南洋諸邦，行
腳所次，雖習得仙宗秘術，然深覺不足以普化濟世，遂由
道皈入佛門。

師初於一九五三年二月，剃度皈依，改習禪學，師力慕高
遠，志切宏博，雖閱藏數載，遍訪禪師，尤以為未足。

其後專習藏密，閉關修持於大智山（高雄縣六龜鄉），持咒
精進不已，澈悟金剛密教真言，感應良多，嘗感悟得飛蝶
應集，瀰空蔽日。深體世事擾攘不安，災禍迭增無已，密
教普化救世之時機將屆，遂發心廣宏佛法，以救度眾生。

師於閉關靜閱大正藏密教部之時，知有絕傳於中國（指唐武
宗之滅佛）之真言宗，已流佈日本達千餘年，外人多不得傳。
（因日人將之視若國寶珍秘，自詡歷來遭逢多次兵禍劫難，
仍得屹立富強於世，端賴此法，故絕不輕傳外人）。期間台
灣頗多高士欲赴日習法，國外亦有慕道趨求者，皆不得其

門或未獲其奧而中輟。師愧感國人未能得道傳法利國福民，而使此久已垂絕之珍秘密法流落異域，殊覺歎惋，故發心親往日本求法，欲得其傳承血脈而歸，遂於一九七一年六月東渡扶桑，逕往真言宗總本山 —— 高野山金剛峰寺。

此山自古即為女禁之地，直至明治維新時始行解禁，然該宗在日本尚屬貴族佛教，非該寺師傳弟子，概不經傳。故師上山求法多次，悉被拒於門外，然師誓願堅定，不得傳承，決不卻步，在此期間，備嘗艱苦，依然修持不輟，時現其琉璃身，受該寺黑目大師之讚賞，並由其協助，始得入寺作旁聽生，因師植基深厚，未幾即准為正式弟子，入於本山門主中院流五十三世傳法宣雄和尚門下。學法期間，修習極其嚴厲，嘗於零下二十度之酷寒，一日修持達十八小時之久。不出一年，修畢一切儀軌，得授「傳法大阿闍梨灌頂」，遂為五十四世傳法人。綜計歷世以來，得此灌頂之外國僧人者，唯師一人矣。

師於一九七二年回台後，遂廣弘佛法，於台南、高雄等地設立道場，傳法佈教，頗收勸善濟世，教化人心之功效。師初習丹道養生，繼修佛門大乘禪密與金剛藏密，今又融入真言東密精髓，益見其佛養之深奧，獨幟一方。一九七八年，因師弘法有功，由大本山金剛峰寺之薦，經日本國家宗教議員大會決議通過，加贈「大僧都」一職，時於台南市舉行布達式，參與人士有各界地方首長，教界耆老，弟子等百餘人，儀式莊嚴崇隆，大眾傳播均相報導。又於一九八三年，再加贈「小僧正」，並賜披紫色衣。

師之為人平易近人，端方可敬，弘法救度，不遺餘力，教法大有興盛之勢。為千秋萬世億兆同胞之福祉，暨匡正世道人心免於危亡之劫難，於高雄縣內門鄉永興村興建真言宗大本山根本道場，作為弘法基地及觀光聖地。師於開山期間，為弘法利生亦奔走各地，先後又於台北、香港二地分別設立了「光明王寺台北分院」、「光明王寺香港分院」。師自東瀛得法以來，重興密法、創設道場、設立規矩、著書立說、教育弟子等無不兼備。

師之承法直系真言宗中院流五十四世傳法。著有《上帝的選舉》、《禪的講話》等廿多部作品行世。佛教真言宗失傳於中國一千餘年後，大法重返吾國，此功此德，師之力也。

智理文化系列

真言宗「即身成佛」之光明十互

作者
玄覺、覺慧居士

編輯
光明王密教學會

出版者
資本文化有限公司
地址：香港中環康樂廣場1號怡和大廈33樓3318室
電話：(852) 2850 7799
電郵：info@capital-culture.com
網址：www.capital-culture.com

出版日期
二〇二四年七月第一次印刷